당신의 운명은 포지티브 에너지가 결정한다!

포지티브 에너지 파워

The Power Of
Positive
Energy

주디스 올로프 지음 김현정 옮김

나비
스쿨

포지티브 에너지 파워

ⓒ 나비스쿨 2025

발행일 2025년 3월 26일 1판 1쇄 발행
지은이 주디스 올로프
옮긴이 김현정
펴낸이 조우석
편집장 김현정
펴낸곳 나비스쿨
디자인 studio J
인쇄 예원프린팅

등록 No.2020-00008
주소 서울특별시 성북구 돌곶이로 40길 46
이메일 navischool21@naver.com

ISBN 979-11-94114-07-9(03190)

* 본문에 Mapo금빛나루 서체를 사용하였습니다.

포지티브 에너지 파워

The Power Of
Positive
Energy

먼 훗날 눈 감을 때

이렇게 말할 수 있으면 좋겠다

나는 경이로움과 결혼한 신부였고

두 팔에 온 세상을 안아 든 신랑이었다고

의미 없이 머물다 떠나진 않았노라고

- 메리 올리버

차례

에너지가 답이다

Part 2

최고의 에너지를 끌어당겨라

Part 3

사라지는 에너지를 지켜라

Part 2

Part 3

에너지로
삶을
끌어당겨라

지쳤다는 걸 들키지 않으려고 일부러 바쁘게 움직인 적 있나요? 못 하겠다는 말을 도무지 꺼내지 못해 힘겹게 일하는 중인가요? 뱀파 이어에게 에너지를 억지로 빼앗긴 채 처참한 상태로 살아가나요? 뉴스에서 쏟아지는 폭력적인 사건에 기운이 스르르 빠져나가나요?

무엇이 문제인가

눈에 보이지 않지만, 심각한 에너지 위기가 이미 우리 앞에 다가와 있다. 첨단기술이 가져온 사회 변화가 몸과 마음의 생기를 빼앗고, 무 분별하게 밀려오는 정보의 홍수가 정신을 짓누르며, 휴대전화 메시지 와 쏟아지는 이메일이 우리를 꼼짝 못 하게 한다. 기술에 대한 무기력함이 우리를 사로잡고 있는 것이다. 정치적인 현실 또한 만만치 않다. 우리가 사는 이 세상은 분노와 복수심으로 서로를 위협하며 대결하고 있다. 이러한 상황에서 에너지가 억압되는 것은 당연하다. 놀랍게도 우리는 지치고 불행한 이 상황을 정상적인 상태로 여기며 살아간다. 이처럼 비정상적인 상황이 사회적으로 허락되고 있는 현실을 우리가 바꿔야 한다. 어떤 위협이 가해지더라도 말이다. 이를 위해 짓눌린 에너지를 해방하고, 긴장을 완화하며, 발전적인 삶을 이어갈 수 있는 놀라운 치유법을 지금부터 당신에게 알려줄 것이다.

이 책은 에너지 치유법을 담고 있다. 에너지 치유법은 내가 정착시킨 의학 용어로, 건강과 행동의 기반이 되는 잠재적 에너지를 다루는 정신치료의 새로운 분야다. 에너지 의학의 하위 개념인 에너지 치유법은 몸과 마음의 잠재적 에너지를 중요하게 여긴다. 오랜 전통을 지닌 아시아 문화권은 이러한 잠재적 에너지를 생명력으로 여기며 중요하게 다룬다. 안타깝게도 서양의학에서는 지금까지 이 개념을 소홀하게 여겨왔다. 생명력을 빼면 인간을 완전하게 이해하기 힘들다. 에너지 치유법은 그 이유로 탄생했다. 잠재된 에너지를 다루는 지식의 핵심을 뽑아 정신의학에 적용한 것이 바로 에너지 치유법이다.

신경정신과 전문의이자 UCLA의 임상조교수로서 나는 20년 넘게 환자를 치료해왔다. 그간의 경험을 통해 가장 높은 수준의 변화는 에너지 단계에서만 발생한다는 걸 깨달았다. 지금껏 많은 이들이 돈과 시간을 투자해 기존의 치료법에 매달려왔다. 행복과 기쁨을 가져오는 것은 이성적인 통찰에 의해서만 가능하다고 믿기 때문이다. 틀린 말은 아니다. 마음이 제자리를 찾게 하고 감정의 치유를 돕는 것은 매우 중요한 일이다. 나는 기존의 치료법과 대체요법을 모두 지지한다. 잠재적 에너지와 생명력이 지닌 힘을 제대로 다룰 수 있도록 두 가지 치료법을 통합하는 데 일생을 바쳤다.

많은 의과대학이 에너지 교육에 취약하다. 내가 의과대학에서 공부할 때 고루하기 짝이 없는 대부분의 교수가 에너지를 '휘발유'와 같은 것으로 묘사하곤 했다. 에너지가 바닥을 보이면 잘 먹고, 잘 자고, 잘 움직여서 다시 충전하면 된다고 말했다. 탱크에 담겨 있는 휘발유처럼, 바닥을 보이는 우리 몸의 에너지를 다시 채워 넣는다는 개념이다. (사실 '정통' 과학이라 불리는 학문 영역에서는 이런 기본적인 개념조차 다루지 않는 경우가 허다하다) 그동안 배웠던 의학 교육에 나는 진심으로 감사한 마음을 지니고 있다. 하지만 이런 전통적인 에너지 모델은 중세에 존재했던 암흑시대 교육과 다르지 않다. 이런 방식으로는 에너지를 아주 원초적인 형태로만 다룰 수 있을 뿐이다. 에너지의 거대한 원천에 다가서려면 잠재적인 에너지를 끌어내야 한다. 그러나 대부분의 사람이 그러한 에너지를 어떻게 개발하는지 알지 못한다.

잠재적 에너지를 끌어내려면

나는 지금이라도 모든 의과대학이 에너지에 대해 제대로 가르쳐야 한다고 생각한다. 누구나 자신이 지닌 에너지를 감지하고 이용하는 법을 알아야 한다. 어떤 음식을 먹을 때 특정한 에너지가 증가하는지 알 수 있다면 매우 유용할 것이다. 하지만 현재 상태로는 무슨 음식이 건강에 좋은지 단순하게 가르칠 뿐이다. 긴장을 풀 방법을 제대로 알려주지 않은 채 잠을 좀 더 자라고 말하는 게 무슨 도움이 될까? 지금의 의학이 유독 에너지에 관해서는 별다른 효과를 보지 못하는 이유가 여기에 있다. 의사의 충고를 따랐는데도 여전히 에너지가 부족하다면 그건 당신의 잘못이 아니다. 지금 필요한 건 좀 더 완벽한 처방이다. 내가 이 책을 쓴 이유가 바로 그것이다.

이 책이 다루는 에너지 치유법은 당신에게 활력을 선물한다. 스트레스로 인한 만성 에너지 부족에 시달리거나 더 많은 에너지를 필요로 하는 이들에게도 큰 도움이 될 것이다. 일에 중독된 상태거나, 잠시도 쉴 틈이 없거나, 가족과 일 사이에서 허둥대고 있다면 이 책에서 제대로 된 해답을 찾아보자. 만성피로, 근섬유증, 우울증, 불안에 시달리는 사람이라면 안전한 해결책을 찾았음에 안심할 것이다. 이 책은 일렁이는 사회 분위기에 휩쓸리지 않고 자신을 지키기 노력해온 이들을 위해 태어났다. 에너지 뱀파이어의 공격에서 벗어나 활기찬 삶을 가꾸고 싶다면 이 책이 정답이다. 우리 모두에겐 좋은 에너지를 소유할 자격이 있다.

지금 우리는 폭력과 이기심, 변덕스러운 경제 상황, 질병이 난무하는 세상에서 살아간다. 동시에 사랑과 기적과 치유의 세계에 속해있기도 하다. 눈에 보이지 않지만 우리는 모두 거대한 에너지장의 일부다. 에너지장은 긍정적인 에너지와 부정적인 에너지로 이루어지며, 개인과 세상의 건강에 직접적인 영향력을 발휘한다. 이 책은 긍정적인 에너지를 지키고 부정적인 에너지를 몰아내는 방법으로 가득하다. 제대로 익히면 평화와 생존을 지켜낼 수 있다. 헬렌 켈러가 이런 말을 남겼다.

"운명 앞에서 변화를 똑바로 바라보고, 자유로운 영혼으로 나아가세요. 그것이 바로 패배하지 않는 힘입니다."

이 책은 보이지 않는 세계로 당신을 안내한다. 에너지를 새롭게 인식하고, 사라진 에너지를 되찾는 방법도 알려줄 것이다. 잘 먹고, 잘 자고, 제대로 운동하면 에너지가 생긴다는 걸 다들 알고 있다. 하지만 감각으로는 알아챌 수 없는 복잡한 에너지장이 전방위적으로 우리에게 영향을 미친다. 중력이나 자기장을 떠올려 보자. 초등학교 과학 시간에 쇠붙이가 자석 쪽으로 끌려가는 현상을 본 적이 있을 것이다. 마찬가지로 에너지장도 '기운'을 내뿜는다. 음식, 친구, 사회문제처럼 우리가 마주치는 모든 것이 에너지장, 즉 '기운'을 발산한다. 기운에 대한 우리의 반응은 에너지에 의해 또렷하게 드러난다. '가슴이 두근거린다', '두렵다', '흥분된다'와 같이 우리가 신체적, 감정적, 성적 표현이라고 여기는 것들 모두 잠재적 에너지의 다른 표현이다. 이것을 알면 쉽게 녹초가 되는 예민한 사람도 에너지를 빼앗기는 반복적인 삶에서 벗어나 활기찬 생활을 해나갈 수 있다.

당신을 살리는 에너지 치유법

에너지 치유법을 통해 당신은 보이지 않는 영역에 접근할 수 있다. 에너지는 더 이상 불확실한 현상이 아니다. 에너지를 분석하면 자신을 위해 작용하게 할 수 있다. 에너지가 지닌 긍정적 특성과 부정적 특성을 이해하고, 건강과 기분에 미치는 영향력도 알아보자.

앞으로 우리는 긍정적인 에너지를 삶의 원동력으로 삼는 법을 배울 것이다. 다른 사람을 사랑하게 만드는 내면의 힘인 연민, 용기, 용서, 신뢰도 얻을 수 있다. (우리가 최상의 사람이 될 때, 부서진 세상을 복구할 수 있다) 또한 용기를 주는 친구, 창조적인 직업, 웃을 수 있는 여유, 활력이 넘치는 성생활 같은 외적인 힘도 얻게 될 것이다. 긍정적인 에너지는 이 세상을 향한 감사, 용서할 수 있는 능력, 평화로운 사회를 향한 열정에서 나온다. 마치 음식이나 산소처럼, 이들 모두가 생명을 유지하는 핵심이다.

부정적인 에너지를 몰아내는 기술도 존재한다. 이런 에너지는 몸과 마음을 약하게 만들고 질병을 일으킨다. 부정적인 에너지는 두려움, 자기 혐오, 분노, 수치심에서도 자라난다. 이런 감정은 자신에게 가하는 감정적 테러다. 부정적인 에너지를 찾아내어 치유하지 않으면 곧 생명력이 사라진다. 사회적, 정치적 영역도 파괴되어버린다. 국가 차원에서 부정적인 에너지에 반드시 대처해야 하는 이유다. 국제적인 테러(아프가니스탄에서 특수군사작전 책임자로 복무하던 나의 친구는 테러를 '인류를 위협하는 바이러스'라 말했다) 인종차별, 범세계적 공해, 여성의 인권 침해가 일상을 위협하고 있다. 악의를 지니고 타인을 대하는 사람, 짜증스러운 교통 상황, 직장에서 번번이 일어나는 성희롱, 너무나 빨리 발전하는 기술에 대한 무기력감을 버려두기엔 이미 문제가 커져 버렸다. 원인은 각자 다를 수 있지만, 작은 것이든 큰 것이든 우리를 공격하는 요소를 반드시 찾아내야 한다. 오프라 윈프리는 말했다.

"TV도 고유의 에너지장을 갖고 있어요. 에너지를 보내기도 하지만, 받아들이기도 하지요. 우리가 그 흐름을 읽어야만 해요."

당신을 쇠약하게 만드는 영향력을 확실하게 제거하자. 피할 수 없다면 방법을 찾아야 한다. 부정적인 에너지로부터 자신을 보호하는 방법을 익혀야 비로소 생명력을 지켜낼 수 있다. 긍정적인 에너지는 받아들이고 부정적인 에너지는 '싫다'라고 과감하게 말할 수 있을 때, 충만한 에너지와 낙천성이 당신의 것이 된다.

에너지를 지키는 것이 얼마나 힘든 일인지 나도 잘 알고 있다. 맨해튼과 몬태나를 오가며 강연을 해야 할지 오랫동안 망설였다. 녹초가 된 채 집으로 돌아와 침대에 쓰러지는 삶을 잘 알고 있기 때문이다. 하지만 그 기회를 포기하기 힘들었다. 대가를 톡톡히 치렀지만, 에너지를 잃고 회복하는 일을 반복하며 계속 달렸다. 나를 사로잡은 강렬한 에너지가 존재했기 때문이다.

나의 고민이 여기에 있다. 나는 전적으로 직관을 믿는다. 하지만 최근 들어 사각지대를 인정할 수밖에 없었다. 직관을 믿고 에너지가 충만한 상태로 살아갈 수 있도록 다른 이들을 돕는 데 성공했지만, 정작

나 자신의 에너지 위기를 알리는 경고는 고집스럽게 무시했기 때문이다. 에너지에 대해 잘 안다고 자부하지만, 사실 내 심신은 참혹한 상태였다. 피로의 뿌리가 너무 깊었다. 이 책을 쓰는 과정에서 스스로에게 약속했다. 앞으로 절대 열정을 위해 자신을 희생하지 않겠다고.

그동안 내가 걸어온 길은 말했던 그대로다. 나는 굳이 힘들게 살아가는 편이다. 차근차근 발걸음을 옮기다가 넘어질 때도 있지만, 몸을 일으켜 다시 걷는다. 벽에 부딪힐 때마다 나는 좀 더 지혜롭고 자유로워진다. 도전은 삶을 소중하고 사랑스럽게 만든다. 에너지로 가득한 상태라는 걸 당연하게 여기던 시절이 있었다. 누구나 그렇듯 말이다. 바닥난 에너지를 다시 회복했을 때 완전히 새로 태어난 느낌이었다. 당신이 겪는 에너지 위기가 얼마나 심각하든 간에, 이 프로그램이 알려줄 것이다. 에너지를 신성하게 대하는 방법을. 최고의 상태로 에너지를 유지하는 건 정말 황홀한 느낌이다. 당신도 곧 알게 될 것이다. 에너지는 상상 이상으로 놀랍고 신비로우며 관능적이다.

숨겨진 보물, 잠재적 에너지

서구 문화권에서는 잠재적인 에너지를 이해하기 힘든 신비한 대상으로 여기곤 한다. 하지만 이것은 잘못된 인식이다. 수없이 많은 치유의 역사 속에 에너지가 중심이 되어왔기 때문이다. 잠재적 에너지는 '방 안의 코끼리' 이야기에 비유할 수 있다. 눈앞에 있지만 아무도 알아보지 못하기 때문이다. 한의학에서는 잠재적 에너지를 '기'로 표현한다. 하와이 원주민은 '마나', 인도 전통의학인 아유르베다는 '프라나', 아메리칸 인디언은 '니', 아프리카 샤먼은 '늄'이라 말한다. 미국의 과학자들은 '생체장', 그 숫자가 점점 늘고 있는 변종 물리학자와 생물학자는 '형태장'으로 지칭한다. 호주 원주민들은 잠재적 에너지 소유자가 치유의 능력을 지녔고, 텔레파시로 의사소통을 한다고 믿는다.

많이 늦어지긴 했지만 이제 과학 분야에서도 에너지의 존재를 인정하기 시작했다. 잘 알려진 아인슈타인의 공식 $e=mc^2$ 이 말하듯, 에너지와 질량은 서로 교환이 가능하다. 과학자들은 상대성 이론에 근거해 개인의 건강을 추론하기 시작했다. 에너지 치유법은 우리의 몸(질량)과 정신(속도)의 균형이 질병 예방하는 데 중요하다는 사실을 담고 있다. 잠재적 에너지 구조가 아직 완벽하게 밝혀진 건 아니지만, 광자 방출과 전자기 해독에 관한 보고 사례가 점차 늘어나는 추세다. 가장 획기적인 것은 케임브리지 대학의 물리학자 스티븐 호킹의 '블랙홀 이론'이다. 그의 이론에 따르면, 지금 우리가 경험하는 세상은 거대한 두 에너지 경계의 얇은 막 위에 놓여 있다. 3차원에 묶인 인식능력 탓에 우리는 이 영역을 알아채지 못한다!

미국국립보건연구소가 에너지 치료에 연구비를 지원한다는 반가운 소식도 들린다. 불면증을 완화하는 요가의 효과부터 암 치료의 보조 수단으로서 기공의 가능성까지 온갖 연구가 지원 대상이다. 접촉 치료는 이미 그 효용을 인정받았다. 상처를 치유하고 면역반응을 높이며 고통을 줄인다는 사실이 밝혀졌다. 뉴욕의 콜롬비아 장로병원은 심장 수술을 할 때 에너지 치료사가 함께한다. 가장 놀라운 것은 원격 치료다. 먼 곳에서 잠재적 에너지를 보내 식물과 인간에게 긍정적인 영향을 전하는 것으로, 과학적인 효과가 입증되었다. 〈타임〉과 〈웨스턴 저널 오브 매디슨〉에 이 에너지 치료에 관한 연구결과가 실린 뒤 관심이 부쩍 커졌다. 원격 치료를 통해 말기 에이즈 환자의 증상이 완화된 사례도 여러 차례 보고되었다. 인간에게 이로움을 주는 에너지 탐구는 이미 시작되었다. 이 사실에 무척 설렌다.

나를 찾아와 상담을 부탁하는 사람들도 처음엔 잠재적 에너지를 쉽게 믿지 못한다. 그들을 충분히 이해한다. 낯선 개념을 덜컥 받아들이는 건 절대 쉽지 않다. 에너지에 관한 서적을 살피면서 생소한 용어가 여럿 등장하는 걸 보면서 나도 당황스러운 기분이 들었다. 과학 분야에서 사용하는 전문용어나 심리학 용어에 의해 애매한 의미로 바뀌어 있거나 낯선 한의학 용어도 자주 등장했다.

"정신의 가장 위대한 임무는 본 것을 그대로 말하는 것이다."

수필가 존 러스킨의 말처럼 내가 올바른 번역자가 되기로 했다. 에너지를 쉽게 이해할 방법을 내담자에게 제공하는 것이다. 이때 거부감을 줄 수 있는 전문용어는 쓰지 않는다. '기'나 '오라' 대신 '잠재적 에너지'를 즐겨 사용하는 식이다. 현대의학의 심리치료 범위는 사실 너무 협소하다. 마치 좁디좁은 방에 갇힌 느낌이다. 에너지 치유법을 위해 내담자들을 만날 때 제일 먼저 알려주는 것은 직관에 대한 것과 에너지장을 감지하는 법이다. 그런 다음 에너지와 관련된 생활 방식을 꼼꼼하게 살피도록 한다. 사람, 장소, 날씨, 음식, 소음, 영화, 냄새 등 다양한 환경에서 어떤 반응이 나타나는지 주의 깊게 관찰하는 것이다. 일상에서 환경과 주고받는 상호작용에 주목하고, 평온과 동요를 가져오는 원인을 깨닫도록 훈련한다. 부정적인 에너지에 대응하는 효과적인 해결책을 찾고, 원치 않는 말과 행동을 개선하는 방법을 가르쳐준다.

정신의학자이자 에너지 치유사로서 나는 환자 한 사람 한 사람의 인지능력을 제대로 바라보려 애쓴다. 고통스러울 정도로 에너지에 민감한 사람이 존재함을 개인적인 경험을 통해 알고 있기 때문이다. 지나칠 정도로 수줍어하는 화가를 상담실에서 마주한 적이 있다. 그녀는 사냥개처럼 예민한 후각 탓에 어디에 가든 고통을 받았다. 모든 냄새가 코를 찌르는 것처럼 그녀를 괴롭혔기 때문이다. 밀려드는 냄새로부터 자신을 방어하기 위해 그녀는 과도한 에너지를 소모하고 있었다. 그리고 민감한 후각을 무척 부끄럽게 여겼다. 그 문제를 해결하기 위해 우리는 대응책을 모색했다. 직설적인 표현을 무척 힘들어하던 그녀는 친구들에게 향수를 뿌리지 말아 달라고 부탁할 수 있었다. 남자친구에게는 자주 양치질을 해달라고 말해야 한다는 걸 깨달았다. 생각 외로 사람들은 호의적인 반응을 보여주었고, 덕분에 그녀는 방어에 소비되던 에너지를 아낄 수 있었다.

현재의 의료시스템은 잠재적 에너지의 영향력을 고려하지 않기에 많은 환자가 고통에 시달린다. 몇 년 동안 이 의사 저 의사를 찾아다녀도 별다른 결과를 얻지 못한다. 이런 사람들에게 에너지 치유법은 잃어버렸던 퍼즐 조각과 같다. 에너지에 관해 알게 되는 순간, 건강을 되찾는 기적의 문으로 들어설 수 있기 때문이다. 사람들로 가득한 복잡한 쇼핑센터는 수많은 에너지장이 교차하는 곳이다. 이런 곳을 견디지 못하는 광장공포증 환자들이 '마음의 방패'를 세우는 법을 익히면 신경안정제 없이도 일상생활을 해나갈 수 있다. 자신을 힘겹게 하는 에너지로부터 스스로를 보호하려고 충동적인 폭식을 반복하던 사람도 에너지 치유법의 도움을 받았다. 부정적인 에너지를 흡수하지 않는 방법을 터득한 뒤 갑자기 불어난 수십 킬로그램의 몸무게가 줄어들기 시작했다. 건강염려증으로 고통받는 사람들에겐 타인의 병을 흡수하지 않도록 센터링, 즉 마음의 중심 잡기 훈련을 처방했다. 에너지를 살펴야 제대로 된 대응책을 마련해 증상을 치유할 수 있다.

직관적 공감자가 살아가는 법

우리에겐 각자 고유의 에너지 성향이 있다. 도움이 되는 성향도 있고 그렇지 않은 것도 있다. 본능적으로 에너지를 처리하는 자신만의 방식을 알아보자. 지성인의 경우 대개 에너지를 붙잡아둔다. 반대로 '직관적인 공감자'는 에너지를 지나치게 발산한다. 모든 사람이 부족함과 안정감 사이에서 균형을 이루어 편안한 삶을 누리도록 돕는 것이 나의 목표다.

당신의 에너지 성향은 어떠한가? 혹시 나와 같을지도 모른다. 나는 직관적인 공감자다. 너무 민감해서 자신도 모르는 사이에 타인의 에너지를 흡수하고, 그로 인해 자신의 에너지를 소진한다. 이런 사람들은 대개 세상과 단절된 삶을 선택한다. 인간관계에서 오는 과도한 부담을 견딜 수 없기 때문이다. 에너지 치유법을 통해 그들은 직관적인 공감이 만성피로, 성 기능 장애, 비만의 원인이 될 수 있다는 걸 깨닫는다. 직관적 공감자는 타인에게 벌어진 감정적 변화나 신체적 상황에 비정상적으로 몰입한다. 그리고 나와 남을 구별하지 못한다. 맞아서 바닥에 넘어졌는데도 무엇이 나를 공격했는지 모르는 것이다.

나한테도 매번 그런 일이 벌어졌다. 쇼핑을 좋아하는 어머니는 어린 나를 데리고 복잡한 쇼핑센터에 자주 방문하곤 했다. 그 장소는 매번 나를 힘들게 했다. 집에 도착할 무렵이 되면, 나는 온몸에 힘이 빠진 채 우울해졌다. 그러다가 꼭 병이 났다. 당황스러운 마음에 내 상태를 말하면 어머니는 매번 이렇게 말했다.

"괜찮아질 거야. 네가 남들보다 조금 예민해서 그런 거란다."

어머니는 나를 몹시 사랑했다. 일부러 매정하게 굴기 위해 그런 말을 한 건 아니었다. 부모님은 두 분 다 의사였지만, 복잡한 장소가 직관적 공감자를 짓누를 수 있다는 사실을 알지 못했다.

훗날 나는 직관과 의학의 융합을 통해 자신을 치유할 수 있었다. 아는 것이 힘이라는 말이 진리인 셈이다. '지나치게 예민하다'는 말을 일평생 들었다면 당신은 직관적 공감자일 가능성이 크다. 그럴 때는 공감에 대한 올바른 이해가 고통에서 벗어나는 힘이 된다. 더 나아가 부담을 자산으로 바꿀 수도 있다. 타인의 불행을 떠맡지 않게 된 뒤, 나의 공감 능력은 소중한 재능이 되었다. 마음의 중심을 잡고 타인에게 반응하면 공감은 살아 있다는 느낌, 타인에 대한 연민으로 발전한다. 이성적으로 세상을 보는 균형감각도 기를 수 있다. 이런 특별하고도 일상적인 방법을 당신이 익힐 수 있도록 내가 기꺼이 도울 것이다.

이 책에 담긴 '포지티브 에너지 프로그램'은 정신의학 분야에서 오랜 시간 쌓아온 에너지 치유법을 토대로 한다. 에너지가 지닌 힘을 최대로 활용하면 생명을 구할 수 있음을 나는 잘 알고 있다. 이 프로그램은 매우 실용적이다. 쉽게 실천 가능한 방법을 알려주기 때문에 생활과 건강, 대인관계 개선에 많은 도움이 될 것이다. 우리의 몸과 마음은 언제나 균형을 추구한다. 굳게 마음먹고 부지런히 실천해도 끝내 실패를 맛보았다면, 몸이 요구하는 방향과 정반대의 계획을 세운 탓일 수 있다. 지적인 사람들조차 살을 빼려고 고단백 식사에 매달리다가 극심한 변비로 종종 고생한다. 몸이 필요로 하는 것은 균형 잡힌 다이어트인데, 그 사실을 좀처럼 깨닫지 못한 채 끝까지 나아가는 것이다. 병이 나서 어쩔 수 없을 때가 되어서야 그들은 비로소 고집을 꺾는다. 트레이너까지 구해서 심하게 운동하다가 다치는 경우도 많이 보았다. 한 여배우는 원하는 배역에 다가서기 위해 날씬한 몸에 지나치게 집착했다. 몸이 보내는 신호를 무시한 채 계속 운동에 매달린 끝에 무릎 인대가 파열되는 부상을 입었다. 이후 몇 달 동안 정상적인 생활은 포기해야 했다. 누구든 늘씬한 몸을 원한다. 체중을 줄이고자 하는 욕심을 충분히 이해한다. 그렇다고 해서 몸을 학대해서는 안 된다.

에너지가 당신의 몸매를 결정한다

포지티브 에너지 프로그램은 당신에게 조화와 균형을 선물한다. 그 시작은 나를 사랑하는 마음이다. 절대 자신을 괴롭히지 말자. 노력할 필요가 없다는 말이 아니다. 다른 사람의 시선에 떠밀려 스스로를 학대하면 아무것도 이룰 수 없다. 에너지의 고갈을 막고 자신을 지킬 방법을 찾자. 포지티브 에너지 프로그램은 열 가지 처방으로 이루어져 있다. 각 장이 소개하는 내용은 다음과 같다.

처방 01 직관을 깨워 생명의 힘을 되찾는 법

처방 02 영혼을 풍요롭게 하는 법

처방 03 에너지로 몸매를 되찾는 법

처방 04 나쁜 감정을 몰아내는 법

처방 05 심장을 두드리는 성 에너지를 키우는 법

처방 06 창조적인 에너지에 몸을 맡기는 법

처방 07 긴장을 해소하고 에너지를 정화하는 법

처방 08 긍정적인 관계를 끌어당기는 법

처방 09 에너지 뱀파이어를 물리치는 법

처방 10 풍요로운 삶을 제대로 누리는 법

각 장의 끝에는 유명인사와 함께한 인터뷰를 실었다. 퀸시 존스를 비롯해 로사 팍스까지, 나의 진정한 영웅인 열 사람과 이야기를 나누며 놀라운 순간을 누렸다. 삶 속에서 자신만의 방식으로 에너지를 지켜온 그들의 이야기는 큰 영감을 주었다. 당신에게도 분명 그 깨달음이 전해질 것이다.

이 프로그램은 크게 세 부분으로 나뉜다. 1부는 첫 번째부터 네 번째 처방까지를 담고 있으며, 활력을 높일 수 있는 효과적인 방법이 소개되어 있다. 에너지의 관점에서 비만을 극복하는 방법부터 직관과 영감을 결합하는 방법까지 모두 만나볼 수 있다. 2부는 다섯 번째부터 일곱 번째까지의 처방이 실려있다. 에너지를 깨우는 비법은 실제상황에서 훨씬 더 쓸모 있다. 책 속의 방법을 꾸준히 훈련하면 커진 에너지를 느낄 것이다. 연방법원에서 판사로 재직하는 한 사람은 힘든 하루를 보내며 희미해진 직감을 되찾기 위해 장미꽃잎을 띄운 욕조에 몸을 담근다. (물은 많은 것을 정화한다) 한 영화사 임원은 쉼 없이 이어지는 회의에서 얻은 부정적인 기운을 없애기 위해 세이지 성분이 포함된 향을 피운다. 당신도 곧 긴장을 해소하는 멋진 방법을 배우게 될 것이다. 기쁨을 잊은 채 살아가는 많은 이들에게 잠재적 에너지는 확실한 해답이 되어준다.

3부는 여덟 번째부터 열 번째 처방을 다룬다. 인간관계를 퍼즐로 볼 때 에너지는 잃어버린 조각에 해당한다. 이 조각을 획득하면 남과 나 사이의 에너지 흐름을 파악할 수 있다. 이를 통해 에너지를 주는 사람과 **빼앗는** 사람을 구별하고, 긍정적인 에너지를 끌어당기는 방법을 익히게 될 것이다. 에너지 뱀파이어를 가려내고, 자신을 보호하는 법도 배울 수 있다. 마지막 장에서는 에너지의 관점에서 바라본 풍요와 관대함을 다룬다. 이를 통해 상호의존적인 나눔과 마음이 담긴 나눔의 차이를 깨닫게 될 것이다. 전자는 사람을 지치게 하고, 후자는 긍정적인 에너지로 친밀감을 가져온다.

에너지를 깨우는 시간

포지티브 에너지 프로그램의 목적은 하나다. 당신에게 여유로운 삶을 선물하는 것이다. 매주 한 가지씩, 10주에 걸쳐 각 처방을 가볍게 실천해보자. (차례대로 할 필요는 없다. 관심이 가는 것부터 시작해보자) 한 가지씩 모두 경험해 보았다면, 자신에게 가장 필요한 처방을 좀 더 깊이 탐구해본다. 포지티브 에너지 프로그램은 쉽고 자유로우며 편안하다. 반드시 해치워야 할 '숙제'가 아니다. 잠재적 에너지와 친해지는 멋진 시간을 경험해 보자! '에너지를 깨우는 시간'을 포함해 이 책에 등장하는 모든 훈련은 몇 분만 해도 좋은 효과를 발휘한다. 각자의 상황에 맞춰 손쉽게 실천할 수 있다.

에너지 치유법의 목표는 개인적 치유에 머물지 않는다. 한 개인의 에너지 재창조를 넘어 많은 이들의 긍정적 에너지가 교류하기를 희망한다. 사람과 사람 사이에는 반드시 에너지 결합이 존재한다. 안타깝게도 이것을 아는 사람은 드물다. 이러한 교감이 활발해지면 서로가 분리된 존재라는 느낌이 사라진다. 계층, 인종, 성별에 따른 차별도 무의미해진다. 지구상의 많은 이들이 서로를 형제, 자매로 여기게 될 때 어두운 밤이 물러가고 비로소 아침이 밝아올 것이다. '나, 그리고 남'이라는 착각 대신 '우리'라는 관점이 널리 퍼질 때 진정한 평화가 가능해진다.

당신이 이 프로그램을 통해 자신을 찾고, 열정적으로 살아가며, 자신만의 세계관을 만들어가길 바란다. 물론 삶이 완전히 바뀌지는 않을 것이다. 그저 초점이 바뀔 뿐이다. 포지티브 에너지 프로그램은 실제로 효과를 본 치료법을 바탕으로 한다. 스트레스에 짓눌린 주부부터 고된 일에 시달리는 경영자까지 나의 처방이 큰 도움이 되었다. 여기서 주의할 사항이 있다. 과격한 목표를 달성하는 데 이 처방을 활용하는 건 바람직하지 않다. 직장에서 더 많은 일을 해내거나, 시간을 빈틈없이 사용하거나, 마라톤에서 신기록을 수립하도록 돕는 건 절대 내 목적이 아니다. 늦은 밤 정원을 채운 감미로운 향기를 들이마시고, 노을로 물든 하늘에 몰려오는 검은 구름에 감탄하고, 바보 같은 일을 벌이고 마음 편히 깔깔댈 수 있는 것. 그것이 나의 진정한 목표다. 이 사회를 채운 많은 이들이 이 목표에 몰두할 수 있다면 삶을 지배하는 두려움이 사라지고, 마음을 움직이는 일에 시간을 쏟을 수 있다. 자연스러운 리듬에 몸을 맡기고 조급함을 버리면 긍정적인 에너지가 삶에 온전히 스며든다. 그 즉시 변화가 시작된다. 주위의 색이 또렷해지고, 바다 내음이 강렬해지며, 눈앞의 사람이 더욱 소중하게 느껴진다. 나

또한 상대에게 더욱 소중한 존재가 된다.

우리가 이 세상에 머무는 기간은 지극히 짧다. 나는 이 시간을 단 한 순간도 놓치고 싶지 않다. 당신도 그럴 것이다. 잃어버린 에너지를 되찾는 과정은 가장 열정적인 자아로 돌아가는 길이며, 나를 움츠러들게 한 모든 것에서 벗어나는 시간이다. 당신이 이 경험에 기꺼이 동참한다면 나는 이미 소원을 이룬 것이다.

Part 1

에너지가
답이다

직관을 깨워
생명의 힘을
되찾는 법

당신의 삶을 변화시킬 비결이 여기에 있다. 에너지와 창조, 존재와 흐름에 관한 비밀을 만나보자. 이들의 관계가 우리에게 어떤 영향을 미치는지 이해하면 좋은 에너지를 끌어내고 나쁜 에너지를 없앨 방법을 알게 된다. 직관은 당신을 흥미진진한 세계로 이끈다. 도시의 눈부신 밤 풍경, 청명한 공기를 가르는 색소폰 소리, 경기장에서 터져 나오는 함성을 떠올려 보라. 우리는 다양한 에너지에 휩싸여 살지만 대부분 느끼지 못한 채 그냥 지나쳐버린다. 지금부터 에너지를 알아채고 직관을 깨우는 방법에 대해 알아보도록 하겠다.

내 환자였던 로라는 직관 덕분에 생명을 구했다. 열정적인 수학교사인 그녀는 어느 날 귓속에서 울리는 낯선 소리를 알아챘다. 의사는 그저 편두통이라는 진단을 내렸지만, 그녀는 누군가가 자신에게 크게 소리치고 있다고 느꼈다. 몸의 한 부분이 고장 났다는 사실을 전하기 위해서 말이다. 그 말을 들었을 때 나는 그 소음이 직접적인 경고임을 깨달았다. 그녀는 다시 검사를 받았고, 뇌동맥이 막혀있다는 사실을 발견할 수 있었다. 의사가 말했다.

"뇌졸중이 일어나지 않은 것이 다행입니다. 자칫하면 목숨을 잃었을 거예요. 어서 수술을 받아야 합니다."

로라는 잠시 겁에 질렸지만, 곧 안도했다. 해결책을 찾아냈다는 사실에 마음이 편안해진 것이다. 즉시 수술이 이루어진 덕분에 그녀는 무사할 수 있었다. 이처럼 직관은 때때로 우리의 목숨을 구한다.

훈련하면 당신도 직관을 키울 수 있다. 마음을 기울여 직관이 건네는 소리에 귀를 기울여 보자. 우리 내부에서 변화가 시작된다. 화려한 겉모습에 눈을 빼앗겨 직관을 저버려서는 안 된다. 직관은 생명과 곧바로 연결되며, 건강과 행복에 관한 정보를 제공하는 에너지 언어다. 현대를 살아가는 우리는 이런 근본적인 사실을 깨닫지 못하고, 직관을 종종 무시하곤 한다.

직관의 목소리에 귀를 기울여야 에너지에 가깝게 다가갈 수 있다. 우리를 둘러싼 모든 에너지를 직관은 미묘하게 알아챈다. 우리가 누구를 만나는지, 어디에 가는지, 어떤 일을 하는지, 지금 무슨 일이 일어나는지 모두 직관을 발달시키는 정보가 된다. 30년 동안 대형 트럭을 몰아온 글로리아는 말한다.

"도로 위에서 누군가가 짜증을 낼 때 발생하는 부정적인 에너지를 나는 곧바로 알아챌 수 있어요."

강력계 형사인 자넷은 설명한다.

"나는 종종 끔찍한 범죄 현장과 마주쳐요. 하지만 내게 흘러들어오는 나쁜 에너지를 차단하면 감정적인 피해를 입지 않을 수 있어요."

우리가 어떤 분야에서 일하든 직관으로 에너지를 느낄 수 있다면 여러모로 도움을 받을 수 있다. 이제부터 직관을 키울 방법들을 알아보자.

삶에 스며들어라

직관을 발달시키는 첫 번째 방법은 내가 꾸려가는 삶과 자연스럽게 어우러지는 것이다. 스파이가 되었다고 상상해보자. 당신의 임무는 생활과 자신이 얼마나 조화를 이루는지 알아채는 것이다. 직관은 에너지에 접근해 엑스레이를 찍듯이 우리에게 해로운 관계를 밝혀낸다. 당신이 얼마나 지친 상태인지, 왜 열심히 일해도 보답 받지 못하는지 알아낸다. 어쨌거나 직관은 항상 진실만을 말한다. 수많은 생각 아래에서 직관은 조용히 맑은 눈을 뜨고 있다.

가만히 느껴보자. 내면에서 문득 무언가가 느껴질 때, 소름이 돋거나 눈앞이 번쩍일 때 에너지가 채워지거나 빠져나간다. 물론 직관도 두 가지 특성을 가진다. 긍정적인 직관과 부정적인 직관이 모두 존재하는 것이다. 생동감이 차오르며 머리가 맑아지고, 새로운 일에 관해 두려움이 사라지면 긍정적인 직관의 신호다. 몸 위로 무언가가 기어 다니는 느낌이나 계약이 깨질 것 같은 느낌에 기운이 빠진다면 부정적인 직관일 가능성이 크다.

이 책을 끝까지 읽어갈 무렵, 당신은 자신의 에너지 반응을 직관적으로 알아채는 습관을 지니게 될 것이다. 귀여운 애완동물을 발견했을 때, 떠오르는 밝은 달을 바라볼 때, 홀로 집중해서 글을 쓸 때 에너지가 확 차오르는 느낌이 들 수 있다. 지나치게 기름진 음식을 먹을 때나 수다스러운 사람을 떠올릴 때, 혹은 가까운 이의 장례식에 참석했을 때 줄어드는 에너지를 느낄 수도 있다. 특별한 울림을 통해 에너지의 변화를 알아채면 인간관계나 건강 상태, 업무의 적절성을 판단할 수 있다. 이를 통해 바람직한 변화를 시도할 수 있다.

좋은 에너지와 나쁜 에너지

에너지를 느끼는 것은 직관이 주는 소중한 선물이다. 색깔을 구별하는 것처럼 직관을 통해 우리는 좋은 에너지와 나쁜 에너지를 알아챌 수 있다. 이 책의 주제인 에너지 치유법은 다음 두 가지 사실에 바탕을 두고 있다. 첫째, 인간의 몸과 마음은 에너지로 이루어진 잠재적인 시스템이다. 둘째, 건강은 균형에 좌우되며 직관의 도움을 받아 적절한 균형을 찾을 수 있다. 특히 사람들이 뿜어내는 에너지를 느끼는 일은 매우 중요하다. 우리 건강과 기분에 막대한 영향을 끼치기 때문이다. 에너지를 읽는 법을 터득하면 누가 위안을 주고 누가 에너지를 빼앗는지 쉽게 판단할 수 있다.

내 안에 에너지가 있다는 사실은 무척 흥미로운 발견이다. 사람들은 다들 또렷한 에너지를 뿜어낸다. 새로운 모임에서 마음이 끌리는 사람을 발견했던 경험이 누구나 한 번쯤은 있을 것이다. 그 사람이 설사 아무 말도 하지 않아도 그곳의 공기가 맑아진 느낌이 든다면, 그가 좋은 에너지를 뿜어낸다고 믿어도 좋다. 반면에 어떤 사람은 마치 유독 가스처럼 나쁜 에너지를 내뿜곤 한다. 이런 사람들과 자주 마주치면 부정적인 감정이 마음속에 뿌리내려 기쁨이 들어설 자리가 사라진다. 에너지 치유법에 익숙해지면 이런 나쁜 에너지를 좋은 에너지로 바꿀 수 있다.

내 안에서 부정적인 에너지가 느껴질 때 스스로를 탓하는 경우가 있다. 이럴 땐 자신에게 좀 더 너그러워지자. 우리는 다들 미완성의 작품이다. 변화와 성장의 가능성이 우리 안에 있다는 걸 일찌감치 깨닫도록 하자.

좋은 에너지를 내뿜는 사람

우리는 어쩔 수 없이 많은 사람과 마주친다. 그들의 에너지를 알아채는 것은 그래서 중요하다. 좋은 에너지를 뿜어내는 사람은 기본적으로 사랑과 위로의 느낌을 갖고 있다. 그들과 함께 있으면 직관적인 안도감이 느껴지고 편안한 마음이 든다. 덩달아 나의 에너지도 좋은 빛깔로 물든다.

반면에 나쁜 에너지를 뿜어내는 사람은 속박과 비난의 느낌을 준다. 그들과 함께 있을 때 우리는 불안해지고 긴장도 커진다. 이런 사람과는 얼른 떨어지는 게 상책이다. 나의 에너지가 사라져 몸이 아플 수도 있기 때문이다.

사람이 뿜어내는 에너지는 좋은 외모와 지성, 지능 및 대화 수준과 아무런 관련이 없다. 만약 어떤 사람이 당신의 에너지를 공격하는 느낌이 들면 즉시 자리를 뜨도록 하자. 눈에 보이는 겉모습보다 본능적인 직관으로 편안함이 느껴지는 사람을 만나는 게 중요하다.

이때 중요한 것은 인간의 선한 면을 믿는 것이다. 자신과 타인을 사랑스러운 눈길로 바라보도록 하자. 스스로의 직관을 믿고 영혼의 주파수가 맞는 사람을 찾아 나서자. 그렇게 하다 보면 겉만 번드르르한 관계를 정리해나갈 수 있다.

만약 견디기 힘든 사람과 어쩔 수 없이 함께 시간을 보내야 한다면 이 방법을 써보자. 부정적인 감정을 자극하지 말고 공통점을 찾아보는 것이다.

삶을 대하는 태도는 에너지로 고스란히 드러난다. 마음을 열고 주변 사람을 대하며 직관에 진실하게 반응해 보자. 곧 내 안에서 좋은 에너지가 자라나는 걸 느낄 수 있을 것이다.

· 에너지 시크릿 ·

에너지를 제대로 구별하려면

에너지를 구별하는 연습은 어느 곳에서나 할 수 있다. 일단 즐거운 마음으로 대상을 정해보자. 회사 동료든 백화점에서 마주친 사람이든 누구나 상관없다. 그 사람과의 거리를 한쪽 팔 길이보다 가깝게 두는 것이 핵심이다. 그러고 나서 내 느낌을 확인하자. 불쾌하거나 불안한지, 아니면 편안하고 즐거운지 자신에게 질문해 본다. 이 방법을 통해 내게 힘을 주는 사람을 손쉽게 구별할 수 있을 것이다. 만약 사랑하는 사람이 힘든 상황에 처해 있다면 그의 에너지가 고갈되지 않도록 위로와 응원을 보내주도록 하자. 또 누군가가 나를 끊임없이 지치게 만든다면 그 사람과 실질적인 거리를 두도록 하자. 에너지를 파악하는 것이 스스로를 제대로 보살피는 길이다.

마음을 열어라

에너지 치유법을 익힌 사람들은 직관을 이용해 자신의 에너지 상태와 건강을 체크한다. 또한 긍정적인 에너지와 부정적인 에너지를 세심하게 살핀다. 우리는 종종 많은 일을 겪지만 그것들을 모두 기억하진 못한다. 하지만 그 일들은 잠재의식에 남아 우리의 에너지 성질을 바꾼다. 나를 보며 미소지어준 동료의 얼굴, 출근길에 보았던 추돌사고, 크리스마스이브에 마주친 스케이트를 타는 어린이의 모습은 의식을 너무 빨리 통과해버린다. 그래서 우리는 그것들이 어떻게 마음속에 남는지 제대로 알지 못한다. 하지만 직관은 그런 일들이 자아내는 에너지를 누구보다 정확하게 느끼도록 도와준다.

어린 시절에 나는 사람들이 느끼는 감정에 지나치게 공감하고 그 것들을 무의식적으로 흡수했다. 친구가 아프거나 슬퍼하면 그 고통이 순식간에 내 몸으로 들어왔다. 사람이 많이 모인 장소에서는 그 정도가 한층 강해졌다. 누군가에겐 천국인 쇼핑센터가 내게는 전쟁터와 다름없었다. 고통을 빨아들이는 스펀지와 같았던 나는 다행스럽게도 해결책을 찾아냈다. 직관을 연구하는 UCLA 연구소에서 공감 조절 방법을 터득했고, 마침내 공감을 강력한 직관으로 발전시킬 수 있었다.

건강한 에너지를 키우려면 일단 자신의 성향을 파악해야 한다. 당신이 직관적인 공감자라면 일상생활은 상관없지만 스트레스가 심할 경우 위험한 상황에 빠질 수 있다. 직관적인 공감자는 주변의 스트레스를 빨아들이고 부정적인 사건에 쉽게 상처받는다. 이런 타입의 사람들은 대부분 에너지가 수위가 낮다. 직관이 지나치게 발달한 나머지 에너지가 과도하게 소비되는 것이다. 그 결과 우울증과 신경질환, 과식 등을 경험하게 된다.

맨해튼에 살고 있는 내 친구에게 출근길은 지옥이나 다름없었다. 가는 길에 마주치는 수많은 사람이 자신을 때리는 것 같았기 때문이다. 나는 그 친구에게 나쁜 에너지를 흡수하지 않는 법을 가르쳐주었다. 어느 정도 시간이 흐른 후, 내 친구는 예전만큼 출근길이 고통스럽지 않게 되었다.

자신의 성향을 파악하기 위해 다음 질문에 답을 해보자.

- 너무 예민하다는 말을 들어본 적이 있는가?
- 친구가 괴로워하면 나도 같은 감정에 시달리는가?
- 사람이 많은 곳에 가는 일이 괴로운가?
- 엘리베이터나 비행기, 기차를 타면 불안한가?
- 말이 많은 사람, 시끄러운 소리, 여러 가지 냄새가 괴롭게 느껴지는가?
- 끔찍한 뉴스를 대하면 힘이 빠지는가?
- 여럿이 있으면 기운이 없고, 혼자 있는 시간이 오히려 편안한가?

이 가운데 하나라도 '그렇다'는 대답이 나온다면 공감 능력 탓에 에너지를 잃을 가능성이 크다. 만약 모든 질문에 '그렇다'는 대답을 했다면, 주위 사람들과 보내는 시간이 당신의 에너지를 고갈시키고 있다고 보아도 좋다.

자신이 직관적인 공감자라는 사실이 뜻밖일 수 있다. 하지만 이것은 좋은 시작이다. 에너지가 새어나가는 부분을 밝혀 잃었던 에너지를 되찾을 수 있기 때문이다. 에너지 치유법의 장점은 빠르게 효과가 나타난다는 것이다. 많은 사람이 내게 이런 말을 했다.

"지금까지 내게 무슨 병이 있는 거라고 생각했어요."

그들은 직관적인 공감자일 뿐이다. 문제는 대부분의 의사가 이 사실을 알아채지 못한다는 데 있다. 그래서 이런 사람들을 히스테리가 심하거나 불평이 많은 이들로 여기곤 했다. 하지만 이런 타입의 사람들은 누구보다 직관적인 능력이 뛰어나다. 이 능력을 장점으로 발전시키도록 돕는 일이 에너지 치유법의 역할이다. 시끌벅적한 주변 탓에 내내 불편하다면 잠시 시간을 내어 다음 활동을 해보자. 부정적인 에너지가 당신을 공격할 때 제대로 대처할 수 있을 것이다.

· 에너지 시크릿 ·

호흡의 경이로움

가벼운 옷을 입고 조용한 장소를 찾아본다. 휴대전화를 끄고 문도 닫는다. 그런 다음 편안하게 앉아 호흡을 해 본다. 이때 마음의 중심을 잡는다는 생각으로 숨을 쉬는 것에만 정신을 집중한다. 만약 다른 생각으로 주의가 흐트러진다면 숨을 들이쉬고 내쉬는 데 다시 마음을 써 본다. 호흡은 좋은 에너지를 끌어낸다. 숨을 쉴 때마다 의식이 땅에 뿌리내리도록 해 보자. 호흡이 흙 아래로 흘러가는 모습을 마음속에 그려본다. 나의 뿌리를 땅의 중심에 심는다. 척추에서 길고 튼튼한 꼬리가 뻗어 나와 땅의 중심에 뿌리내리는 광경을 상상한다. 숨을 쉴수록 나와 땅의 연결이 단단하게 느껴진다. 땅의 에너지가 자연스럽게 흘러들어와 내게 안정감을 줄 것이다. 처음에는 몇 분 정도 가볍게 해 보고, 점점 시간을 늘려가도록 하자.

속도를 조절하라

그동안 많은 환자를 상담하면서 삶의 속도를 조절하는 것이 꼭 필요하다는 사실을 알게 되었다. 이 속도는 개인의 에너지에 따라 다르게 적용된다. 누군가에겐 제법 빠르게 느껴지는 속도가 다른 누군가에겐 편안하게 느껴질 수도 있다. 에너지 리듬을 직관으로 느껴보며 스스로의 시계를 조절하는 것이 중요하다.

정신과 의사로 처음 일하던 무렵에 스티브라는 환자가 나를 찾아왔다. 그는 68세의 건강한 노인으로, 은퇴를 진지하게 고려하고 있었다. 동생과 함께 30년 동안 가구 사업을 이끌어온 그는 대범하고 화끈한 성격을 지녔으며, 불평이 매우 심한 편이었다. 상담실 의자에 앉자마자 그는 말했다.

"가구점에 나갈 때마다 스트레스가 심해서 죽을 지경이에요. 이참에 아예 은퇴를 할까 싶어요."

"아무래도 그 말씀대로 하시는 게 좋겠네요."

진지한 내 제안에 그는 말없이 고개를 끄덕였다. 그러고는 한동안 말이 없더니, 문득 눈을 반짝이며 이렇게 말했다.

"사실 고민이 되긴 해요. 가구점에 나가지 않으면 분명 시간이 남아돌 테니까요. 손님들과 이야기를 나누던 시간도 그리울 것 같고요."

몇 달 뒤 스티브는 결국 은퇴를 했다. 계속되는 불평을 듣고 그의 부인과 동생이 큰 걱정을 했기 때문이다. 뭔가 께름직한 느낌이 들었지만, 나는 지지할 수밖에 없었다. 그런데 삼 개월 후 안타까운 소식을 듣게 되었다. 그의 부인이 울면서 나에게 전화를 한 것이다.

"스티브가 오늘 아침에 심장마비로 죽었어요. 정원 가꾸기 책을 무릎 위에 올려놓은 채 눈을 감고 있는 걸 내가 발견했어요."

그 말을 듣고 나는 크게 후회했다. 그를 억지로 은퇴시킨 것이 그를 결국 약하게 만들었다는 것을 깨달았기 때문이다. 가구점 일을 하며 그가 느꼈던 스트레스는 스티브에겐 생명줄과 다름없었다. 그는 자신만의 속도로 삶을 유지해나가고 있었다. 하루에 몇 시간 만이라도 가게에 나가도록 해주었다면, 그는 오래도록 건강한 삶을 누릴 수 있었을 것이다.

디자이너로 일하는 조시가 꿈에 관한 상담을 위해 나를 찾아왔을 때, 나는 그녀가 지닌 편안한 에너지를 즉시 감지했다. 사람의 생명력은 저마다 고유한 리듬을 갖고 있는데, 조시처럼 속도 조절을 잘 하는 사람에겐 완벽한 심장박동 같은 에너지가 느껴지곤 한다.

조경 전문가인 트레이시는 이와는 반대의 경우였다. 사소한 것까지 지나치게 신경 쓰는 그녀는 삶의 속도가 너무 느렸다. 할 일은 쌓여가는데 일에는 진척이 없으니, 그녀의 에너지는 늪에 빠진 듯 고여 있으면서 점점 약해졌다. 자연스럽게 인간관계를 비롯한 인생 전반에서 어려움을 겪고 있었다.

주식중개인인 존은 우울증에 시달리고 있었는데, 겉으로는 침착해 보였지만 그의 에너지는 매우 불안정한 상태였다. 그런 상황에서 벗어나기 위해서는 삶의 속도를 늦춰야 했다. 그는 만성적인 조급함에 시달리고 있었다.

웹스터 사전에서는 조급함을 '격렬하게 앞으로 나가려는 움직임. 짧은 시간에 급하게 움직이려는 시도'로 정의한다. 에너지의 입장에서 살펴보면, 조급함이란 자신의 용량을 초과하는 행동을 뜻한다. 조급한 마음이 생기기 시작하면 스트레스 호르몬인 코르티솔이 갑자기 증가한다. 그리고 우울과 불안을 감소시키는 세로토닌이 줄어든다. 잠재적 에너지도 감소하고, 결국 몸과 마음이 침체의 악순환에 빠져들기 시작한다.

우리가 조급해지는 이유는 여러 가지다. 고통스러운 감정을 잊으려 하거나, 불안한 느낌에서 도망치거나, 불가능한 프로젝트를 해내려 하거나, 두려움을 떨쳐내기 위해 종종 급한 마음을 먹는다. 하지만 삶에 스며드는 리듬은 결코 당신을 다그치지 않는다. 아래 항목을 읽어 보고 자신에게 해당하는 것이 있는지 살펴보자. 당신이 조급하게 살고 있다면 이 가운데 한두 가지는 겪고 있을 것이다.

- 내 안의 에너지가 흩어지는 느낌이 든다.
- 내 몸에 관해 별생각을 하지 않는다.
- 종종 두려움을 느낀다.
- 남들의 말을 귀담아듣지 않는다.
- 사소한 것을 기억하지 못한다.

조급함은 중독성이 강하다. 의과대학에 다니던 시절, 나는 언제나 응급상황을 겪으며 생사의 갈림길 한가운데 서 있었다. 사흘에 하루는 밤새 대기하며 환자를 돌보아야 했고, 이런 생활이 계속되면서 나는 매일같이 녹초가 되었다. 나를 가장 힘겹게 했던 것은 호출기였다. 이 끔찍한 기계를 몸에서 한시도 떼놓지 못했는데, 가끔은 벨트에 매달린 호출기가 펑 하고 터져버리는 상상을 하기도 했다. 하루는 화장실에 갔다가 호출기가 그만 변기에 빠져버렸다. 이미 물을 내린 상태였고, 호출기는 그대로 변기 속으로 빨려 들어갔다. 눈앞에서 이미 사라져버린 호출기가 미친 듯이 삑삑대던 기억이 아직도 생생하다.

그렇게 정신없이 몇 년을 보낸 뒤 내 삶은 조급함으로 가득 차기 시작했다. 나도 모르게 신경이 날카로워져서 주위 사람을 재촉했다. 병원 문을 나서면 얼른 집에 가서 뜨거운 물에 몸을 담그고 싶다는 생각에 서둘러 차를 몰았다. 덕분에 속도위반 딱지를 뗀 것이 한두 번이 아니다. 결국 몸에 이상이 왔고, 이 상태에서 벗어나는 데 한참이 걸렸다.

삶을 조화롭게 유지하기 위해서는 속도를 제대로 조절하는 것이 필수적이다. 자신의 에너지를 들여다보며 적당한 속도를 찾아보자. 만약 당신의 속도가 적절한 상태라면 이런 느낌을 경험할 것이다.

- 감정적인 안정감
- 충분한 체력
- 참고 견뎌내는 힘
- 왠지 신나는 느낌
- 무언가를 시작하고 싶은 열정

에너지 속도가 적절하지 않을 때는 이런 느낌이 든다.

- 사라지지 않는 피로감
- 슬픔과 기쁨에 무감각해지는 느낌
- 불쑥불쑥 올라오는 화
- 오르내림이 심한 감정 상태
- 복통, 두통, 소화불량 등의 신체적 증상
- 뭔가를 시작할 의욕이 사라지는 기분

나만의 속도를 찾으려면

먼저 스스로에게 집중할 수 있는 시간을 마련해 보자. 5분 정도면 충분하다.

일단 편안하게 앉아서 두 눈을 감는다. 심호흡을 하며 긴장을 푼 뒤 직관의 중심에 의식을 모은다. 직관의 중심은 눈썹과 눈썹 사이에 자리 잡은 에너지의 통로로 제3의 눈, 혹은 차크라로 불린다. 통로가 열리는 것을 돕기 위해 이곳에 살며시 손가락을 올려놓아도 좋다. 그 부분이 뜨거워지는 느낌을 받는 사람도 있고, 진동하는 자줏빛 소용돌이가 느껴지는 사람도 있다. 받아들이는 에너지의 양이 늘어나면 약간의 압박감이나 두통을 경험하기도 한다. 1분이나 2분 정도 시간이 흐른 뒤, 스스로에게 물어보자.

'나는 지금 적절한 속도로 살고 있는가?'

그런 다음 직관의 대답에 주의를 기울여 보자. 기분 좋은 온기가 느껴지거나 내면에서 신바람이 우러나오면 당신의 에너지가 적절한 속도로 흐르는 것이다. 때론 전율이 몸을 따라 흐르기도 한다. 만약 차가운 기분이 느껴진다면 당신이 조급하거나 지나치게 느린 상태일 가능성이 크다. 극심하게 피로한 상태라면 긴장이 느껴지고 기분이 가라앉아 몸이 딱딱하게 굳어갈 것이다. 부정적인 이미지나 기억이 떠오른다면 그대로 놓아두는 게 좋다. 판단하거나 따지려 들 필요는 없다. 스스로의 의식이 어떻게 흐르는지 가만히 지켜보자. 이 방법을 통해 조급한 자신을 발견했다면 이제는 제대로 된 속도를 찾아보자.

한 번에 한 가지만

가장 중요한 것은 차근차근 변화를 만들어가는 것이다. 일단 한 번에 한 가지만 집중하도록 하자. 이메일을 읽고 답장을 보내거나, 전화 통화를 하거나, 보고서를 읽거나, 딱 한 가지 일만 하도록 한다. 자연스레 집중력이 늘어날 것이다. 내면에 쌓이는 감각을 음미하며 행복을 느껴보자. 에너지는 거짓말을 하지 않는다. 조화로운 리듬을 찾으면 생산성은 저절로 올라간다.

조급함을 떨쳐내기 힘들다면

앞만 보고 달리는 자신을 멈추고 잠시 주위를 둘러보자. 쏟아지는 햇살, 뺨을 스치는 산들바람, 코끝을 간질이는 빵 냄새를 느껴보라. 주변 사람들을 진심으로 대하고 지금 이 순간에 몰입하자. 휴대전화의 전원을 끄고 잠시 시간을 잊어보는 것도 좋은 방법이다. 처음엔 힘들겠지만 이런 순간들이 익숙해지면 점차 여유로워지고 유쾌해지는 자신을 발견할 것이다.

상황이 급할 때

마감이 눈앞에 다가온 긴급한 위기 상황에서는 심리적 압박감이 강하게 느껴진다. 이럴 때 1분만 시간을 내어 직관의 중심에 의식을 모아 보자. 손가락 하나를 양 눈썹 사이에 살며시 올려놓고 깊은 호흡을 한다. 간단지만 매우 큰 효과를 발휘한다. 즉시 집중력이 높아지고 마음의 중심을 찾을 수 있다.

지금을 사랑하라

미처 깨닫지 못하지만 우리는 대부분 현재를 소홀히 여긴다. 그저 시간을 흘려보내며 순간을 놓쳐버리곤 한다. 직관은 '생명력이 살아 숨 쉬는 바로 지금'을 본능적으로 포착한다. 과거나 미래에 기울지 않고 내 안의 에너지를 소중하게 여길 때 우리는 균형 잡힌 시각으로 현재를 정확하게 바라볼 수 있다. 그것이 바로 온전한 정신이다.

에너지 치유법은 지금 이 순간을 중요하게 여기는 것으로부터 출발한다. 현재에 집중하면 활력이 증가하고 에너지가 곧바로 직관과 연결된다. 당신이 한여름 밤 정원 한가운데 서 있다면 지금 답변해야 할 메시지 따위는 잠시 잊고 공기를 가득 채운 장미 향기를 느껴보자. 지금 이 순간에 완전하게 존재할 때, 몸의 중심에서 좋은 에너지가 솟아나기 시작한다. 이것은 정말이지 황홀한 느낌이다.

현대 사회라는 정신없는 환경에서 자신을 지금 이 순간으로 되돌려 놓는 방법은 생각보다 쉽다. 그저 원래부터 지니고 있던 순수함을 찾기만 하면 된다.

지금 이 순간을 맞이하려면

현재를 제대로 사랑하는 법은 그리 어렵지 않다. 몇 가지 소소한 실천만으로 우리는 지금 이 순간을 내 안에 맞이할 수 있다.

관찰과 감탄

조금만 주의를 기울여 보면 온전히 이 순간에 머무는 사람을 쉽게 찾을 수 있다. 그들을 가만히 관찰해보자. 아기와 어린이는 자연스럽게 이 순간에 존재하는 대가들이다. 과거에 대한 후회도, 미래에 대한 걱정도 그들에겐 아무 영향을 미치지 못한다. 아기를 바라볼 때 우리의 에너지는 금세 순수해진다. 놀이터에서 놀고 있는 어린이를 지켜보는 것만으로 우리는 곧바로 경이로움을 느낄 수 있다.

어른이 된 뒤에도 순간이 전부인 사람들이 있다. 예술가들이 대표적이다. 마야 안젤로의 시 낭송 장면이나 요요마의 첼로 연주는 그 자체만으로 사랑스럽다. 연주회에 직접 참석해보거나 화면 속을 채우는 그들의 모습을 관찰하며 자신의 느낌을 그 안에 놓아보자.

자연스러운 호흡

바쁜 일상에서 현재에 집중하는 좋은 방법은 자연스러운 호흡에 내 몸을 맡기는 것이다. 호흡은 여러 문화권에서 영혼과 같은 무게를 가진다. 단순히 산소를 마시고 이산화탄소를 배출하는 행위가 아니라, 생명 에너지를 흡수하는 과정으로 보는 것이다.

하루 가운데 조용한 시간을 골라 가만히 호흡에 집중해 보자. 긴장을 풀고 눈을 감은 채 천천히 숨을 쉬어보는 것이다. 콧속으로 들어오는 부드러운 바람이 느껴질 것이다. 잠시 다른 생각이 떠오른다면 그저 흘러가게 두면 된다. 처음엔 힘들겠지만, 이 순간을 느끼는 것이 점점 쉬워질 것이다.

펄떡이는 맥박

다급한 생각이 들 때 지금으로 돌아오는 좋은 방법은 맥박을 짚어보는 것이다. 두 손가락을 자신의 손목 안쪽에 대고 펄떡이는 맥박을 느껴보자. 맥박이 뛸 때마다 내 안의 생명력이 황금빛 에너지로 용솟음치는 상상을 해 보자. 맥박이 잘 느껴지지 않더라도 걱정할 필요가 없다. 곧 익숙해질 것이다. 그러면 언제 어디서든 자신의 맥박을 느끼는 것만으로 지금 이 순간에 온전히 정신을 집중할 수 있게 된다.

마음의 에너지

우리를 지금 이 순간에 머물게 하는 데엔 만트라도 훌륭한 역할을 한다. 만트라는 신성한 단어나 구절을 말한다. 티베트 불교에서 만트라는 스승이 제자에게 전해주는 것으로, 부정적인 생각으로부터 자신을 보호하는 역할을 한다. 마음에 드는 단어나 짧은 문장을 골라 자신의 만트라로 삼아보자. 평화나 현재를 뜻하는 말도 좋고, 뜻밖의 기쁨을 뜻하는 '세렌디피티'나 그냥 내버려 두라는 의미의 노래 가사인 '렛잇 비'도 상관없다. 어떤 만트라든 우리를 지금 이 순간에 머물게 할 마법이 되어줄 것이다.

적을 해치워라

바쁘게 돌아가는 요즘 세상에서 우리는 종종 깊은 절망감을 느끼곤 한다. 쏟아지는 일에 파묻혀 주변을 돌아보지 못하고, 끊임없이 울려대는 휴대전화가 밤새 우리를 괴롭힌다. 이런 상황이 습관이 되면 저절로 현재에 둔감해지고 만사에 의욕을 잃게 된다. 우리가 당장 해야 할 일은 나를 지치게 만드는 괘씸한 적을 당장 해치우는 것이다. 먼저 일에 중독된 상태부터 해결해 보자.

당신의 적 1 : 일 중독

최근 들어, 하루에 8시간 이상 일하지 않으면 스스로를 부끄럽게 여기는 사람들이 많아졌다. 이는 일종의 중독으로, 잠재적인 에너지를 고갈시켜 나쁜 에너지를 뿌리내리게 한다. 쌓이는 일에 허덕이고, 잰 걸음으로 집과 회사를 오가고, 마지막 남은 에너지 한 방울까지 이메일을 확인하는 데 써버려도 해야 할 일은 줄어들지 않고 능률은 점점 떨어지기만 한다.

일 중독의 대표적인 증상은 여러 가지를 한꺼번에 해치우려고 애쓰는 것이다. 샌드위치를 베어 물며 서류를 보고, 길을 걸을 때도 이어폰을 귀에 꽂고 뭔가를 들으면서 메시지를 확인한다. 운동을 할 때조차 멍하게 있을 틈이 없다. 눈앞에 놓인 모니터를 보며 새로운 뉴스를 확인해야 하기 때문이다. 시간을 효율적으로 활용한다며 당장은 스스로가 자랑스럽겠지만, 이런 습관이 반복되면 에너지가 고갈되어 집중력이 점점 흩어진다. 결국은 손해 보는 상황이 만들어지는 것이다.

일 중독에서 벗어나기 위해 무인도를 찾아갈 필요는 없다. 성취감이 느껴지는 건설적인 경험을 하면 긍정적인 에너지는 회복된다. 마음을 억누르는 압박감에서 벗어나 자신에게 힘을 불어넣자. 스스로를 사랑하는 것이 무엇보다 중요하다.

· 에너지 시크릿 ·

일 중독에서 무사히 벗어나려면

먼저 일 중독의 원인을 찾는 것이 필요하다. 아래의 항목을 살펴보면서 어떤 것이 나에게 해당하는지 직관의 대답에 귀를 기울여 보자.

- 상황을 통제하려는 욕심
- 외로움
- 잘나 보이려는 자존심
- 높은 자리에 오르고 싶은 야망
- 스스로를 괴롭히는 습관
- 돈을 벌어야 한다는 압박감
- 모든 일을 당장 끝내야 한다는 강박감
- 더 나은 삶을 향한 향상심
- 불안과 우울로부터의 도피
- 배우자에 대한 불만
- 스스로를 사랑하지 않는 부모님

위에 언급된 항목 말고도 다른 원인이 떠오를 수 있다. 주저하지 말고 책의 빈 곳에 써넣어보자. 일단 원인을 발견했다면 매우 좋은 시작을 한 것이라고 믿어도 좋다. 급하게 바로잡으려 애쓰지 말고 차분하게 자신의 상황을 되돌아보자. 일 중독의 원인에서 벗어나는 효과적인 방법을 지금부터 살펴보자.

자신을 사랑하기

남들을 쉽게 사랑하는 사람도 스스로를 사랑하는 일에는 서툴게 마련이다. 이런 일에도 연습이 필요하다. 일단 쉬운 것부터 시작해보자. 아무리 바빠도 일주일에 한 번은 자신을 위해 시간을 내는 것이 좋다. 낮잠을 자거나 혼자 영화를 보러 가는 것만으로 삶에 쉼표를 찍을 수 있다. 좋아하는 음악에 5분 동안 귀를 기울이거나 초콜릿을 먹으며 한숨 돌릴 수도 있다. 중요한 것은 온전히 나를 위해 시간을 써야 한다는 것이다. 친구의 고민을 들어준다고 아까운 에너지를 낭비하지 말자.

생각의 방향을 돌리는 것도 필요하다. 모든 일을 오늘 다 해낼 필요는 없다. 이 사실만 깨달아도 마음이 한결 편안해질 것이다. 해야 할 일 리스트의 절반은 강박에서 비롯된 것들이다. 필요 없는 일을 골라내는 것이 진짜 능력임을 명심하자.

한 번에 한 가지만 해내도록 스스로를 격려하는 습관을 길러보자. 차근차근 일하는 즐거움을 알게 되면 삶이 풍요로워진다. 가장 좋은 것은 하루에 한 가지 일에만 집중하는 것이다. 서류를 정리하든, 테니스를 치든 지금 현재의 자신에 의식을 기울이며 직관을 깨워보자. 좋은 에너지가 차오르는 느낌에 마음이 벅찰 것이다.

임종의 순간 떠올리기

일 중독에서 도저히 빠져나올 수 없다면 조금 강력한 처방이 필요하다. 죽음의 순간을 떠올려 보는 것이다. 우리가 어떤 삶을 살아가든 언젠가는 임종의 순간을 맞이하게 된다. 그때 나는 어떤 장소에서 어떤 옷을 입고 어떤 사람과 함께하고 있을까? 구체적으로 생각해보자. 그때 어떤 장면이 눈앞에 스쳐 갈지도 상상해보자. 내 인생에서 가장 빛났던 순간은 무엇일까? 사랑했던 사람과 나눈 가장 아름다운 시간은? 제일 소중하게 여기는 기억은?

임종의 순간을 머릿속에 그리다 보면 당장 해치워야 한다고 여겼던 수많은 일이 어느새 의미 없게 느껴질 것이다.#

당신의 적 2 : 수많은 첨단 기기

내면의 에너지를 흐트러뜨리고 우리를 직관에서 멀어지게 만드는 또 다른 적은 기술 발전의 결과물인 수많은 기기다. 컴퓨터, 태블릿, 휴대전화와 같이 효율적인 업무 처리를 위해 개발된 최신 제품들이 우리를 오히려 옭아맨다는 사실이 무척 아이러니하다.

배터리를 충전하지 못해 스마트폰이 한 시간만 먹통이 되어도 우리는 불안감에 휩싸인다. 치명적인 바이러스에 컴퓨터가 오염된 상황이라면 사태가 더욱 심각해진다. 끓어오르는 분노에 어쩔 줄 모르는 자신을 이내 발견할 수 있을 것이다. 이런 기기에 지나치게 의존하는 삶에서 벗어나기 위해서는 적극적인 노력이 필요하다. 일 분에 한 번씩 메시지를 확인하는 습관이 소중한 에너지를 얼마나 낭비하게 만드는지 깨닫는 것에서 일단 해결책이 시작된다.

바쁜 삶에서 나를 꺼내려면

지식을 얻는 일이 예전보다 쉬워지면서 우리는 사방에서 쏟아지는 정보의 홍수에 떠밀리며 살아간다. 그 속에서 빠져나와 제대로 삶을 찾고 싶다면 일단 모든 것을 알아야 한다는 강박에서 벗어나야 한다. 그런 다음 스스로에게 휴식을 선물하자.

과감하게 꺼버리기

당신이 모든 것을 알아야 할 필요는 없다. 휴대전화를 손에 쥐고 잠들었다고 해서 당신이 세상을 통제할 수 있는 것도 아니다. 하루에 한번, 일정한 시간을 정해 컴퓨터와 휴대전화를 꺼버리도록 하자. 처음엔 불안한 마음이 들 수 있다. 하지만 얼마 지나지 않아 내가 잠시 들여다보지 않았다고 해서 별로 바뀔 게 없다는 사실을 깨닫게 될 것이다. 처음엔 5분 정도 이런 시도를 해 보고, 조금씩 시간을 늘려 보자.

멍하게 지내보기

하루에 한 차례씩 최신 기기를 꺼버리는 데 성공했다면, 이제는 본격적으로 에너지를 모을 시간이다. 아무것도 하지 않는 시간을 즐겨보자. 터벅터벅 동네를 걷거나 창밖을 한동안 내다보는 것도 괜찮다. 뭔가를 해야만 쓸모 있는 사람이 된다는 강박에 우리는 내내 시달려왔다. 그런 생각에서 벗어나는 것이 좋은 에너지를 모으는 첫걸음이다. 천재라 불리는 많은 사람이 쉬는 시간에 문득 영감을 떠올렸다는 것을 기억해두자. 제대로 쉬어줄 때 에너지는 오히려 좋은 방향으로 흐른다.

엉뚱한 일 해보기

평소라면 상상하지 못할 행동을 해 보는 것이 바쁜 삶 속에서 나를 구하고 잠재된 에너지를 깨우는 계기가 되기도 한다. 큰소리로 노래 부르기, 이른 아침에 마구 춤춰보기, 출근길에 색다른 벌레 발견하기 등등 어떤 것이라도 좋다. 이때 떠오르는 감정이 세포 속까지 도달하도록 아주 깊이 느껴보자. 삶이 고유의 리듬을 찾고 좋은 에너지로 채워지는 신호를 받게 될 것이다.

에너지를 깨우는 시간

내 안의 에너지를 자극하는 흥겨움에 빠져보자. 큰소리로 노래도 불러보고, 무지개를 보며 행복해하고, 아침 햇살 속에서 막춤을 춰본다. 이때 당신이 기억할 건 한 가지뿐이다. 이 흥겨움이 세포 속까지 닿도록, 아주 깊숙이 느껴보는 것이다. 머지않아 당신의 삶이 조화로운 리듬으로 가득 채워질 것이다.

퀸시 존스의 삶을 관통한 직관

퀸시 존스는 수많은 앨범을 제작한 전설적인 프로듀서다. 미국 대중음악계의 큰 별로 불리며, 그의 손을 거친 수많은 앨범이 그래미상을 석권했다. 그가 제작한 마이클 잭슨의 앨범 '스릴러'와 '위 아 더 월드'는 사상 최대 판매량을 기록했다.

나는 오랫동안 음악을 해왔다. 많은 곡을 만들었고, 여러 가수와 작업했다. 그런 내게 있어 신이 준 가장 큰 선물은 직관이다. 나는 종종 내면의 속삭임에 귀를 기울인다. 이성이 아닌 감성으로, 잠재된 에너지의 울림으로 직관을 느낀다. 가끔은 감동의 순간이 등골을 훑고 지나가기도 한다. 소름이 끼치는 것 같은 그 느낌이 다가오면 난 금세 깨닫는다. 방금 또 하나의 걸작을 탄생시켰다는 사실을 말이다.

잠자리에 들기 전에 나는 연필과 오선지를 침대 옆에 놓아둔다. 그리고 잠재의식을 향해 도와달라고 속삭인다. 다음 날 아침에 눈을 뜨면 놀라운 곡이 떠오르곤 한다. 나는 그저 손을 움직여 써 내려갈 뿐이다. 일단 믿으면 직관은 이렇게 큰 선물을 내게 건네준다.

우리가 지닌 문제의 해답은 언제나 우주에 있다. 그저 그 답을 무사히 들을 수 있도록 여유를 가지면 된다. 색소폰 즉흥 연주로 역사에 한 획을 그은 콜트레인은 매번 이렇게 말했다.

"그냥 흘러가게 내버려 둬. 내가 따라가면 되니까."

재즈에 몸담은 사람들은 다들 이런 느낌을 갖는다. 재즈는 매우 직관적인 음악이기 때문이다. 재즈 연주자들은 즉흥적인 연주에 놀랄 만한 에너지를 불어넣는다. 마일스 데이비스나 디지 길레스피가 보여준 연주는 믿기 어려울 정도다. 그들의 음악은 직관과 한 몸이며, 에너지의 흐름과 궤를 같이한다.

아프리카의 음악을 보라. 그 얼마나 강렬한지! 빗소리, 천둥소리, 동물의 움직임이 그 음악의 원천이다. 자연의 에너지에 바탕을 두었기에 그토록 마음을 울리는 것이다. '스릴러' 앨범을 작업할 때 마이클 잭슨은 치타와 가젤의 움직임에 주목했다. 우리의 직관은 자연을 가리켰고, 마침내 생명력이 가득한 놀라운 음악을 탄생시킬 수 있었다.

직관은 설명하기 어렵기 때문에 가끔은 다른 사람들의 반대에 맞닥뜨리기도 한다. 클린턴 대통령의 취임식 연출을 맡았던 때였다. 마틴 루터 킹 목사의 위대한 연설, '내게는 꿈이 있습니다'가 등장하는 장면에서 유명한 래퍼인 엘엘 쿨 제이를 등장시켜야겠다는 생각이 문득 떠올랐다. 하지만 이 아이디어는 수많은 반대에 부딪혔다. 지나치게 혁신적이라는 이유에서였다. 하지만 나는 직관을 믿었고, 내 생각을 밀고 나갔다. 행사 당일, 쿨 제이의 랩에 열광하는 50만 명의 관객과 마주한 순간, 온몸에 전율이 일었다. 내 직관이 옳았던 것이다!

나는 사람들의 에너지를 느끼곤 한다. 내게 호감을 가진 사람에겐 투명하고 따스한 에너지가 느껴지고, 반대의 사람들에겐 차갑고 불투명한 에너지가 감지되곤 한다. 상대가 불쾌한 에너지를 뿜어낼 때 난 오히려 마음을 다잡는다. 그 에너지에 휩쓸리지 않기 위해서다. 내게는 일곱 명의 자녀가 있는데, 그 아이들은 모두 놀라운 에너지를 지니고 있다. 나는 아이들과 에너지를 주고받으며 즐거운 시간을 만들어간다. 그 순간이 내게는 영감의 샘물이며 삶의 기쁨이다.

직관을 믿지 않는 사람도 많다. 하지만 그런 생각은 한쪽 눈을 감은 채 인생을 사는 것처럼 매우 큰 손해다. 직관은 창조의 가장 소중한 친구이며, 신의 선물과 다름없다. 직관이 건네는 말에 귀를 기울인다면 당신의 에너지는 더욱 풍성해질 것이다.

영혼을
풍요롭게
하는 법

우리 손끝에서 에너지가 샘솟는다고 상상해보자. 그 안에 발전소가 들어있는 것처럼 말이다. 나는 당신과 그런 경험을 나누고 싶다. 영혼이 풍요로워지면 몸속에서 에너지가 저절로 피어오른다. 얼핏 들으면 거창해 보이지만, 사실 아주 간단한 방법만으로 이런 일이 가능하다. 바로 사랑하는 것이다. 누가 뭐래도 사랑은 전 우주를 아우르는 에너지의 원천이다.

에너지 치유법은 영혼의 에너지를 바탕으로 삼는다. 하지만 현대의학은 이런 사실을 종종 무시하곤 한다. 지적인 사람들도 마찬가지다. 예전에 똑똑한 경제 전문가와 사귄 적이 있다. 데이트를 하다가 영혼에 관한 화제를 꺼냈는데, 그 사람의 표정이 이상해지더니 그 후로 연락이 끊어져 버렸다.

사실 정신과 의사는 영혼을 치료하는 사람이다. 어떤 이들은 자신의 단점이 들킬까 봐 두려워 정신의학을 멀리하곤 한다. 그러나 우리 내면의 생명력은 영혼에서 배어 나온 에너지로, 아름다운 불꽃을 만든다. 그래서 이번 장에서는 영혼의 에너지를 고양하는 방법을 살펴보도록 하겠다.

훈련을 통해 영혼의 에너지를 발견하기 위해서는 일단 걱정과 근심을 내려놓고 편안한 상태가 되어야 한다. 그런 다음 커다란 힘에 마음을 열면 된다. 이런 훈련을 반복하면 근시안적인 태도에서 벗어나 더 큰 나를 찾을 수 있다. 에너지의 원천인 사랑으로 향하는 길에 제한은 없다. 종교와 명상, 자연과의 교감이 마음속에 존재하는 조용한 장소로 우리를 이끈다. 여러 선각자가 남긴 영혼에 관한 언급을 살펴보자.

영혼이란 완벽함에 집중하는 것이며, 서로 연결된 생생한 느낌이다.
– 웬디 에그요쿠 나카오, 불교 승려

차별 없는 사랑이 영혼이다. 이를 통해 즐겁고 활기찬 삶을 살 수 있다.
– 돈 싱어. 유대교 랍비

호흡 수련과 금식을 하면 의식이 맑아져서 신의 에너지에 가까워진다.
– 네비트 어진, 이슬람교 수행자

가톨릭 교회의 의식은 영혼을 신에게 집중시켜 나를 강하게 만든다.

　　　　　　　　　　　　　　　　　　　　　　　－ 제임스 신부, 베네딕트회 수사

　우리에겐 영혼의 에너지를 소화하는 기관이 존재한다. 마치 몸속의 내장 기관처럼 필요 없는 에너지는 배출하고, 도움이 되는 에너지는 남겨놓는다. 영혼의 소화불량이 일어난다면 아주 끔찍할 것이다!

　　　　　　　　　　　　　　　　　　　　　　　－ 조단 홉슨, 14세 소녀

　신은 나에게 에너지와 기적을 함께 선사했다. 1938년을 잊을 수 없다. 나치 포로수용소에서 남편이 살아 돌아온 해다.

　　　　　　　　　　　　　　　　　　　　　　　－ 엘스 조셉, 100세 노인

팝콘이 바로 우리의 신이다!

　　　　　　　　　　　　　　　　　　　　　　　－ 웨이비 그래이비, 광대

　영혼의 에너지를 찾는 방법에 정답은 없다. 사람들이 건네는 이야기에 혼란스러워할 필요도 없다. 스스로를 믿고 마음을 열기만 하면 된다. 에너지가 영혼과 연결된 순간, 즉시 알아챌 수 있을 것이다.

영혼의 에너지를 찾아라

아래 다섯 가지 길잡이를 기억한다면 영혼의 에너지를 찾는 여정이 좀 더 쉬워질 것이다.

길잡이 1 : 언제든 궁금해하라

영혼과 에너지에 관해 의문이 생긴다면 언제든 당당하게 그 사실을 밝혀라. 겉으론 완벽해 보이는 방법도 마음이 움직이지 않는다면 아무 소용이 없다. 미사여구는 제쳐두고, 스스로의 마음에 귀를 기울여라. 내게 잘 맞는 방법을 찾는 게 중요하다.

길잡이 2 : 책을 가까이하라

우리는 책을 통해 영혼과 신, 우주, 거친 바다에 연결될 수 있다. 윌리엄 제임스의 저술부터 달라이 라마의 책들까지, 수많은 서적이 우리를 돕기 위해 기다리고 있다. 책을 읽다가 영혼에 관해 강한 호기심이 생길 수도 있고, 그렇지 않을 수도 있다. 상관없다. 영혼에 도달하는 길에는 수많은 갈래가 있으니.

길잡이 3 : 좋은 에너지에 다가가라

마음이 끌리는 곳에 좋은 에너지가 있다. 가슴이 따스하고, 편안한 느낌이 들며, 직관이 맑아진다면 제대로 된 방법을 찾은 것이다. 명상을 하다 보면 가슴 한가운데에서 따뜻한 기운이 느껴지거나 정수리 부분이 열리는 느낌이 들 수 있다. 그런 느낌을 쉽게 받지 못해도 괜찮다. 훈련을 계속하다 보면 차츰 에너지의 양이 늘어나는 것을 느끼게 될 것이다. 어떨 땐 그 양이 넘치게 많고, 어떨 땐 매우 희박하다. 매우 자연스러운 현상이다. 최고의 순간이 다가올 때도, 연결이 느껴지지 않을 때도 걱정하지 말자. 훈련을 계속하다 보면 어느새 큰 에너지와 사랑이 느껴질 것이다.

길잡이 4 : 나쁜 에너지를 구별하라

아무런 에너지도 감지되지 않거나 부정적인 에너지가 느껴진다면 영혼과 연결되지 못한 것이다. 누군가가 당신에게 종교적인 방식을 강요한다 해도 쉽게 따르지 말자. 내게 맞지 않는 것이면 무엇을 해도 소용없다. 직관의 목소리에 귀를 기울이면 나쁜 에너지를 쉽게 구별할 수 있다.

길잡이 5 : 거부감을 정직하게 표현하라

솔직한 표현은 언제나 중요하다. 영혼에 다가가는 훈련을 할 때 나는 사람들에게 느끼는 대로 말하라고 권한다. 자신의 길을 찾기 위해서는 이런 과정이 필요하기 때문이다. 한번은 피로에 지친 증권사 직원을 상담한 적이 있다. 그녀가 부모님에 관한 이야기를 꺼냈다. 그분들은 온갖 종교에 관심이 많았다. 그녀도 덩달아 갖가지 경험을 했다.

덕분에 영혼이나 에너지라는 말에 질색하게 되었다. 에너지 치유법을 시작할 때 그녀가 감정을 솔직하게 표현하도록 도왔다. 그런 다음 가장 간단한 방법을 알려주었다. 조금 뒤에 설명할 '가슴 중심 명상'이 바로 그것이다. 이 방법을 통해 그녀는 활력을 되찾을 수 있었다. 영혼을 풍요롭게 하는 훈련을 할 때, 사람들은 종종 두려워한다. 에너지를 찾아내지 못할까 봐 걱정되기 때문이다. 이런 말이 있다.

"신은 당신의 어깨를 살며시 두드리고 간다."

가랑비가 결국 옷을 적시는 법이다. 꾸준히 하는 것이 언제나 정답이다.

차근차근 다가서라

무한한 에너지에 도달하려면 제대로 작전을 짜야 한다. 명상, 침묵, 기도, 흐름으로 이어지는 네 단계를 차근차근 밟아나가 보자.

단계 1 : 명상

나는 명상 예찬론자다. 명상을 통해 모든 에너지 문제를 해결할 수 있다. 명상은 마음을 평온하게 만들고, 놀라운 통찰력을 자아내는 훌륭한 훈련법이다. 선불교에서 유대교에 이르기까지 모든 종교는 오래전부터 명상을 활용해 왔다.

명상을 하면 단 몇 분 안에 알파파의 활동이 증가한다. 알파파는 긴장이 완화될 때 등장하는 뇌파이다. 또한, 걱정과 우울함이 감소한다. 에너지를 완벽하게 충전하기 위해 한 시간씩 눈을 감고 있을 필요는 없다. 짧은 명상도 얼마든지 활력을 가져올 수 있다.

명상의 가장 큰 역할은 시끄러운 내면을 잠재우는 것이다. 한 연구에 따르면, 생각이 많으면 몸과 마음에 피로가 가중된다고 한다. 나이든 사람의 경우 그 정도가 더 심하다. 명상은 건강한 휴식을 제공하여 우리 안의 에너지가 바닥나는 것을 막아준다.

내가 과연 명상이란 걸 해낼 수 있을까 망설여질 수도 있다. 장담컨대 누구든 할 수 있다. 나를 찾아온 사람들은 다들 걱정스레 말한다.

"불치병 같아요. 도무지 생각을 멈출 수가 없다니까요."

마음이 시끄러우면 명상을 할 수 없다고 지레짐작하곤 하지만, 아무 걱정할 필요가 없다. 제대로 된 방법만 알면 된다. 바로 가슴 한가운데 있는 차크라를 활성화하는 것이다. 이 차크라는 지름 5센티미터 정도의 크기로, 가슴 정중앙에 자리 잡고 있다. 이 놀라운 에너지는 평소에는 가만히 쉬고 있다가, 특별한 누군가와 마주칠 때 활동을 시작해 사랑에 빠지게 만든다. 그때 느껴지는 건강한 황홀함이 우리의 가슴을 뛰게 만드는 것이다.

가슴 차크라는 온전한 힘이 흘러나오는 지점으로, 마음의 자양분을 채우고 에너지를 공급하는 역할을 한다.

3분 명상을 통해 마음을 열어보자. 더 길게 할 필요도 없다. 이 짧은 시간의 집중을 통해 얼마나 빠르게 에너지가 차오르는지 관찰하자. 제대로 된 호흡만 해도 금세 멋진 상태에 빠져들 수 있다. 정신이라는 의미의 영어 단어인 spirit은 라틴어인 spiritus, 숨을 쉰다는 말에서 유래되었다. 숨을 들이쉬고 내쉬는 리드미컬한 행동이 영혼의 에너지를 증가시키는 데 큰 역할을 한다. 명상을 처음 시작하는 사람은 물론이고, 명상에 이미 익숙한 사람도 3분 명상을 통해 새로운 경험을 할 수 있다.

· 에너지 시크릿 ·

마음을 여는 3분 명상

다음 네 가지 방법을 실천하는 것만으로 시끄러웠던 마음이 놀랄 만큼 고요해진다.

첫째, 조용한 장소를 찾는다.

일단 방해가 될 만한 모든 것과 잠시 멀어지자. 휴대전화, 컴퓨터, 사람과 딱 3분만 관계를 끊는 것이다. 그런 다음 편안한 장소를 찾아본다. 햇볕을 받아 따뜻해진 공원 벤치에 앉거나, 따뜻한 물이 담긴 욕조에 몸을 담가도 좋다. 그리고 천천히 숨을 쉬면서 몸에 쌓인 긴장을 풀어내자.

둘째, 사랑스러운 무언가를 떠올린다.

손바닥을 가슴 차크라 위에 살며시 올린다. 그런 다음 소중한 것들을 떠올려 보자. 사람, 장소, 노래, 기억, 어느 것이든 상관없다. 신비로운 새벽녘 풍경이나 무릎 위에서 잠든 강아지를 마음속에 그려본다. 스스로를 소중하게 여기는 느낌도 좋다. 가슴속에 사랑이 차오르면, 차크라에 스며드는 에너지가 감지될 것이다.

셋째, 자잘한 생각은 구름이라 여긴다.

명상을 하는 도중에 갖가지 생각이 떠오르는 것은 어쩔 수 없는 일이다. 이럴 땐 그 생각이 푸른 하늘에 두둥실 떠 있는 구름이라고 여기자. 호흡에 집중하면 어느새 마음에 다가오는 의식을 느낄 수 있을 것이다.

넷째, 가슴 차크라의 감각을 느껴본다.

어느새 가슴의 한 부분에서 갖가지 감각이 느껴지기 시작할 것이다. 뜨거움, 차가움, 얼얼함, 떨림, 압박감, 행복, 기쁨, 슬픔 등이 차오르면 굳이 막으려 하지 말고 그냥 놓아두면 된다. 시간이 지나면서 자연스럽게 이런 느낌들이 몸 밖으로 흘러나올 것이다.

3분 명상은 어디서든 할 수 있다. 일단 익숙해지면 공항, 사무실, 공원 등 어디나 편안한 장소가 되어줄 것이다. 내 친구는 일터인 레스토랑 앞에 있는 버스 정류장의 긴 의자에서 3분 명상을 한다. 전쟁 같던 점심시간을 무사히 치른 뒤 잠깐의 평화를 즐기는 것이다. 어떤 형식도 필요 없다. 그저 눈을 감고 가슴 부근에 손을 얹으면 준비가 끝난다. 피로를 떨쳐낼 때도, 화를 가라앉힐 때도 3분 명상은 매우 요긴하다.

조는 30세의 대학원생이다. 그녀의 가족은 매일같이 서로에게 아픈 말을 퍼부으며 소리를 지르곤 했다. 어느 날 그녀는 평소와 다름없이 언니와 험악한 말다툼을 시작했다. 그녀는 금세 수세에 몰렸고, 순간적으로 감정이 폭발했다. 언니를 죽이고 싶다는 생각이 들 정도였다. 분노의 불길이 자신을 휘감는 순간, 그녀는 문득 명상을 떠올렸다. 가슴에 손을 대고 호흡을 시작한 것이다. 정확히 3분이 흐른 뒤 화가 가라앉았고, 그녀는 더 이상 싸우지 않겠다는 뜻을 언니에게 전달했다.

이처럼 한 집단의 사람들 모두가 악의에 차 있을 때 단 한 사람이 변화하는 것만으로 전체 분위기에 조금씩 변화가 일기 시작한다. 나쁜 에너지의 고리가 끊어지기 때문이다. 당신이 명상을 통해 긍정적인 에너지를 가슴에 채우면 주변의 사랑이 모여들기 시작한다. 당신이 뿜어내는 따뜻한 느낌이 사람들을 편안하게 해 주기 때문이다. 당신의 에너지가 동료를 미소 짓게 하고, 동료의 미소가 고객을 기분 좋게 만들고, 그 고객이 집에 돌아가 아이들에게 기분 좋은 한 마디를 건네게 한다. 한 사람의 변화가 일으킨 현상이다.

많은 의사가 모인 미국 정신의학 학회에서 강연할 기회가 있었다. 물론 영광스러웠지만, 한편으론 불안했다. 내가 그 자리에서 어떤 대

접을 받을지 알 수 없었기 때문이다. 학회가 열리던 날, 10분 일찍 회의장에 들어섰다. 가만히 자리에 앉아 명상을 시작했다. 그 장소에 있었던 다른 사람들의 눈에는 내가 잠시 쉬는 것으로 보였을 것이다. 그때 나는 단조로운 그 공간에 가슴에서 흘러나오는 부드러운 에너지를 퍼트리고 있었다. 그날 내 강연이 끝나갈 때쯤, 근엄한 얼굴을 하고 있던 의사들이 어느새 부드러운 표정을 짓는 것을 보았다. 직관에 관한 나의 이야기가 분명 낯설었을 텐데도 그들의 표정은 의외로 밝았다. 정신의학에 관한 새로운 시각을 알게 되었다는 것에 만족하는 분위기였다. 문득 다행스럽다는 생각이 들었다.

페어필드 대학에서 만트라를 이용한 초월명상에 관한 연구가 이루어진 적이 있다. 연구자들에 따르면, 범죄율이 높은 지역에서 한 무리의 사람들이 평화를 추구하는 명상을 규칙적으로 시행했을 때 그곳의 범죄율이 감소했다고 한다. 명상하는 사람들이 뿜어내는 긍정적인 파장이 주변 사람들에게 영향을 미친 것이다.

당신의 사랑이 생각보다 먼 곳까지 전달된다는 것을 기억해 두자. 지속적인 명상을 통해 그 범위를 확장할 수 있을 것이다.

단계 2 : 침묵

침묵은 강하다. 소음이 사라지면 주변이 온통 긍정적인 에너지로 충만해진다. 고요한 곳에서 우리의 영혼은 평화로움을 만끽하며 숨 쉴 수 있는 공간을 확보하게 된다. 시끄러운 소리에 가려 들리지 않던 마음의 목소리도 들려오기 시작한다. 여기서 침묵이란 말을 멈추거나 TV를 끄는 것보다 한 걸음 더 나아간 상태를 뜻한다.

주변을 가득 채운 소음은 에너지를 쓸모없이 소모하게 만든다. 시끄러운 소리가 끊임없이 들려오면 우리는 무의식중에 자신을 보호할 방법을 찾게 된다. 스스로를 닫아걸고 방어적인 태도를 보이게 되는 것이다. 이 과정에서 생각보다 많은 양의 에너지가 흘러나간다. 침묵은 그런 고통에서 잠시나마 우리를 해방하고 회복의 기회를 부여한다. 올리버 웬델 홈즈는 말했다.

"침묵은 우리를 치유한다. 소리로 인해 입었던 상처에서 벗어나게 해주는 것이다."

끊임없이 말을 하는 것도 에너지를 고갈시키는 원인이 된다. 어릴 때부터 우리는 조용히 있는 것을 불편하게 여기며 살아왔다. 일단 대화가 끊어지면 누군가가 약속이나 한 듯 새로운 주제로 이야기를 꺼낸다. 침묵을 불편해하는 사회적인 분위기가 우리를 힘겹게 만드는 것이다.

이번 기회에 침묵과 가까워질 기회를 만들어보자. 친구들과 한창 대화를 하다가 잠시 멈춰보는 것이다. 처음에는 이런 시간이 어색하게 느껴질 수 있다. 두려움과 불안함이 몰려와 안절부절못할 수도 있다. 하지만 이것은 생소한 경험을 겪을 때 나타나는 반사적인 반응이다. 욕심부리지 말고 조금씩 시간을 늘려 가자. 나중에는 친구들도 그 고요한 시간을 좋아하게 될 것이다.

몬태나의 농장에서 1주일 동안 워크숍을 진행했을 때, 나는 참석자들에게 이틀간 침묵할 기회를 주었다. 빡빡한 도시 생활에 지친 상태로 그곳을 찾았던 50명의 참석자는 에너지를 통해 영혼에 다가서는 소중한 경험을 했다. 그들은 말없이 산책했고, 소나무가 우거진 목장에서 서로와 마주칠 때마다 조용히 미소지었다. 이틀이 지난 뒤, 함께 모인 자리에서 참석자들은 자신의 내면을 채운 경이로운 에너지에 관해 놀랍다는 반응을 보였다.

· 에너지 시크릿 ·

침묵으로 채우는 에너지

조급해할 필요 없다. 천천히 침묵을 연습해 보자. 일단 첫 번째 주에는 하루에 5분 정도 침묵을 연습한다. 그리고 조금씩 시간을 늘려 가면 된다. 가장 중요한 것은 고요해지기로 마음먹은 그 시간만큼은 철저하게 침묵을 지켜야 한다는 것이다. 일정표를 만들어 시간을 적어두는 것도 좋은 방법이다. TV는 끄고, 휴대전화와 컴퓨터에서도 멀어지도록 하자. 단 5분이라도 오롯이 침묵하는 시간을 갖는 것이 중요하다. 장소와 시간에 구애받을 필요는 없다. 사무실에서 잠시 침묵할 수도 있고, 정원에서 꽃을 심으며 고요한 시간을 가져도 좋다. 차 한 잔을 마시거나 밤하늘의 은하수를 바라볼 때 침묵할 수도 있다. 왁자지껄한 도시에서 벗어나 조금 긴 침묵 시간을 갖는 것도 좋은 방법이다. 어떤 명상 센터는 침묵 수련회를 아예 따로 마련하기도 한다. 기간은 1주일에서 3개월까지 다양하다.

침묵을 시도할 때 주의할 점은 억지로 입을 막아서는 안 된다는 것이다. 육체적으로 구속받는 느낌을 받지 않는 것이 중요하다.

침묵만으로 머릿속을 어지럽히는 내면의 소리가 잠재워지지 않는다면 잠시 명상을 해 보자. 처음엔 힘들겠지만, 꾸준히 하다 보면 마음이 쉴 자리를 머지않아 마련할 수 있을 것이다.

단계 3 : 기도

뉴욕 한복판에서 두 개의 빌딩이 동시에 무너져 내리던 날, 전 세계가 경악과 슬픔에 잠겼다. 9·11 테러 당시, 민족과 종교를 초월해 수많은 사람이 기도하기 시작했다. 그 에너지는 절망의 순간을 견뎌낼 용기가 되어주었다.

우리는 종종 기도를 종교와 연결해 생각한다. 하지만 기도는 그 자체로 놀라운 효과를 발휘한다. 악기를 정확한 음으로 이끄는 소리굽쇠처럼, 기도는 우리를 좋은 에너지로 이끌어준다. 혼란스러울 때 기도를 하면 평온한 마음을 되찾을 수 있는 것이 바로 그런 이유에서다. 기도가 효과를 제대로 발휘하기 위해서는 생생한 느낌을 담는 것이 중요하다. 또렷한 기도를 하면 다음과 같은 일이 생긴다.

몸이 건강해진다

하버드 대학의 과학자 허버트 벤슨 박사는 기도의 이완 효과에 주목했다. 그의 연구에 따르면 기도는 심장박동을 안정시키고, 회복을 도우며, 면역기능을 강화한다. 기도를 자주 하면 병에 걸릴 확률이 낮아진다는 사실도 밝혀졌다. 콜롬비아 대학의 연구팀은 임신에 작용하는 기도의 영향력을 연구했다. 그들은 한 무리의 사람에게 임신 성공을 기원하는 기도를 해줄 것을 부탁했다. 기도의 대상은 불임클리닉에 등록된 여성들이었다. 누군가가 자신을 위해 기도를 했다는 사실을 전혀 모르는 상태였는데도 이 여성들의 임신 확률이 두 배로 높아졌다는 결과가 발표되었다.

스트레스가 줄어든다

기도할 때 발생하는 이완 효과는 몸뿐만 아니라 마음까지 안정시킨다. 자연스레 스트레스가 줄어들고 긍정적인 에너지가 증가한다. 나를 사랑하고, 남을 축복하는 기도는 치유의 파동을 몸 구석구석에 전달해 숨어있던 나쁜 에너지를 몰아낸다.

좋은 에너지가 전달된다

기도는 때때로 놀라운 힘을 발휘한다. 나는 종종 기도를 통해 환자들에게 에너지를 전달한다. 조용한 곳에서 눈을 감고 이렇게 기도한다.

"이 환자가 치료로 인해 고통을 받지 않고, 충만한 에너지로 어서 치료될 수 있도록 해 주세요."

그러면서 생생하게 상상하려 노력한다. 나에게서 나오는 따뜻한 파동이 그 환자에게 고스란히 전달되는 광경을 말이다. 수술을 받거나 화학 요법 치료를 견뎌낸 환자들이 나중에 이런 말을 내게 해주었다.

"몹시 힘들었을 때 누군가의 기도가 나를 향하는 게 느껴졌어요. 덕분에 빨리 회복될 수 있었던 것 같아요."

교통사고로 혼수상태에 빠졌던 한 환자는 내가 그의 곁에서 어서 깨어나라고 기도하는 것을 느낄 수 있었다는 말을 했다. 기도는 치유를 촉진하는 매우 쓸모 있는 도구가 되어주곤 한다.

마음을 여는 기도

일단 조용한 장소를 골라 자리를 잡고 기도를 전하고 싶은 대상에게 정신을 집중한다. 무릎을 꿇어도 좋고 자신이 좋아하는 자세를 따로 취해도 상관없다. 특별하게 전하고 싶은 메시지가 떠오르지 않는다면 건강과 사랑, 기쁨을 빌어 보자. 나를 위해서도 좋고, 타인을 위해서도 괜찮다. 더 큰 범위, 즉 인류와 지구를 위한 기도도 좋다. 기도할 때 중요한 것은 자신이 바라는 것이 이루어질 것이라는 믿음이다. 긍정적인 에너지는 샘을 채우는 물방울처럼 하루하루 조금씩 쌓이게 마련이다.

꾸준히 기도하다 보면 에너지가 하늘 높이 날아올라 당신이 가리키는 사람을 향하는 게 느껴질 것이다.

때론 기도가 우리에게 아무 보답도 해주지 않을 때도 있다. 내가 39살이 되던 해, 문득 다급한 마음이 밀려왔다. 이대로 미혼인 채 지낸다면 결국 아이를 갖지 못할 거란 생각이 들었다. 그래서 나는 매일 기도했다. 인생의 동반자가 될 남성을 만나게 해달라고 말이다. 하지만 결국 상대를 찾지 못하고 40살 생일을 맞았다. 그 일을 겪고 난 뒤 결혼 상대를 찾게 해달라는 기도는 더 이상 하지 않는다. 그 대신 짧은 기도문을 냉장고 문에 붙여놓고 하루에 몇 번씩 마음속으로 외우고 있다.

"바꿀 수 없는 일을 받아들일 평온함을 주시고,
바꿀 수 있는 일에는 기꺼이 나설 용기를 주소서.
또한 이 둘을 구별할 지혜를 내려주소서."

단계 4 : 흐름

흐름은 에너지의 세계에 자신을 맡기고 삶과 조화를 이루어가는 과정이다. 인생을 살아갈 때 세세한 것까지 모두 신경 쓰려 하지 말고, 전체적인 흐름이 자신을 어디로 데려가는지 알아차리는 지혜가 필요하다. 강을 거슬러 헤엄치는 상상을 해 보라. 얼마나 많은 에너지가 덧없이 낭비될지 금세 이해할 수 있을 것이다.

어느 날 열아홉 살의 청년인 조가 나를 찾아왔다. 자유로운 음악가인 그는 자신의 꿈을 위해 쉼 없이 달리다가 결국 좌절해서 에너지가 모두 소진된 상태였다.

"가는 곳마다 환영을 받았고, 여러 회사와 계약 이야기가 오가기도 했어요. 그런데 꼭 마지막 단계에서 일이 어그러졌어요. 어떻게든 해내려고 발버둥을 쳤지만, 결국 아무것도 이루지 못했어요. 분노가 치솟았고, 결국 절망했지요. 강박적인 내 모습에 친구들도 모두 등을 돌렸어요. 이제는 기타를 잡을 힘조차 없어요."

조는 인생을 바꾸기 위해 끊임없이 애썼지만, 가장 중요한 것을 알지 못했다. 조금 덜 노력하는 것이 때론 도움이 된다는 사실을 말이다. 꿈도 숨 쉴 틈이 필요하다. 때론 여유를 갖고 조금 멀리 떨어져서 자신의 인생을 바라보는 지혜가 필요하다. 그럴 때 에너지가 자연스럽게 흐르고, 종종 마법 같은 일이 일어난다.

나는 조에게 직관에 관해 설명하고, 에너지의 흐름에 몸을 맡기는 법을 알려주었다. 흐름을 거스를 때 부정적인 에너지가 생기고, 흐름을 따를 때 긍정적인 에너지가 샘솟는다는 것을 조는 결국 이해했다. 그는 조금씩 여유를 찾았고, 놀라운 연주 실력을 회복했다. 에너지의 흐름에 몸을 맡기면 직관을 통해 다음과 같은 신호가 전해진다.

• 내면의 다툼이 사라지고 행복한 기분이 든다.

- 삶을 있는 그대로 받아들일 수 있다.
- 노력할 때와 물러날 때를 자연스럽게 알아챈다.
- 자신을 가득 채운 충만한 에너지가 느껴진다.
- 주변 사람들과 원만한 관계를 유지한다.
- 쉽게 몰입한다.
- 지금 이 순간을 즐긴다.

흐름을 거스를 땐 직관이 우리에게 이런 신호를 보낸다.

- 행복하지 않다.
- 에너지가 고갈되고, 쉽게 피로하며, 초조한 느낌이 든다.
- 하던 일을 멈출 때마다 엄청난 불안감에 휩싸인다.
- 주변 사람을 압박하고, 불평불만이 넘쳐난다.
- 다툼이 잦아지고, 스트레스 지수가 높아진다.
- 스스로를 믿지 못하고, 괜한 일에 고집을 부린다.

에너지는 우리가 예상했던 방식으로 움직여주지 않는다. 몇 년 동안 공들인 일이 하루아침에 수포로 돌아가기도 하고, 생각지도 못한 상황에서 일이 잘 풀리기도 한다. 에너지는 여러 단계에 걸쳐서 발전하기 때문에 지금 당장 실현되지 않는다고 해서 실망할 필요는 없다. 기대를 내려놓고 집착을 버리자. 인생의 흐름에 몸을 맡기면 에너지가 더 높은 곳으로 당신을 이끌 것이다. 서핑을 하는 사람들은 알고 있다. 큰 파도가 몰려오면 긴장을 내려놓고 흐름에 몸을 맡겨야 한다는 사실을 말이다.

· 에너지 시크릿 ·

흐름에 몸을 맡기면

우리는 종종 깊은 고민에 빠진다. 죽을 만큼 노력해도 제대로 된 성과를 거두지 못하기 때문이다. 그럴 땐 오히려 노력을 멈추고 잠시 거리를 두는 게 좋은 해결책이 될 수 있다. 적어도 1주일은 그 일과 멀어지자. 반드시 해내겠다는 생각도 하지 말자. 때론 불안이 몰려올 수도 있다. 그러면 내게 두려움을 주는 것들을 하나하나 머릿속으로 떠올려 보자.

'사랑을 이루지 못하면 나는 어떻게 될까?'

'성공하지 못하면 어떻게 해야 하지?'

'결국 인정받지 못하면 어떤 기분이 들까?'

그런 다음 영혼을 향해 마음속으로 기도한다.

"이 모든 두려움을 가져가 주세요."

이렇게 하면 에너지의 부담을 덜 수 있다. 그리고 충분히 휴식을 취한다. 이 과정을 통해 마음에 여유가 생기면 흐름이 나를 어디로 인도하는지 느낄 수 있다. 일상에서 흐름에 몸을 맡기는 가장 좋은 방법은 그날 해야 할 일을 당장 해치우는 것이다. 선택을 앞두고 고민이 생긴다면 앞쪽에서 알려준 짧은 기도문을 외워보자. 해결책이 보이지 않는 문제에 대해서는 직관이 무엇보다 중요하다. 답을 찾아 나서든, 좀 더 기다리든, 흐름에 따라 선택할 수 있게 될 것이다.

에너지를 깨우는 시간

당신이 좋아하는 특별한 장소에 머물러라. 바다나 온천도 좋고, 뒤뜰에 숨어있는 비밀공간도 좋다. 눈을 감고 가슴에서 퍼지는 에너지를 느껴라. 당신의 소원을 말하거나 기도한다. 개인적인 기도도 좋고, 세계를 위한 기도도 좋다. 사랑의 에너지로 가슴을 가득 채운다.

명상으로 평온함에 다가간 에이미 그로스

에이미 그로스는 〈오프라 매거진〉의 편집장으로 수십 년간 부와 명예를 누렸다. 어느 날, 자신의 삶이 허무하다고 느낀 그녀는 사표를 내고 명상 연구가로 새 인생을 시작했다. 평소 소망했던 수행의 길을 걸으며 쉽고 편안한 글을 써서 명상을 널리 알리고 있다.

나는 일찌감치 명상을 통해 에너지를 얻고, 주변 사람과 긍정적인 관계를 맺어왔다. 나는 명상을 통해 통찰력을 얻곤 한다. 내 안에서 무슨 일이 일어나고 있는지 정확하게 알 수 있기 때문이다. 덕분에 급박한 상황 한가운데서도 남들보다 진실에 빨리 다가갈 수 있다. 내가 주로 하는 것은 위빠사나 명상으로, '지금 이 순간'에 다가서는 것에 주안점을 둔다. 명상을 하기로 마음을 먹으면 나는 일단 조용한 장소를 찾는다. 호흡에 집중하고, 내 마음을 바라보고, 지금 이 순간에 머무른다. 잡념이 떠오르면 가만히 그것을 바라본다. 쫓아내려고 노력하지 않으면 잡념은 저절로 사라지고, 덕분에 소중한 에너지를 아낄 수 있다.

잡지를 만드는 과정은 언제나 사건의 연속이다. 이런저런 일 앞에서도 나는 곧잘 평온을 유지했다. 나 자신에게 의식을 집중하고, 짧게라도 명상을 할 시간을 냈다. 예전엔 나도 일이 터질 때마다 초조해했다. 그러면서 초라해진 나 자신을 느끼곤 했다. 명상을 계속하면서 나는 밝아졌다. 인내심이 늘었고, 한꺼번에 다섯 가지 일을 해치우면서도 결코 날카롭게 굴지 않았다. 오히려 주변 사람들에게 많은 에너지를 나누어줄 수 있었다.

대학에 다닐 때만 해도 나는 행복하고 여유로운 일상을 누렸다. 뉴욕 대학에서 심리학을 전공한 뒤 곧바로 대학원에 진학할 예정이었다. 하지만 삶은 나를 출판사로 이끌었고, 〈엘르〉와 〈미라벨라〉를 비롯해 갖가지 잡지를 만드는 일에 일생을 바치도록 만들었다. 명상이 일상이 된 내게도 매달 새로운 잡지를 만들어내는 일은 상당한 에너지를 소모하는 작업이었다. 그렇게 덜어낸 에너지를 채워 넣기 위해 틈날 때마다 집에 머물렀다. 집은 매우 고요하며, 그런 분위기가 내게 평온을 가져다준다. 하루를 마치고 지친 상태로 집에 돌아왔을 때, 나를 감싸는 고요함이 심신의 피로를 덜어주었다. 올해 나는 일주일 동안 침묵 수행을 했다. 기회가 되면 다음에는 열흘 동안 수행을 할 계획이다. 내게 침묵은 만병통치약이며, 오색찬란한 보물이다. 나이가 들어갈수록 침묵의 가치를 제대로 실감하고 있다.

마음이 열리면 에너지는 증가한다. 나는 명상을 통해 에너지의 흐름에 몸을 맡긴다. 명상에 들어가면, 먼저 나를 위해 되뇐다.

"행복을 기원합니다. 건강을 기원합니다. 안전을 기원합니다. 평온을 기원합니다."

그런 다음 다른 이들을 위해 같은 기도를 한다. 명상을 하면 내 마음의 상태를 비교적 정확하게 가늠할 수 있다. 마음이 열려 있는지, 혹은 닫혀 있는지 금세 깨닫는 것이다. 명상을 통해 마음이 열리면 따스한 에너지가 나를 찾아온다. 그러면 이내 행복한 기분이 든다.

The Power Of
Positive
Energy

에너지로
몸매를
되찾는 법

리즈는 알라바마 교도소에서 사형수를 상담하는 일을 맡고 있다. 지난 5년간 리즈는 끊임없이 다이어트를 했고, 안타깝게도 매번 실패했다. 심각하게 살이 찐 상태로 그녀는 에너지 워크숍에 왔다.

　"도넛을 먹지 않고는 견딜 수가 없어요. 애를 써서 잠깐 몸무게가 줄어도 곧 제자리로 돌아가 버려요."

　폭식은 에너지 때문에 생기는 증상이다. 리즈가 끊임없이 음식을 먹은 건 자신을 보호하려는 무의식적인 행동이다. 알라바마 교도소는 미국 내에서도 잔혹한 범죄자가 모인 곳으로 악명이 높다. 살인자가 뿜어내는 절망적인 에너지가 스며들지 못하도록 하기 위해 그녀는 에너지를 모두 써버렸다. 그 에너지를 채우기 위해 폭식을 했던 것이다. 즉, 살아남기 위한 몸부림이었다. 살이 찐 원인을 알게 된 리즈는 곧

바로 음식 조절법과 나쁜 에너지 방어법을 훈련했다. 그리고 얼마 뒤 에너지 불균형 문제에서 벗어날 수 있었다.

리즈와 비슷한 문제를 겪고 있는 사람들이 많다. 에너지 불균형을 알아채지 못하고 심각한 과식으로 자신을 몰아가는 것이다. 에너지의 영향력을 깨닫게 되면 이런 문제는 생각보다 쉽게 해결된다. 지금까지 수많은 다이어트에 실패했던 사람들도 마찬가지다. 내면의 에너지를 다스리는 방법을 지금부터 알아보자.

불균형을 해소하라

일반적인 체중조절 프로그램의 문제점은 에너지에 대한 이해가 부족하다는 점이다. 특히 나쁜 에너지에 대항하는 에너지 방어형 과식의 경우, 심리적 허기를 불러일으키는 원인을 찾는 것이 중요하다. 만성적인 폭식에 시달리는 사람들 가운데 직관적인 공감자가 많다. 리즈도 그랬다. 직관적인 공감자를 가려내는 질문에 그녀는 모두 그렇다고 대답했다. 대개 이런 타입의 사람들이 쉽게 살이 찌는데, 나쁜 에너지를 막아낼 보호층이 필요해서다.

에너지 방어형 폭식을 해결하려면

당신이 에너지 방어형 폭식에 시달리고 있다면 다음 방법이 도움이 될
것이다.

스트레스의 근원을 찾자

나쁜 기운에 노출된 적이 있었는지 떠올려보자. 끊임없이 수다를 늘
어놓는 이웃 사람과 마주쳤다거나, 공항 검색대에서 갑자기 경고음이
울렸다거나, 오랜만에 만난 엄마가 듣기 싫은 잔소리를 퍼부었다거나
하는 것들 말이다. 이 모든 게 별일 아니라고 여기지 말자. 주변의 영
향을 잘 받는 사람에겐 사소한 일도 치명적인 사건이 될 수 있다. 만
약 이런 일을 당했더라도 당황하지 말자. 원인과 결과를 제대로 파악
하면 된다. 기억하자. 나쁜 에너지의 희생양이 되어서는 안 된다. 방
금 겪었던 일에서 되도록 빨리 벗어나는 것이 가장 바람직한 해결책
이다.

나쁜 에너지를 몰아내자

잠시 멈추는 것만으로도 나쁜 에너지를 몰아내는 데 큰 효과가 있다.
하던 일을 멈추고 딱 5분만 쉬어보자. 천천히 숨을 들이마신 뒤 다시
내쉰다. 호흡은 좋은 에너지를 채우고 나쁜 에너지를 내쫓는다. 나쁜

에너지가 내면으로 들어올 때 전기 충격을 받은 듯 찌릿한 느낌이 드는 사람도 있다. 몸의 약한 부분에서 불쾌한 느낌이 든다면, 다음과 같은 방법을 써 보자. 이때 눈에 보이는 것처럼 생생하게 떠올리는 것이 효과가 크다.

일단 호흡을 하면서 빛을 들이마신다고 상상하자. 허파를 통해 산소를 들이마시고 이산화탄소를 내보내는 것과 흡사하다. 호흡을 통해 빛을 들이마시고 스트레스를 내뱉을 수 있다. 숨을 들이쉴 땐 활력이 들어오고, 숨을 내쉴 땐 두려움이 배출된다. 허리에 있는 척추 사이의 공간을 통해 나쁜 에너지가 나가는 광경을 머릿속에 그려보자. 이런 과정을 수행하며 해로운 에너지를 내뱉고 우리 몸을 깨끗하게 할 수 있다.

평온을 위해 기도하자

웬만한 노력으로도 음식에 대한 욕심을 멈출 수 없다면 기도를 해 보자. 몇 분이라도 조용한 곳에 머물며 마음을 다하면 도움이 된다. 천천히 숨을 쉬면서 의식을 가슴에 둔다. 스스로를 사랑하는 마음이 자연스레 스며 나올 것이다. 폭식을 멈추는 것이 불가능하게 여겨질 수도 있다. 괜찮다. 마음을 편하게 먹고 내가 지닌 원대한 힘을 바라보며 기도하자. 음식을 향해 휘몰아치는 폭풍우와 같은 욕구를 가져가 달라고 말하는 것이다. 간단하지만 진심 어린 이 기도가 폭식을 멈추게 할 강력한 에너지원이 되어줄 것이다.

물에 몸을 담그자

목욕은 피로를 풀어주고 나쁜 감정을 흘려보내도록 돕는다. 물속에 몸을 담그면 나쁜 에너지를 빨리 털어낼 수 있다. 긴장을 풀어주고 에너지를 깨끗하게 만들어주는 것도 물의 역할이다. 욕조에 몸을 담그는 게 힘들다면 간단하게 샤워를 하는 것만으로도 에너지가 한층 맑아진다.

음식의 소중함을 깨달아라

음식을 먹는 이유는 여러 가지다. 빈속을 달래기 위해, 먹고 싶은 욕심을 채우기 위해, 식사 후에 나타나는 일시적인 흥분감을 느끼기 위해, 불안한 마음을 감추기 위해, 혹은 에너지 결핍을 채우기 위해. 떠올려보라. 여태껏 다이어트를 할 때 에너지 문제를 염두에 둔 적이 있는지를. 그렇지 않다는 사실을 금세 깨달을 것이다.

음식을 칼로리 저장고로 여기는 사람이 많다. 음식 이야기를 나누는 것만으로 10대 소녀들은 불안에 떤다. 음식 섭취 자체를 부끄럽게 여기기도 한다. 이들에게 음식을 멀리하고 살을 빼는 것은 종교나 다름없는 상황이다. 하지만 음식은 그 자체로 생명력을 가득 품고 있다. 음식을 먹는다는 것은 풍부한 에너지를 내 안에 들여놓는 것과 마찬가지다.

물론 건강을 유지하고 제대로 된 다이어트를 하기 위해서는 탄수화물, 지방, 단백질을 골고루 섭취하는 것이 중요하다. 올리브유, 연어,

정어리처럼 심장병 위험을 낮추는 불포화지방산도 자주 섭취해야 한다. 하지만 최적의 몸 상태를 유지하기 위해서는 무엇보다 에너지 측면에서 만족스러운 식생활을 해야 한다. 다음 단계를 따라서 활력을 높이고 에너지를 채우는 음식을 골고루 섭취하자.

단계 1 : 음식 목록 만들기

집을 채우고 있는 음식을 조사하자. 수첩을 꺼내 들고 창고나 냉장고를 뒤져본다. 과자나 라면 같은 가공식품이 창고에 가득하거나, 채소나 과일이 냉장고를 차지하고 있을 수도 있다. 음식 목록을 모두 적었다면, 그 가운데 대부분을 차지하는 음식에 대해 이유를 떠올려보자. 부모님이 자주 해주던 음식인가? 오히려 먹지 못하게 했던 음식인가? 내 맘대로 고르게 놓아두었는가? 너무 바빠서 되는대로 사두었는가? 유행하는 다이어트를 하는 중인가? 먼저 이런 것을 파악하자.

단계 2 : 에너지 고려하기

이번엔 에너지를 느끼며 음식을 먹어볼 차례다. 어떤 음식이든 상관없다. 그것을 먹을 때 얼마만큼의 행복감을 느끼는지 체크해보자. 몰래 먹어야 한다거나 먹을 때 불안함이 느껴지면 그 음식으로 인해 얻을 수 있는 에너지의 양이 대폭 줄어든다. 에너지 중심의 식생활을 하기 위해서는 즐겁고 편안한 마음으로 음식을 섭취하는 것이 무엇보다 중요하다.

단계 3 : 생명력 알아채기

살아 있는 식품을 구별할 수 있게 되면 에너지에 한층 가까워진다. 중요한 것은 겉모습에 현혹되지 않는 것이다. 유기농 과일이 대표적이다. 조금 작고 울퉁불퉁해도 생명력이 가득한 걸 느낄 수 있다. 집에서 직접 키운 채소도 마찬가지다. 보기엔 볼품없어도 생명력만큼은 어느 것과 비교할 수 없다. 먹었을 때 느끼는 만족감도 크다. 이에 반해 생기가 없는 식품도 많다. 인공적인 물질로 향이나 맛을 돋운 음식은 멀리하도록 하자. 그것만 기억해도 과식을 한층 줄일 수 있다.

단계 4 : 에너지 알아채기

좋은 에너지를 지닌 식품은 자연스럽게 생동감을 내뿜는다. 과일이든 생선이든 그 종류에 상관없이 말이다. 가벼운 마음으로 시장에 가서 채소나 과일을 한 손으로 살짝 쥐어보자. 발랄한 에너지가 느껴진다면 그것이 바로 살아 있는 식품이다. 때론 따스한 느낌이나 기쁨이 전해올 때도 있다. 식품 사이를 천천히 걸으면서 자신의 발걸음이 어디로 향하는지 주의를 기울여본다. 건강한 식품이 나를 부른다면 안심해도 좋다. 초콜릿이나 도넛이 당신을 끌어당기는 기분이 든다면, 이것이 영양 측면의 필요인지 단지 먹고 싶은 욕심인지 구별해 보는 게 좋다. 기억하자. 당신의 본능은 의외로 정확하다.

한 가지 안심해도 좋은 것은 내가 처한 상황에 따라 얼마든지 식단 조절이 가능하다는 것이다. 바쁘다면 손질해서 포장해놓은 샐러드를 사다 먹자. 그러는 편이 유기농 채소를 냉장고 속에서 썩게 두는 것보다 낫다.

단계 5 : 음식 일기 써보기

두 가지 음식을 골라서 이틀 동안 비교해 본다. 그리고 결과를 기록한다. 예를 들어 첫날에는 닭고기를, 다음날에는 생선을 먹는다. 천천히 의식을 집중해서 먹은 뒤 자신에게 묻는다. 이 음식을 먹고 난 뒤 어떤 느낌이 드는가? 기운이 차오르고 즐거운가? 아프고 무기력한 느낌이 드는가? 아무 느낌이 들지 않는가? 수첩을 펼쳐서 자신의 반응에 점수를 매겨보자. 1은 가장 낮은 에너지 수준을, 10은 가장 높은 에너지 수준을 가리킨다. 같은 방식으로 음식에 관한 중독성이나 감정 변화도 살핀다. 1은 가장 약한 정도, 10은 가장 심한 정도다. 다음 표를 참고해서 자주 먹는 음식을 체크해보자.

	닭고기	생선
나의 에너지 반응은?	7	9
음식에 대한 중독성은?	2	2
감정적인 변화 수준은?	1	1
맛에 대한 평가는?	10	5
냄새에 대한 선호도는?	9	8
질감에 대한 느낌은?	8	6

에너지 반응이나 맛에 있어 평점이 높은 닭고기의 경우 성공적인 음식 선택이라 볼 수 있다. 생선의 경우에는 맛에 대한 평가는 중간 정도지만 에너지 수준이 높다는 걸 기억해 두자. 에너지 반응이 5점 이상인 음식을 골라 일주일 동안 먹어보고, 어떤 느낌이 드는지 기록한다. 몸에 활력이 차오를 가능성이 크다. 중요한 것은 에너지와 맛의 균형을 찾는 것이다. 에너지 수준은 높지만 맛이나 냄새에 도저히 익숙해지지 않는다면 굳이 억지로 먹을 필요는 없다.

단계 6 : 탄수화물과 카페인 체크하기

아이스크림, 초콜릿, 감자 칩, 빵 같은 음식의 에너지 반응이나 중독성도 알아보자. 이 가운데 가장 좋아하는 것을 일단 조금만 먹어본다. 아이스크림 한 스푼, 감자 칩 한 줌, 따뜻한 빵 한 조각 정도면 된다. 그걸 먹은 뒤 에너지가 늘어나는지, 줄어드는지, 그대로인지 살핀다. 그리고 자신에게 물어본다. 더 먹고 싶은지, 참을 수가 없는지, 활기가 넘치는지, 피곤한지, 만족스러운지, 부족한지 등등. 커피나 술에 대한 에너지 반응도 체크한다. 적당한 양의 카페인이나 알코올은 상관없지만, 지나치면 중독에 빠질 수 있다.

중독성 항목과 기분 변화 항목이 5점 이상이라면 주의해야 한다. 에너지를 빼앗아 가는 음식이기 때문이다. 얼른 내다 버리고 아예 쳐다보지도 말자.

이런 종류의 음식은 당장은 중독성이 낮아도 금세 5점 이상이 될 수 있다. 가끔 먹는 것은 괜찮지만 그래도 조심하도록 하자. 본능의 목소리에 귀 기울이고 몸이 원하는 에너지를 채워주면 자극적인 음식에 손이 덜 가게 된다.

단계 7 : 물 자주 마시기

물은 에너지를 정화하고 독소를 배출하는 데 탁월하다. 직접 마시거나 몸을 담그는 것은 물론이고, 바라보거나 꿈을 꾸기만 해도 건강에 도움이 된다. 항상 들고 다니면서 수분을 섭취하자. 피부가 촉촉해질 뿐만 아니라 마음속까지 깨끗해진다. 하루에 최소 여섯 잔 이상 물을 마시도록 하자. 굳이 목마르지 않더라도 물을 마시는 습관을 갖는게 좋다. 물은 잠재적 에너지가 가득해서 우리의 몸과 마음을 풍요롭게 해준다. 물이 지닌 재생력은 생명력을 북돋우는 작용을 한다.

단계 8 : 에너지 타입 알아보기

에너지 측면에서 볼 때 사람들은 대개 다음 세 가지 타입에 속한다. 공기형, 대지형, 에너지 방어형이 그것이다.

공기형

공기형의 사람은 일반적으로 마른 체격에 골격이 작다. 예민한 편이라 스트레스에 취약하고 폭식을 하게 될 가능성이 있다. 머리를 많이 쓰며 영혼이나 직관에 민감해서 잠재적 에너지가 어깨 위쪽으로 몰리곤 한다. 스트레스를 받을 때도 마찬가지다. 공기형의 사람은 몸의 아래쪽에 의식을 집중해 땅과 연결되도록 하는 것이 중요하다. 이런 타입의 사람들에겐 단백질을 자주 섭취할 것을 권한다. 설탕은 줄이고, 육류나 생선을 자주 섭취하면 땅과의 연결이 단단해질 수 있다.

대지형

대지형의 사람은 건장한 체격을 지닌 경우가 많다. 딱 봐도 땅에 굳건히 발을 붙이고 있는 느낌이다. 남의 영향을 받지 않으며, 나쁜 에너지를 몰아내는 데 탁월하다. 이런 타입의 사람은 직관이나 영혼에 관심이 없는 편이다. 좀 더 자신을 열고 에너지의 세계에 관심을 가져보자. 대지형의 사람에겐 채식을 권한다. 채식을 즐기면 잠재적 에너지가 위쪽으로 향해서 몸의 균형이 회복된다. 채소, 과일, 잡곡에 소량의 육류나 생선을 곁들인 식단도 도움이 된다.

에너지 방어형

에너지 방어형의 사람은 자신을 지키기 위한 폭식으로 지나치게 살이 찐 상태가 되기 쉽다. 잠시 살을 빼는 데 성공하기도 하지만 이내 원래 상태로 돌아가 버린다. 극도로 예민한 편이라 주변 사람들의 기분이나 에너지에 쉽게 영향을 받는다. 나쁜 에너지가 스며드는 걸 막기 위해 무의식중에 지방이라는 완충장치를 원하게 된다. 그래서 지방이 많고 열량이 높은 음식에 자주 손을 뻗는다. 이러한 타입의 사람은 물을 자주 마셔야 한다. 초콜릿이나 도넛을 먹겠다는 욕구가 몰려오면 일단 물을 마셔보자. 식사를 할 때는 적당량의 단백질을 섭취하는 게 좋다. 단백질은 스트레스와 같은 부정적인 에너지에 대한 방어력을 높여준다. 현미처럼 섬유질이 풍부한 음식을 먹고, 채소를 충분히 섭취하자. 점차 강하고 안정적인 에너지를 느끼게 될 것이다. 지나치게 달거나 튀긴 음식은 주의하는 게 좋다.

단계 9 : 직접 요리해 보기

바쁠 때는 에너지가 조화로운 음식을 사 먹는 것도 좋은 선택이다. 가끔 시간이 나면 요리에 도전하자. 색다른 느낌을 받을 수 있다. 식품은 에너지를 쉽게 흡수한다. 그래서 그것을 다루는 사람의 긍정적인 에너지가 금세 스며든다. 당근을 썰거나 고기를 자르면 당신의 에너지가 그 안에 들어간다. 그래서 정성껏 요리한 음식을 먹으면 만족감이 커진다. 패스트푸드를 먹은 뒤 금세 허전한 느낌이 드는 것도 그런 이유에서다.

재료의 생명력을 보존하는 조리법은 자연 상태에 가깝게 두는 것이다. 신선한 재료를 살짝 굽거나 센 불에서 재빨리 볶는 것도 도움이 된다. 채소나 과일은 열을 가하지 않을 때 에너지가 보존될 가능성이 크다. 기름에 튀기는 조리법은 에너지 손실이 커질 수 있으니 주의하자. 누군가와 식사를 할 때 음식을 정성껏 내놓는 것도 좋은 에너지를 퍼트리는 방법이다. 이럴 때 치유 효과가 높아진다.

음식의 소중함을 깨닫고 절대로 소홀히 다루지 말자. 음식이 지닌 생명력이 당신 안에 스며드는 게 느껴진다면 기뻐해도 좋다. 에너지 다이어트에 성공했다는 증거이니 말이다.

내게 맞는 운동 방법을 찾아라

700년 전에 중동에서 활약했던 지혜로운 스승 나스루딘은 말했다. "예순이 되던 해, 내 어머니는 하루에 두 시간씩 걷기 시작했다. 아흔이 되신 지금, 어머니는 여전히 먼 곳까지 산책을 다녀오신다."

운동은 영혼을 자유롭게 만든다. 몸을 움직이면 기분이 좋아지고 얼굴이 맑아진다. 건강해지기 위해 운동하고 싶은가? 그렇다면 내 몸의 에너지가 보내는 힌트에 귀를 기울이자. 막무가내로 시작하는 운동은 그저 괴로움을 줄 뿐이다. 운동은 몸과 조화를 이룰 때 최고의 효과를 발휘한다. 이것이 에너지 치유법의 기본 원리다. 살을 빼려고 마지못해 마라톤을 하는 것처럼 맞지 않는 운동을 억지로 하면 나쁜 에너지만 늘어난다. 다음 방법을 통해 내게 맞는 운동을 찾아보자.

방법 1 : 환경 살피기

자신에게 질문해보자. 지금 운동하는 곳이 내게 편안함을 주는가? 안정적인 느낌이 드는 곳이 내게 맞는 장소다. 집이든 공원이든 상관없다. 시끄러운 음악이 울려 퍼지고 멋진 몸매를 지닌 사람들이 서로를 힐끔거리는 헬스클럽이 불편하다면 굳이 그런 곳에 갈 필요는 없다.

나는 주로 바닷가에서 달린다. 탁 트인 풍경 속에서 에너지가 해방되는 기쁨을 느낀다. 집 근처 공원이나 뒷산의 오솔길을 좋아하는 사람도 있다. 어디든 내게 잘 맞는 장소를 찾자. 도서관 사서로 일하는 애니는 운동을 시작하기로 마음먹은 뒤 회사에서 가까운 헬스클럽에 등록했다. 러닝머신 위에 올라섰는데, 공교롭게도 활력이 넘치는 두 남성이 자신의 양쪽에서 힘차게 달리기 시작했다. 얼마 지나지 않아 온몸의 에너지가 빠져나가는 느낌이 들었다. 그 일을 겪은 뒤 애니는 여성 전용 헬스클럽으로 자리를 옮겼다. 다행스럽게도 그곳의 에너지는 부드럽고 편안했다. 덕분에 안정적으로 운동을 할 수 있었다.

장소는 마음에 드는데 주변의 사람이 문제일 수 있다. 징징거리는 사람과는 함께 운동하지 마라. 수다를 떠는 사람도 마찬가지다. 그들의 에너지가 당신의 공간을 침범해 나쁜 영향을 준다. 내가 정신과 의사라는 사실이 알려진 뒤 체육관에서도 사람들이 찾아와 말을 걸기 시작했다. 나는 부드럽게, 그러면서도 단호하게 말했다.

"이곳에 쉬러 왔습니다. 아무 이야기도 듣고 싶지 않아요."

현명한 방식으로 자신을 보호할 울타리를 세우자. 대화를 나누고 싶다면 기운을 북돋워 줄 사람을 찾자. 그것이 당신의 에너지를 지키는 길이다.

방법 2 : 명상하듯 운동하기

시카고 불스와 LA 레이커스의 감독이었던 필 잭슨은 불교의 가르침을 바탕으로 농구 철학을 만들었다. 그는 깨어 있는 마음의 중요성을 알고 있는 사람이었다. 운동은 내면의 에너지를 다루는 활동이다. 그 과정에서 살을 뺄 기회도 생긴다. 운동을 움직이며 하는 명상으로 여기자. 몸과 호흡, 생명력이 운동을 통해 연결된다. 그렇게 '지금 이 순간'에 집중하면 어지러운 생각이 가라앉고 나쁜 에너지가 중화된다.

운동을 하면서 자신을 지나치게 채찍질하는 사람도 많다. 그들은 스스로를 뚱뚱하다고 여기며 하루빨리 결과를 얻을 욕심에 내면의 에너지를 어지럽힌다. 나는 환자들에게 자신을 사랑하는 마음으로 운동하라고 충고한다. 서둘러서는 안 된다. 몸이 아플 땐 쉬어가자. 통증이 느껴질 때도 마찬가지다. 여유를 갖고 단계를 밟아나가면 자연스레 에너지가 조화로워진다.

방법 3 : 몰입 즐기기

하면 할수록 즐거워지는 운동을 찾아보자. 운동에 몰입하면 좋은 에너지가 증가한다. 요가와 기공은 몸과 영혼을 조화롭게 한다. 기분 좋게 하다 보면 평범한 윗몸일으키기도 생기 넘치는 운동이 될 수 있다. 스트레칭이나 에어로빅도 마찬가지다. 자신에게 잘 맞는 운동을 하면서 몸과 마음의 독소가 빠져나가는 것을 느껴보자. 운동의 강도는 각자의 마음이나 몸 상태에 따라 조정이 가능하다. 스트레스를 날리기 위해 아주 격렬하게 운동을 하는 사람도 있고, 느린 동작을 할 때 마음이 편해지는 사람도 있다. 새로운 운동이 눈에 들어올 때 다음 질문을 자신에게 던져보자.

- 이 운동에 호기심이 생기는가?
- 이 운동이 일상생활에 무리를 주지는 않는가?
- 이 운동이 내 몸을 행복하게 하는가? 그저 유행이라서 시작했는가?
- 이 운동을 할 때 에너지가 증가하는가, 그대로인가, 오히려 낭비되는가?
- 이 운동이 나의 영혼을 맑게 하는가? 그저 육체적인 강행군일 뿐인가?

모든 질문에 긍정적인 대답이 나온다면 자신에게 잘 맞는 운동을 고른 것이다. 그렇지 않다면 다른 운동을 찾아보자.

방법 4 : 적절한 운동 고르기

운동을 할 때 처음부터 무리할 필요는 없다. 하루에 몇 분이면 충분하다. 에너지의 증가, 깨어 있는 마음, 몸과 영혼의 연결을 통해 천천히 자신을 몰입으로 이끌 수 있다. 에너지 향상에 좋은 운동을 살펴보자.

스트레칭

오랫동안 운동을 하지 않았던 사람들에겐 가볍게 몸을 풀어주는 것만으로 큰 도움이 된다. 굳어있던 관절이 부드러워지고, 스트레스도 풀리기 때문이다. 감기를 앓고 난 후 출근을 앞두고 있다면 가벼운 스트레칭을 해 보자. 에너지가 흐르는 게 느껴질 것이다. 운동 시작 전에도 스트레칭을 하는 것이 좋다. 부상을 예방하고, 나쁜 에너지를 내보내며, 열린 마음을 갖게 하기 때문이다.

에어로빅

리듬에 맞춰 몸을 움직이는 동작이 즐거움을 깨우고 에너지를 흐르게 한다. 쉴 새 없이 움직이며 깊게 호흡해 보자. 치유력이 높아지고 활기가 솟아날 것이다. 정신노동으로 인해 피로가 몰려올 때도 신나게 몸을 흔드는 것이 좋은 해결책이다.

요가

산스크리트어로 '영혼과의 결합'을 뜻한다. 일반적인 요가는 다양한 자세와 호흡을 이용해 신체와 정신의 연결을 강화한다. 명상을 활용하는 요가도 있다. 요가의 효과가 알려지면서 의사가 환자에게 권하는 운동이 되었다. 요가의 매력에 푹 빠진 사람들은 말한다. 에너지를 높이고 마음을 평화롭게 만드는 데 이만한 운동이 없다고 말이다.

기공

다양한 동작과 호흡을 결합해 몸의 에너지를 땅과 연결한다. 기공의 목표는 좋은 에너지를 늘리고 나쁜 에너지를 몰아내는 것이다. 이를 통해 질병의 원인을 없애고 몸의 치유력을 높인다. 스트레스 해소에도 도움이 된다. 기공이 소화를 돕고 면역 시스템을 활성화한다는 연구 결과가 속속 보고되고 있다.

태극권

기공의 한 형태로, 우아한 동작이 특징이다. 신체를 단련하고 마음의 평화를 찾는 데 도움이 된다. 부정적인 에너지를 몰아내는 역할도 한다. 가장 좋은 것은 나이와 관계없이 할 수 있다는 점이다. 태극권을 수련하는 노인들이 균형감각과 운동조정능력 측면에서 향상을 보였다는 연구 결과가 있다. 에너지를 높이는 매우 좋은 운동법이다.

방법 5 : 두려움 없애기

새로운 일을 시작하는 것은 언제나 두렵다. 이것은 매우 자연스러운 현상이다. 운동을 시작하겠다고 마음먹었을 때 거부감이 느껴지면 즉시 떠올리자. 이런 거부감이 직관의 메시지가 아니라는 사실을 말이다. 거부감이나 두려움이 생긴다면 일단 5분만 운동을 해 보자. 금세 기분이 좋아질 것이다. 만약 체력이 저하된 상태거나 지속적으로 아픈 곳이 있다면 아기가 걸음마를 배우듯 천천히, 조금씩 하면 된다.

여유를 갖고 에너지를 느린 속도로 움직이는 게 도움이 된다. 여러 가지 운동을 번갈아 하는 것도 좋다. 운동을 할 수 있다는 건 축복이다. 누군가에겐 한 걸음을 내딛는 것이 평생의 소원일 수 있다. 감사한 마음으로 운동에 몰두하자.

· 에너지 시크릿 ·

평범한 운동과 에너지

요가나 태극권 같은 운동은 처음부터 에너지를 고려하여 만들어졌다. 그런데 평범한 운동을 할 때도 우리가 어떻게 하는가에 따라 얼마든지 에너지가 충만한 시간이 될 수 있다.

먼저 운동하는 시간을 소중하게 여기자. 스스로 몸을 움직일 수 있고, 원하는 대로 숨 쉴 수 있다는 것은 매우 놀라운 일이다. 그 사실을 깨닫고, 감사한 마음을 갖도록 하자. 호흡법을 훈련해 운동에 적용하는 것도 도움이 된다. 그러면 '지금 이 순간'에 머무를 수 있고, 에너지의 흐름을 느낄 수 있다. 어쩌면 이것이 생명의 힘을 고스란히 느끼는 기적과 같은 기회가 될 수 있다. 러닝머신에서 달리기, 공 주고받기, 근육 단련하기 등 어떤 운동도 괜찮다. 좋은 에너지를 들이마시고 나쁜 에너지를 내보내는 훈련을 통해 어느새 몸이 건강해진다. 호흡에 집중하면 때때로 놀라운 경험을 할 수 있다. 에너지 흐름이 활발해지기 때문이다. 따스한 기운이 느껴지거나, 기분 좋은 소리가 들리거나, 머릿속이 환해지거나, 즐거움이 솟아난다. 기가 막힌 아이디어가 떠오를 수도 있다. 운동할 때 배꼽에서 5센티미터 정도 아래에 자주 손을 대도록 하자. 이곳이 에너지의 중심부다. 1분 동안 가만히 손을 대고 있거나 가볍게 문질러 보자. 에너지가 균형을 잡고 기쁨이 커지는 것을 느낄 수 있을 것이다.

에너지 균형을 찾아라

병은 하루아침에 생기지 않는다. 잘 산다는 건 몸과 감정, 에너지의 균형이 이루어지는 건강한 상태를 말한다. 때론 의사의 따스한 한 마디가 환자의 면역체계를 활성화한다. 질 좋은 잠을 누리고 자가 치유력을 높이는 것만으로 충분히 잘 살 수 있다.

깊은 잠과 에너지

깊은 잠을 자면 좋은 에너지가 채워진다. 잠이 부족하면 마음의 소리가 약해진다. 수면 상태에서 신비로운 에너지의 영역에 다다를 수도 있다. 제대로 된 휴식은 매일같이 쌓이는 해로운 에너지를 몰아내고 감정의 찌꺼기를 정화한다.

우리 삶의 3분의 1은 자는 데 쓰인다. 이런 시간을 아깝게 여기는 사람도 많다. 성취 욕구가 강한 사람들은 자신들이 걸어 다니는 시체가 되어간다는 사실을 모른 채 잠을 줄여가며 사무실에 머문다. 이런 습관이 얼마나 해로운지 알지 못하는 것이다. 수면 부족은 실제로 정신병의 원인이 되곤 한다.

평균보다 많은 잠이 필요한 사람도 있다. 주말을 이용해 자신이 이런 성향인지 알아보자. 일단 방해받지 않는 환경을 만든다. 커튼을 치고, 문을 닫고, 알람은 물론 휴대전화 전원도 꺼둔다. 그런 다음 잠을 청한 뒤 저절로 깰 때까지 충분히 잔다. 아기가 있는 부모들은 이런 실험을 해보는 게 불가능하겠지만, 그렇지 않은 경우엔 자신에게 필요한 잠 시간을 파악하는 데 매우 좋은 방법이다. 하루에 여덟 시간 이상 자야 하는 사람의 경우, 잠을 덜 자면 신경이 예민해지고 직관이 무뎌진다.

부족한 잠은 반드시 보충하자. 잠시 낮잠을 자거나 다음날 더 많이 자는 것도 좋은 방법이다. 아기가 있는 부모에게 꼭 해주고 싶은 말이 있다. 아기가 낮잠을 잘 때 함께 잠을 자자. 밀린 설거지는 잊어버리자. 그래야 에너지의 균형이 유지된다. 조금 신경을 쓰는 것만으로 잠의 질을 확 끌어올릴 수 있다. 당장 실천해보자.

따스한 잠자리

부드럽고 편안한 옷을 입자. 아무것도 입지 않아도 좋다. 이불의 무게와 방의 온도를 조절하고 부드러운 침구에 몸을 묻어보자. 침대가 에너지의 요람이 되어줄 것이다.

고요한 분위기

침실을 정리하고 깨끗한 상태를 유지하자. 침대 머리를 북쪽에 놓아 몸이 지구의 자기장과 조화를 이루도록 하는 것도 도움이 된다. 시끄러운 소리가 들리지 않도록 하고, 휴대전화는 되도록 침대와 먼 곳에 놓아두자.

편안한 마음

생각이 몰려오면 쉽게 잠들기 힘들다. 몸을 뉘었는데 여전히 머릿속이 복잡하다면 호흡을 해 보자. 불을 끈 상태에서 잠시 침대에 앉아서 눈을 감는다. 잔잔한 바다, 광활한 하늘, 멋진 내 모습 등 어떤 것이라도 상관없다. 기분 좋은 광경을 떠올리며 천천히 숨을 쉬어본다. 정말 재미없는 책을 읽는 것도 한 방법이다. 나도 종종 그렇게 잠이 든다.

주변의 분위기, 장소, 함께 자는 사람 모두 잠의 질에 영향을 미친다. 사랑하는 사람과 같이 살기 전에 잠을 함께 자보라고 나는 충고한다. 침대에 나란히 누워서 잠을 자면 상대의 에너지를 쉽게 느낄 수 있다. 열린 상태로 에너지가 겹쳐지기 때문이다. 잠을 깼을 때 상쾌한 기분이 들지 않는다면 조심스럽게 그 문제를 해결해야 한다. 만성적인 에너지 부족으로 건강 문제에 시달릴 수 있다.

심리학을 전공하는 대학원생 룰루는 주위 사람의 에너지를 자석처럼 끌어당기는 사람이다. 남편이 화가 났을 때 그녀는 함께 잠드는 게 힘이 든다. 따가운 에너지가 자신에게 스며들기 때문이다. 그 사실을 알게 된 남편이 잠들기 전에는 화를 가라앉혔다. 덕분에 그녀는 안전하게 잠들 수 있었다. 부부들 가운데 잠을 따로 자는 것을 편안하게 여기는 사람이 많다. 에너지 변화에 민감하다면 내면의 치유력을 높여보자. 숙면을 이루는 데 도움이 된다.

치유력을 높이는 명상

전문가의 도움을 받는 것도 치유력을 높이는 데 도움이 된다. 대체의학 프로그램을 시행하는 병원에 찾아가 상담을 받는 것도 좋다. 주의할 점은 화려한 광고 문구에 휘둘리지 말아야 한다는 것이다. '기적 같은 치료', '순식간에 달라지는 몸'과 같은 말로 환자들을 유혹하는 곳은 경계해야 한다. 자신의 치료법이 유일한 해결책이라거나, 다른 의학적인 치료는 모두 끊어야 한다고 우기는 사람들에게 속아서는 안 된다. 자신이 신과 유일하게 연결된다고 주장하거나 터무니없이 비싼 치료비를 요구하는 사기꾼도 많다. 환자의 돈과 자유를 빼앗고 감정적으로 조종하려는 사람을 주의하자. 자신의 직관을 따르며 건전한 치료를 받는 것이 중요하다.

나를 치유하는 3분 명상

다음 훈련은 혼자서 할 때 효과 좋은 자가 치유법이다. 3분이면 충분하다. 익숙해지면 조금씩 시간을 늘려가도 좋다. 잠시 시간을 내어 규칙적으로 명상을 해 보자.

조용한 곳을 골라 마음을 가다듬고 몸의 긴장을 푼다. 천천히 숨을 들이쉬고 내쉬면서 호흡이 당신을 마음의 중심으로 되돌려놓는 것을 느낀다. 심장과 가까운 부분에 손을 가볍게 올려놓고 사랑을 느끼게 하는 것들을 떠올린다. 몸이 아프다면 에너지가 가슴에서 나와 아픈 곳으로 스며드는 상상을 해 본다. 억지로 할 필요는 없다. 그저 흘러가게 놓아두면 된다. 결과에 매달리지 말고, 몸이 건네는 이야기에 귀를 기울이자.

가까운 사람과 치유 에너지를 주고받는 방법도 있다. 문제가 있는 곳을 서로 확인한 뒤, 한 사람이 바닥에 등을 대고 편안하게 눕는다. 그런 다음 나머지 한 사람이 옆에 앉는다. 앉아 있는 사람이 호흡을 몇 차례 깊게 한 뒤 긴장을 풀고 한 손을 누운 사람의 심장 근처에 올려놓는다. 가슴이 열리는 것을 느끼며, 이곳에서 나온 사랑이 팔을 타고 흘러내려 손바닥 쪽으로 향하는 것을 느껴본다. 굳이 애쓰거나 노력할 필요가 없다. 그저 자연스럽게 내버려 두면 된다. 3분이 지나면 서로의 역할을 바꾼다. 가슴을 열고 상대의 에너지를 받아들여 보자.

에너지를 깨우는 시간

감동이 느껴지는 일을 해보자. 태극권을 하며 우주의 힘이 내 몸을 타고 흐르게 하거나, 싱그러운 장미 한 다발을 침대 옆에 놓아두고 잠자리를 아늑하게 만들어도 좋다. 과즙이 흐르는 복숭아를 깨물며 황홀함에 빠져드는 것도 무척이나 감동적이다. 색다른 시도로 무한한 생명력을 느껴보자!

나오미 주드를 관통한 생명 에너지

나오미 주드는 가수이자 작곡가로, 딸과 함께 컨트리 듀오를 결성하여
여러 차례 그래미상을 수상했다. 전직 간호사인 그녀는 불굴의 의지로 C
형 간염을 이겨내어 잃었던 건강을 되찾았으며, 미국 간 재단의 대변인
으로 활동하기도 했다.

나는 어릴 때부터 에너지에 민감하게 반응했다. 학교에서는 친구들
과 선생님의 에너지를 알아채곤 했는데, 안전한 느낌이 들 때도 있었
지만 에너지를 빼앗길 때도 있었다.

서른이 되던 해, 나는 겁 없이 할리우드로 떠났다. 이혼한 뒤 홀로
두 딸을 키우고 있던 때였다. 밤낮없이 일했지만 벌이가 시원치 않아
생활보호대상자로 긴 시간을 보내야 했다. 차가 없어서 어디든 걸어
다녔지만 에너지를 읽는 힘이 내게 도움이 되었다. 모퉁이 너머에서
위험한 사람이 다가오는 걸 금세 알아챌 수 있었던 것이다.

간염에 걸려 위험한 상태라는 사실을 알게 된 건 가난에서 벗어나
한창 가수로 일하던 시절이었다. 그때 나는 전성기를 누리고 있었다.
그래미상을 다섯 차례나 수상했고, 무대 위에서도 에너지가 넘쳤다.
어느 날 콘서트가 끝난 뒤 나는 쓰러졌다. 화려한 무대 의상을 입은
채였다. C형 간염에 걸렸다는 진단을 받았을 때 무척 억울했다. 술이

라고는 평생 한 방울도 입에 대본 적이 없었기 때문이다. 생명을 위협하는 병 앞에서는 간호사 자격증도 별 소용이 없었다. 환자복을 입은 내게 의사는 말했다. 앞으로 3년밖에 살 수 없다고 말이다. 나는 어떻게든 방법을 찾겠다고 결심했다. 당시 유일한 치료법인 인터페론 투약을 일단 시작했다. 인터페론은 바이러스의 복제능력을 둔화시켰다. 하지만 바이러스 자체를 없애지는 못했다.

나는 스스로 생명 에너지를 끌어올려야겠다고 생각했다. 기도를 했고, 숲속을 걸었다. 마침내 병을 몰아냈을 때 사람들은 기적이라고 말했지만, 나는 알고 있었다. 에너지 치유법이 나를 살렸다는 사실을. 그로부터 제법 시간이 흘렀고, 의사들은 여전히 에너지에 둔감하다. 과학자들도 마찬가지다. 눈에 보이지 않는다고 존재하지 않는 것은 아니다. 백 년 전에 누군가가 손을 잘 씻으면 세균 감염을 막을 수 있다고 이야기해도 사람들은 고개를 갸웃거렸을 것이다. 의사가 집에 돌아가서 죽음을 준비하라고 충고했을 때, 나는 불현듯 고별공연을 하겠다고 마음먹었다. 관객들의 에너지가 쏟아졌을 때 강하게 느낄 수 있었다. 내가 사랑받고 있다는 사실을.

요즘은 집에서 음식을 자주 해 먹는다. 재혼한 남편과 함께 즐겁게 요리를 하는데, 언제나 생명력이 가득한 재료를 선택하려고 애쓴다.

깡통에 들어있는 토마토에서는 아무런 활력이 느껴지지 않는다. 못생겨도 싱싱한 토마토에서 뿜어나오는 생기있는 에너지가 나를 즐겁게 한다. 이웃에 사는 두 딸이 종종 우리를 찾아온다. 그럴 때마다 모두 함께 식탁에 둘러앉아 행복한 시간을 보낸다. 우리는 언제나 에너지에 대해 터놓고 이야기를 나눈다. 나의 두 딸은 각자의 빛깔을 지니고 있다. 나와 함께 노래하는 큰딸은 무대 위에서 황금빛으로 따스하게 빛난다. 연기를 하는 막내딸은 촬영장에서 경험했던 긍정적인 에너지와 부정적인 에너지에 관해 솔직하게 들려주곤 한다.

에너지를 민감하게 느끼는 나는 주위 사람들과도 그에 관한 이야기를 자주 한다. 하루는 배역과 에너지의 관계에 관해 대화를 나눌 기회가 있었다. 선한 역할을 맡을 때보다 악한 역할을 연기해야 할 때 평소보다 면역력이 떨어진다는 연구 결과를 들었다. 그때 비로소 이해할 수 있었다. 배우가 된 딸 애슐리가 악역을 맡았을 때 왜 축농증이 생겼는지를.

나쁜 감정을
몰아내는 법

감정은 에너지의 또 다른 표현이다. 부정적인 것이든 긍정적인 것이든 감정에는 상당한 생명력이 담겨 있다. 의과대학에서 가르치는 감정은 극히 일부분이다. 쏟아지는 기쁨, 강렬한 분노, 안타까움과 반항심처럼 감정은 우리를 들뜨게 하거나 혼란스럽게 만든다. 용감한 사람들은 부정적인 감정을 곧잘 긍정적인 방향으로 바꾸어낸다. 하지만 감정에 압도당하는 사람도 많다. 긍정적인 에너지를 얻기 위해서는 두려움을 이기는 용기가 필요하다.

가슴 한가운데, 즉 명치라고 불리는 부분에 감정의 수뇌부가 존재한다. 우리의 기분에 따라 그곳에서 긍정적인 에너지나 부정적인 에너지가 만들어진다. 마음이 편안하다고 느낄 때 우리 몸 주위에 좋은 에너지가 흐른다. 주변 사람들도 그 에너지의 영향을 받는다. 나쁜 감정이 생길 때 그것을 억누르는 사람들이 많다. 하지만 그런 시도는 에너지의 흐름을 막는다. 감정이 올라올 땐 적절히 표현하는 게 좋다. 그러면 에너지가 자유로워져서 나쁜 에너지가 금세 흘러나간다.

감정 에너지는 모든 공간에 영향을 미친다. 할머니의 부엌이나 아이들이 모여 있는 유치원 교실을 떠올려보자. 행복함이 저절로 느껴질 것이다. 이처럼 좋은 에너지는 꽃가루처럼 사람들의 가슴에서 반짝거린다. 나쁜 에너지는 그 반대다. 한 부부가 고급 주택가가 즐비한 거리에서 믿기 어려울 만큼 싼 집을 발견했다. 끔찍한 살인 사건이 벌어진 장소라는 사실을 알게 된 뒤에도 한동안 고민했다. 일생일대의 기회가 아닐까 하고 말이다. 하지만 곧 생각을 접었다. 그런 곳에서 소중한 아이들을 키울 수 없다는 결론을 내린 것이다.

나쁜 감정을 몰아내고 좋은 감정을 불러들여 마음의 평화를 얻는 일은 생각보다 쉽지 않다. 석가모니가 부정적인 감정을 가라앉히는 8만 가지 방법을 제시한 것만 보아도 알 수 있다. 내면에 존재하는 에너지를 확인하고 감정의 영향력을 느껴보자. 우울함이 생각보다 오래 지속돼도 우리는 언제든 다시 시작할 수 있다.

두려움을 똑바로 보아라

도덕경에 이런 말이 있다. 두려움을 똑바로 볼 수 있는 사람은 평온한 마음을 지닐 수 있다고. 두려움은 욕심 많고 교활한 도둑이다. 우리한테서 좋은 것을 모두 빼앗아가고 나쁜 에너지만 남겨둔다. 두려운 감정이 우리를 지배하면 자신감은 사라지고, 부정적인 생각만 자꾸 떠오른다.

두려움을 완전히 내려놓을 방법은 없다. 나도, 당신도, 부모님도, 대통령도 두려움 속에서 살아간다. 중요한 것은 그 사실을 인정하는 것이다. 그래야 두 눈을 크게 뜨고 두려움을 똑바로 바라볼 수 있다. 어려움에 처한 사람들은 그 일 자체보다는 두려움 때문에 오히려 아무것도 하지 못한다. 문제는 그런 상태에선 무엇도 해결할 수 없다는 것이다.

새로운 통찰력을 장착하기 위해 두려움이 어떻게 에너지에 작용하는지 알아보도록 하자. 나를 항상 무시하는 상사를 만나면 본능적으로 움츠러든다. 그러면 몸속에서 아드레날린이 생성되고, 자연스럽게 경계 태세를 갖추게 된다. 그렇게 만들어진 두려움이 좋은 에너지를 억누르고, 나쁜 에너지가 몸 전체에 퍼지도록 만드는 것이다. 두려움도 종류가 있다. 원인만 제거하면 금세 사라지는 두려움이 있는가 하면, 수십 년 동안 뿌리내려 우리를 힘들게 하는 두려움도 있다.

플로는 어린 시절부터 비난을 듣고 자랐다. 아무 쓸모도 없는 못생긴 아이라는 악담을 엄마가 계속 퍼부었던 것이다. 그런 상황에서도 그녀는 훌륭한 요리사가 되었다. 어른이 된 뒤에도 엄마는 여전했고, 가족 모임에 다녀오면 플로는 언제나 고통을 겪었다. 명치를 누군가가 칼로 찌르는 듯한 아픔을 느꼈던 것이다. 에너지 치유법을 통해 두려움을 극복하는 방법을 배운 뒤에야 그녀는 비로소 엄마의 영향력에서 벗어날 수 있었다. 이처럼 말은 칼보다 날카롭고, 약보다 좋은 효과를 동시에 지니고 있다. 누군가는 말로 인해 두려움에 떨고, 또 누군가는 말 덕분에 제대로 치유 받는다.

다른 사람의 두려움이 우리에게 옮겨올 때도 있다. 직관적인 공감자의 경우에는 그 정도가 더 심하다. 타인의 에너지를 쉽게 흡수하는 그들은 사람이 많이 모인 장소에서 끔찍한 경험을 겪곤 한다.

갑작스러운 두려움이 한 사람의 생명을 앗아가기도 한다. 내 동료 중 한 사람이 산책을 하다가 누군가가 살해당하는 광경을 눈앞에서 목격했다. 그녀는 그 자리에서 쓰러졌다. 심장마비가 온 것이다. 병원 침대에 누워서도 그녀의 두려움은 줄어들지 않았다. 그날의 기억이 계속 떠올랐고, 잠을 이룰 수 없었다. 며칠 뒤 뇌동맥류가 파열되어 그녀는 결국 세상을 떠났다.

안타깝게도 우리가 느끼는 두려움의 대부분은 스스로 만들어낸 것일 때가 많다.

"난 정말 하찮아."

이런 자기 파괴적인 메시지는 진실을 왜곡하고 부정적인 에너지를 끌어낸다. 우리는 생각보다 훌륭한 존재인데도 그런 사실을 알아채지 못한다. 자신을 제대로 바라보려면 마음속에 자리 잡은 두려움을 몰아내고 그 자리를 사랑으로 채워야 한다.

자신이 몰라보게 발전한다면 두려움이나 나쁜 감정이 더는 상관없어질 것이라는 기대는 버리자. 해탈의 경지에 이르면 또 모르겠다. 하지만 사실상 불가능하다. 삶은 평생 배워나가는 훈련장이다. 암흑과 빛 사이에서 무언가를 선택하며 우리는 한 걸음씩 나아간다. 두려움 속에서도 사랑을 떠올리자. 당신이 사랑을 고르면, 그때부터 좋은 에너지가 다른 것들을 몰아내기 시작한다. 기억하자. 열린 마음이 가장 위대한 길이라는 것을.

좋은 에너지를 키워라

함께 경험을 나누는 것은 두려움을 이길 계기를 만들어준다. 오프라 윈프리와 나 사이에도 그런 공감대가 있었다. 우리는 가끔씩 만나 이야기를 나누었고, 살면서 느꼈던 감정에 대해 허심탄회하게 털어놓는 시간을 가졌다. 방치된 채 자랐던 어린 시절은 충분히 이후의 삶에 영향을 줄 만했지만, 그녀는 내면에 간직한 좋은 에너지로 자신의 두려움을 용감하게 날려 보냈다.

빛과 어둠은 동전의 양면과 같다. 우리 마음속에서 좋은 에너지와 나쁜 에너지는 뒤섞여 나란히 자리하고 있다. 부처의 마음속에 악마가 있고, 악마의 마음속에는 부처가 있는 것처럼 말이다. 두려움의 소용돌이 안에서 긍정적인 마음을 지키기 위해서는 이렇게 말할 준비가 되어있어야 한다.

"너는 나를 쓰러트리지 못해. 난 너보다 강하거든. 당장 사라져!"

두려움이 몰려오면 이 말을 되뇌자. 내가 겪은 슬픔, 상실, 고독을 굳이 잊으려 하지 말자. 그것을 사랑으로 감싸 안는 더 큰 사람이 되면 된다. 두려움을 몰아내면 나쁜 에너지도 약해진다. 두려움을 두려워할 때 삶이 고달파진다.

감정도 역사를 지닌다. 충격적인 순간이나 행복했던 시간 모두 세포에 기억으로 저장된다. 또한, 우리를 둘러싼 에너지에도 과거의 기억이 온전히 남는다. 힘들었던 기억을 없던 것으로 되돌릴 순 없지만, 두려움을 쫓아버릴 방법은 있다. 언제나 사랑이 승리한다는 걸 기억해두자.

두려움은 생각보다 힘이 세다. 두려움을 깨닫고 마음의 무게를 덜었다고 해서 안심하긴 이르다. 언제 다시 두려움이 우리를 억누를지 모르기 때문이다. 그럴 때 필요한 것이 비법 일기다. 이제부터 익히게 될 일곱 가지 방법을 하나하나 실천해보자. 그리고 가장 효과가 있었던 방법을 자세하게 적어놓자. 언젠가 두려움의 습격을 다시 받았을 때 이 기록이 놀라운 해결책이 되어줄 것이다.

두려움을 물리치는 일곱 가지 전략

전략 1 : 감정에 이름 붙이기

막연한 감정은 두려움을 더 크게 만들곤 한다. 내가 느끼는 감정을 마주 보고 하나하나 이름을 붙여보자. 하찮아 보이는 감정이라도 내 버려 둬선 안 된다.

"나는 똑똑하지 않아. 예쁘지도 않고. 인생의 동반자 따윈 결국 찾을 수 없을 거야. 일찌감치 포기해야 해."

마음속에서 이런 목소리가 들려온다면 그게 어떤 감정인지 파악해 본다. 그렇지 않으면 부정적인 생각에 빠지게 된다. 나쁜 에너지에 휩싸여 좀처럼 두려움이 물러나지 않는다면 명상을 하자. 그러면서 자신에게 알려준다.

"아무리 힘들 때도 내 곁에 있어 줄 사람이 있어."

혼자인 사람은 없다. 당신이 미처 알아채지 못할 뿐이다. 명상을 통해 시야를 넓히고, 좋은 에너지를 불러 모으자.

전략 2 : 직관과 친해지기

우리는 종종 근거 없는 두려움을 경계하느라 에너지를 낭비하곤 한다. 두려움에 빠지면 직관이 보내는 신호를 알아채지 못한다. 스스로를 사랑할 수 있다는 사실도 잊어버린다. 심한 정신적 충격을 받은 사람도 엄청난 능력을 지닐 수 있다. 기억하자. 자기 자신을 믿지 못할 때 두려움이 가장 큰 힘을 발휘한다는 사실을.

두려움이 전달하는 메시지는 직관과 비슷한 모습을 하고 있다. 두 가지를 제대로 구별하는 게 중요하다. 직관은 본능에서 우러나오며 은밀하지만 또렷한 정보를 제공한다. 그래서 절대 혼란스럽지 않다. 당신이 여러모로 괜찮은 사람과 사귀고 있다고 상상해보자. 가족과 친구들이 다들 그 사람을 좋아해도 본능이 경고를 보낸다면 절대 결혼해서는 안 된다. 속도를 늦추고 관계를 천천히 이끄는 것이 바람직하다.

전략 3 : 기도하기

아무리 애를 써도 두려움에 붙잡혀 어쩔 수 없을 때가 있다. 그럴 땐 가만히 기도를 해 보자. 천사를 향해 기도해도 좋고, 조상님께 기도를 드려도 좋다. 눈을 감은 채 호흡을 하며 가슴으로 기도한다. 간단해도 괜찮다. 그저 마음을 열고 내게서 이 두려움을 거두어 달라고 말해보는 것이다. 어느새 좋은 에너지가 모여든다. 이렇게 도움을 청하는 것만으로 놀라운 효과를 거둘 수 있다.

전략 4 : 감사한 마음 표현하기

고마움을 마음에 담는 것만으로도 두려움을 없앨 수 있다. 감사라는 좋은 에너지가 나쁜 에너지를 몰아내기 때문이다. 감사할 대상을 구체적으로 찾자. 그럴 때 효과가 더 커진다. 직접 적어보는 것도 좋은 방법이다. 고맙게 생각하는 일들을 종이에 써두자. 두려움이 밀려와서 혼란스러우면 고마운 일을 떠올리기가 쉽지 않다. 거부감이 들더라도 굴하지 말자. 사업에 실패한 뒤 토니는 감정의 소용돌이에 휩싸였다. 고마운 일을 적어보기 전까지 그녀는 인생의 소중한 90퍼센트를 보지 못한 채 실패한 10퍼센트만을 되뇌고 있었다. 부정적인 감정에 집중했던 토니의 모습은 사실 우리 모두의 현주소다. 종이 한 장을 펼쳐놓고 고마운 일들을 잠시 적어보자. 처음엔 1분 정도면 충분하다. 그 종이를 곁에 두고 생각나는 대로 하나씩 더 적어본다. 당연하게 여겼던 건강, 나를 믿어주는 가족, 편한 신발 한 켤레, 할머니가 만들어주신 파이 한 조각, 어느 것이든 좋다. 감사하는 마음은 두려움의 최면에서 벗어나게 해주는 가장 강력한 힘이다. 고마운 일 목록을 매일 읽어보자. 더는 두려움이 내 마음에 발붙이지 못할 것이다.

전략 5 : 적당한 장소 찾기

두려움이 내 마음을 온통 차지하고 있을 때 집안에 틀어박혀 혼자서 곰곰이 생각하는 것은 아무 소용이 없다. 그럴 땐 집을 나서자. 마음이 편안해지는 장소를 찾아서 좋은 에너지를 흡수하자. 공원, 수족관, 동물원 어디든 좋다. 두려움의 손아귀에 붙들려서 그 이야기를 계속 듣다 보면 패배는 기정사실이 된다. 좋아하는 장소의 에너지가 두려움을 약화시킨다.

영혼을 비옥하게 만드는 장소는 주변 어디에나 있다. 우울할 때면 나는 동네 서점 구석에 자리를 잡고 책을 읽으며 마음을 달랜다. 동물 보호소에 찾아가서 순수한 동물의 맑은 눈을 들여다보기도 한다. 운이 좋을 땐 동네를 찾아온 서커스 구경도 할 수 있다. 그러다 보면 어느새 두려움이 밀려나고 마음이 해방된다.

전략 6 : 상처 치유하기

끈질긴 두려움은 과거가 원인이 되기도 한다. 정신적인 충격은 우리를 감싼 에너지에 상처를 내서 생명력의 흐름을 막는다. 상처를 치료하면 두려움은 곧바로 사라진다.

한 남자가 있었다. 그는 여자 친구를 사귈 때마다 자신이 속고 있을까 봐 내내 두려워했다. 다행스럽게도 그는 자신의 상태를 개선하겠다는 의지가 있었다. 에너지 치료와 상담을 병행하면서 그는 어린 시절의 기억 한 조각을 떠올렸다. 어머니가 낯선 남자와 침대에 나란히 누워있는 장면을 목격한 것이다. 사랑을 끊임없이 의심하게 만드는 두려움의 근원을 알게 된 뒤, 그는 흐느껴 울었다. 수십 년 동안 자신을 괴롭힌 기억을 하루아침에 내려놓지는 못하겠지만, 그는 조금씩 두려움을 몰아낼 수 있었다.

다루기 힘든 두려움이 있다면 내버려 두지 말자. 심리치료나 워크숍의 도움을 받자. 그를 통해 두려움의 근원을 발견하면 호흡을 해서 몸 밖으로 내보내자. 숨을 내쉴 때마다 두려움이 조금씩 **빠져나가는** 상상을 하자. 마사지를 받는 것도 도움이 될 수 있다. 고통스러운 기억은 우리 몸을 굳게 만든다. 근육에 맺힌 긴장을 풀면 에너지의 흐름이 좋아지고 감정이 쉽게 배출된다. 이를 통해 에너지에 새겨진 상처를 치유할 수 있다.

전략 7 : 공감에서 벗어나기

공감 능력이 뛰어난 사람들은 타인의 두려움에 종종 압도당한다. 방심하지 말고 자신에게 밀려드는 불안을 밀쳐내자. 의과대학에 다니던 얀은 친구의 고민을 듣고 갑자기 두려워졌다. 해부학 시험에 낙제한 탓에 유급하게 된 친구의 에너지가 얀에게 고스란히 흡수된 것이다. 지나친 공감을 막지 못하면 얀의 불안은 점점 커질 것이 틀림없었다. 나는 그녀에게 에너지 방어막을 만들 것을 제안했다.

마음속의 두려움이 갑자기 커지면 근원지를 찾는 것이 중요하다. 그 두려움이 나의 것이면 부드럽게 맞서고, 타인의 것이면 지나친 공감을 차단한다. 쇼핑센터처럼 사람이 많이 모인 장소에서 갑작스레 두려움이 몰려온다면 다음의 방법을 써보자.

두려움의 근원에서 떨어지기

사람들과 최소한 5미터 정도 거리를 두자. 다른 사람이 내뿜는 에너지의 영향력에서 벗어날 수 있다. 주위 사람이 불안해할까 걱정하지 말자. 공공장소에서 불안정한 에너지를 느끼면 즉시 자리를 옮기는 게 좋다.

호흡에 집중하기

단 몇 분이라도 좋다. 내쉴 때는 두려움을 내보내고 들이쉴 때는 평온함을 마신다. 내 몸과 땅이 연결되는 느낌을 느껴보자. 두려움을 내 몸에서 빠져나가는 검은색 연기로, 평온함을 내 몸으로 들어오는 하얀 빛으로 상상하자. 빠른 효과를 거둘 수 있다.

감정 정화하기

두려움은 명치에 있는 감정 에너지의 중심에 자리 잡고 있다. 손바닥을 명치에 대고 정신을 집중하자. 사랑 에너지를 보내서 두려움을 씻어 내리면 된다. 나쁜 감정들이 깨끗해지는 느낌이 들 것이다.

걱정과 분노를 내보내라

두려움 말고도 좋은 에너지를 빼앗아가는 나쁜 감정들이 있다. 자기 비하, 분노, 걱정, 수치심이 바로 그것이다.

자기 비하

스스로를 하찮게 여기는 감정은 우리 모두에게 내재되어 있다. 가끔 이런 용감한 사람들이 보인다.

"나는 내가 싫어요. 하지만 달라질 거예요."

스스로를 미워하는 감정을 깨닫지 못하는 사람도 있다. 어느 편이든 자기 비하는 우리를 감싼 에너지에 새겨진 깊은 상처에서 비롯된다. 이 상처를 치유하려면 따스한 사랑이 필요하다. 스스로가 가치 있는 존재라는 인식은 영원히 변하지 않는 에너지 치유법의 핵심이다.

데비는 별난 아이였다. 나무와 동물에게 말을 걸었고, 부모는 그런 그를 '외계인'이라 불렀다. 그 말은 상처가 되었고, 그는 스스로를 싫어하는 어른으로 자라났다. 내가 데비를 처음 만났을 때 그는 우편배달부로 일하고 있었다. 한눈에 보아도 내성적인 성격이었고, 누구보다 순수했다. 에너지 치유법을 통해 그는 자신이 특별한 사람이란 걸 깨달았다. 직관이 매우 발달해 있으며, 에너지를 민감하게 느낀다는 걸 알게 된 것이다. 데비는 말했다.

"그 사람 주위에 아름다운 빛이 보인다고 말할 때 날 믿어주는 사람을 꼭 만날 거예요. 나무도 꼭 껴안아 주고, 동물들에게 사랑한다고 말할 거예요."

· 에너지 시크릿 ·

나를 사랑할 때

이제 스스로를 미워하는 마음에서 벗어나 상처 입은 마음을 보살필 때다. 종이에 그동안 들어온 부정적인 말들을 적어보자. 그 말을 했던 사람들도 기록하자. 나를 향한 이런 말들을 어떻게 긍정적인 메시지로 바꿔야 할지 고민해보자. 그리고 앞으로는 누가 당신에게 부정적인 말을 덧씌워도 절대 믿을 필요가 없다. 설사 그 사람이 교황이라도 말이다.

분노

분노는 누구나 갖고 있는 인간적인 감정이다. 실망하거나 해를 입을 때 우리는 분노를 느낀다. 분노는 매우 강한 감정 에너지로, 가끔은 파괴적인 힘이 되기도 한다. 케이트는 어린 아들을 둔 엄마로, 에너지 워크샵을 찾아와서 고민을 털어놓았다. 남편과 돈 문제로 다투고 있었는데, 화가 나서 소리를 지른 순간 창문의 유리가 산산이 부서졌다는 것이다. 그때 그녀는 거실에 홀로 있었고, 휴대전화로 통화를 하던 중이었다. 이야기를 하다가 그녀는 문득 떠올렸다. 예전에도 비슷한 일이 몇 차례 있었던 걸 말이다. 분노에 겨워 소리를 질렀을 때 유리컵에 금이 가거나 시계가 멈춰버린 적이 있다고 했다.

UCLA의 초심리학 연구실에서 일할 때 귀신에 관한 연구에 참여한 적이 있다. 설문에 참여한 사람 중 대다수가 자신의 집에 귀신이 있다고 답했다. 가전제품이 저절로 작동하고, 접시가 방안을 날아다닌다며 말이다. 하지만 나를 비롯한 연구자들은 원인이 다른 곳에 있다고 보았다. 분노에 의한 에너지 때문이란 결론을 내린 것이다. 실제로 그런 가족이 이사를 가면 새집에서도 똑같은 현상이 발생한다. 감정 에너지가 환경을 어떻게 바꾸는지 알 수 있는 좋은 예다.

분노의 감정을 억누르거나 무시해서는 안 된다. 제대로 된 방법으로 가라앉혀야 한다. 자칫하면 나와 남에게 동시에 해를 끼칠 수 있다. 화가 나면 그 즉시 자신의 불만을 이야기하고, 상대의 입장을 들어본다. 그런 다음 문제를 해결하도록 하자.

· 에너지 시크릿 ·

분노와 48시간

화가 날 때 가장 나쁜 방법은 억누르는 것이다. 그러면 에너지 폭탄을 품은 것과 다름없다. 일단 분노했다면 그로부터 48시간이 중요한 경계선이다. 아직 48시간이 안 지났다면, 안전한 사람들 앞에서 맘껏 화를 내자. 친구, 상담사, 아니면 혼자서도 상관없다. 부정적인 에너지가 발산되어 마음이 조금은 가벼워질 것이다.

48시간이 지났다면 이제 분노를 내보낼 때다. 일기, 기도, 호흡, 무엇이든 상관없다. 화가 내면에서 굳어버리지 않도록 바깥으로 몰아내자. 분노의 원인이 된 사람과 이야기를 나누어도 좋다. 이때 적개심을 발산하거나 힘겨루기를 해서는 안 된다. 침착하고 당당하게 내가 무엇 때문에 화가 났었는지 말하자. 진실을 밝히는 데 집중하는 것이다. 사과를 받으면 좋겠지만, 그러지 않더라도 의연하게 대처하자. 생각이

서로 다르다는 걸 받아들이면 된다. 만약 상대가 이야기를 나누기에 적당하지 않다면, 접촉을 최대한 줄이도록 하자. 그럴 땐 스스로의 힘으로 화를 내보낼 방법을 찾는 게 좋다.

걱정

걱정은 잘못된 결과를 예상할 때 생기는 정신적인 스트레스다. 되풀이되는 경우가 많고, 위로를 받아도 좀처럼 사라지지 않는다. 노라는 호감 가는 외모에 똑똑한 두뇌를 가진 여성으로, 자신이 나쁜 운을 타고 났다고 믿었다. 자신이 항상 운이 나쁘다는 말을 입에 달고 다닐 정도였다. 이런 끊임없는 걱정은 나쁜 에너지를 발생시킨다. 그래서 예상했던 나쁜 결과로 자신을 이끈다. 나는 노라에게 간단한 명상부터 시작하라고 조언했다. 중요한 것은 걱정을 해도 달라질 게 없다는 사실이다. 걱정에서 벗어나면 웬만한 스트레스는 떨어져 나간다. 그것이 에너지를 절약하는 가장 효율적인 방법이다.

· 에너지 시크릿 ·

걱정을 없애는 사랑 명상

걱정은 우리를 외롭게 만든다. 불안한 마음이 우리를 감쌀 때 이 명상을 해 보자. 편안한 곳에 자리를 잡고, 숨을 깊게 들이쉬고 내쉰다. 그러면서 마음속으로 다음 구절을 외워보자.

걱정에서 날아오를 자유를,

건강한 몸을,

안전하고 편안한 순간을,

그리고 잔잔한 마음을 제게 주소서.

이 명상은 수천 년 전부터 불교에서 수행해 오던 것으로, 내면의 사랑을 이끌어낸다. 구절을 여러 번 외우다 보면 사랑하는 사람의 품 안에 안겨있는 자신이 떠오른다. 걱정이 녹아 없어지고, 마음속을 차지한 나쁜 에너지가 좋은 에너지로 바뀌게 된다.

수치심

수치심은 자신이 쓸모없다고 여기는 부정적인 감정이다. 이런 느낌은 우리의 영혼을 움츠러들게 하고 활력을 빼앗는다. 존 브래드쇼는 말했다. 수치심이란 마음속에 자리 잡은 깊은 상처라고 말이다. 때론 부모님의 비판이, 방치되거나 학대받은 경험이, 혹은 누군가의 눈길이 우리에게 수치심을 안긴다. 뚱뚱하다는, 멋지지 않다는, 혹은 나이가 많다는 이유로 우리는 남모를 수치심을 지닌 채 괴롭게 살아간다.

이를 치유하기 위해서는 꽁꽁 감춰둔 수치심을 바깥으로 드러내야 한다. 그러면서 변화가 시작된다.

• 에너지 시크릿 •

꽃과 수치심

수치심에서 비롯된 부정적인 기운은 에너지 흐름을 손상시킨다. 이 문제를 해결하려면 수치심을 먼저 드러내야 한다. 수치스럽게 여기는 것들을 종이에 적어보자. 그런 뒤 믿을만한 사람에게 읽어준다. 일단 내뱉으면 감췄던 감정이 한층 가벼워진다. 그런 다음 꽃가게에 찾아가 많은 꽃들 앞에 선다. 각각의 수치심에 한 가지씩 꽃을 고르자. 몸의 한 부분이 부끄럽다면 수선화를, 따돌림을 받고 있다면 라일락을, 예민함이 지나치다면 난초를, 거짓말을 하고 있다면 해바라기를 선택한다. 그 꽃들을 아름답게 포장해 달라고 부탁해 집에 가지고 온다. 수치심이 들 때마다 꽃다발을 바라보자. 자신을 용서하고, 스스로가 지닌 환한 빛을 인정하게 될 것이다.

자기 비하, 분노, 걱정, 수치심과 같은 감정들은 정기적인 청소를 필요로 한다. 때때로 옷장을 정리해서 입지 않는 옷들을 내놓듯, 부정적

인 감정도 자주 비워내는 것이 좋다. 이러한 감정을 너무 오래 쌓아두면 피로가 몰려와 몇 달을 앓아눕게 될 수도 있다. 자주 청소해서 마음을 가볍게 만들자.

강렬한 미움을 버려라

나의 첫사랑은 열네 살 때였다. 푸른 눈을 지닌 앤디는 매력적인 소년이었고, 우리는 두 해 동안 한시도 떨어지지 않았다. 그러던 어느 날, 다른 여자아이에게 키스하는 앤디를 보았다. 학교에서 가장 인기가 많은 금발 머리 치어리더였다. 앤디는 나를 보았지만 아랑곳하지 않았고, 그렇게 우리 둘의 관계는 끝이 났다. 나는 배신감에 몸을 떨며 몇 달을 울었다. 가장 분한 건 앤디가 변명조차 하지 않았다는 사실이다. 그 기억은 큰 상처로 남았고, 나는 앤디에 대한 미움을 이십 년 가까이 간직한 채 살았다.

그러다가 하루는 앤디에게 전화가 왔다. 함께 만난 자리에서 그가 말했다. 그때 자신이 너무 이기적이었다고 말이다. 어린 마음에 유명해지고 싶어서 그런 실수를 저질렀다는 그의 고백에 내 마음은 몰라보게 가벼워졌다. 용서라는 두 글자가 가슴속에 떠올랐고, 내 안에 갇혀있던 에너지가 자유로워졌다. 그날부터 내 삶이 한층 활기차게 변모했다.

마음속에 미움이 쌓이는 것은 무척 괴로운 일이다. 강렬한 미움은 좋은 에너지를 빼앗고 몸과 마음을 병들게 만든다. 가끔은 강렬한 미움이 어떤 일을 해낼 계기를 만들기도 한다. 하지만 결국 그 미움에 붙들려 숨을 쉬기 어려운 상황을 맞게 된다. 용서는 결코 쉬운 일이 아니지만 유의미한 결과를 남긴다. 스탠퍼드 대학의 연구에 따르면, 용서를 하면 몸과 마음의 스트레스가 한층 줄어든다고 한다. 그렇다고 무조건 용서하라는 말은 아니다. 용서가 불가능해 보이는 상황도 있다. 이럴 땐 미움이 뿜어내는 나쁜 에너지가 나를 해치지 않도록 주의하자.

때론 내가 누군가에게 용서를 빌어야 할 경우도 있다. 모르고 벌인 사소한 잘못이라도 알아챈 순간 반드시 용서를 구하자. 잘못을 인정하는 것만으로 문제가 해결되기도 한다. 헛된 자존심을 경계하고, 다른 사람과 좋은 에너지를 나누자. 어떻게 용서를 빌어야 할지 모르겠다면 다음 단계를 따르자.

먼저 최대한 겸손하게 자신의 잘못을 인정한다. 그런 뒤 상황을 바로잡기 위해 할 수 있는 모든 일을 한다. 빚을 갚고, 비방을 취소하고, 부부가 함께 상담 치료를 받는 것처럼 말이다. 이렇게 애를 써도 용서받지 못할 수도 있다. 하지만 이러한 노력은 나쁜 에너지가 영원히 고이는 것을 막는다. 성 프랜시스는 삶을 마감하기 전에 당나귀에게 용서를 구했다. 복음을 전하기 위해 당나귀를 타고 많은 곳을 다닌 일이 죄스럽게 느껴졌기 때문이다.

타인에게 끼친 해는 내게 고스란히 돌아온다. 다른 사람을 무관심하게 대하면 내 에너지도 무거워진다. 매일 밤 몇 분이라도 나쁜 감정을 내려놓을 시간을 갖자. 일기를 써도 좋다. 그날 있었던 좋은 일, 잘못한 일을 기록해두자. 용서를 비는 건 빠를수록 좋다. 문자, 전화, 이메일 어느 것이든 상관없다. 단, 큰 잘못일 때는 직접 만나도록 하자. 이렇게 잘못을 즉시 바로잡으면 나쁜 에너지가 발붙일 틈이 없다.

에너지 치료를 받기 위해 찾아온 변호사가 물었다. 잘못한 일이 나쁜 에너지로 돌아온다면, 사기꾼들은 왜 잘 사느냐고 말이다. 겉으로 보이는 게 전부는 아니다. 사기를 쳐서 남들에게 해를 입히면 에너지 흐름에 숭숭 구멍이 뚫린다. 좋은 에너지는 흘러나가고, 나쁜 에너지는 모여든다. 만성적인 통증이나 우울증에 시달리게 되는 것이다. 권력에 매달리는 사람들은 허무함이라는 만성 질병에 시달린다. 아무리 많이 가져도 구멍 난 마음을 메울 수가 없는 것이다. 가끔은 나도 설득할 수 없는 환자가 있다. 한 기업체의 경영자는 공황장애와 불면증에 시달리면서도 성공하기 위해서는 냉정하고 잔인하게 굴 수밖에 없다고 힘주어 말했다. 안타까웠지만 어쩔 수 없었다.

좋은 감정과 나쁜 감정은 마치 동전의 양면처럼 우리를 번갈아 찾아온다. 나쁜 감정이 고였을 때 에너지를 정화하는 기회를 갖자. 한두 시간이면 충분하다. 모든 것을 내려놓고 친한 친구와 수다를 떨어보자. 푹신한 침대에 누워 향긋한 귤을 까먹어도 좋다. 벤치에 앉아 하늘을 보거나, 그냥 아무것도 하지 않는 것조차 도움이 된다.

미움이 몰려올 때

누구든 심하게 미워하는 상대가 있다. 툭하면 트집 잡는 엄마, 사사건 건 간섭하는 남편, 비난을 일삼는 동료 등등. 일단 대상을 선택하고 대화를 시도하라. 별 소득이 없을 수도 있다. 말을 거는 것조차 불가능한 경우도 있다. 이럴 땐 일기장이나 치료사, 혹은 친한 친구에게 미움을 고스란히 표현해보자. 제대로 말하려 애쓸 필요 없다. 그냥 솔직하게 털어놓자.

그런 다음 그 사람을 한번 이해해보자. 절대 쉬운 일은 아니다. 그저 어떤 두려움이 그 사람을 날뛰게 했는지, 그 사람의 마음은 왜 닫혔는지, 무례함은 어디에서 비롯된 것인지 생각해본다. 용서하지 못해도 상관없다. 이런 노력만으로 좋은 에너지가 흘러서 에너지 시스템 전체가 깨끗해진다. 일주일에 한 번씩 꾸준히 이 훈련을 해 보자. 마음이 점점 가벼워질 것이다.

에너지를 깨우는 시간

부정적인 감정을 내려놓고 에너지를 새롭게 하는 시간을 가져보자. 한두 시간 정도 모든 압박감에서 벗어날 기회를 마련하자. 가장 편한 친구에게 전화를 걸어 옷이나 영화 이야기를 나누자. 푹신한 소파에 몸을 기대고 향긋한 과일을 맛보자. 무작정 바깥에 나가서 불어오는 바람에 몸을 맡기자. 아무것도 할 생각이 들지 않는다면 그래도 괜찮다.

이얀라 벤젠트가 들려준 감정 이야기

이얀라 벤젠트는 듣는 이들에게 깊은 영감을 주는 연설가로 널리 알려져 있다. 내적 성장과 영적 치유에 관해 여러 권의 책을 써냈다. 목사이자 베스트셀러 작가로, 인간의 내면에 자리 잡은 잠재능력에 지속적으로 관심을 기울이고 있다.

내게 있어 긍정적인 감정 에너지란 생각과 말, 느낌과 행동이 모두 조화를 이루었을 때를 의미한다. 그런 상태에 머무는 이들의 에너지장이 밝고 따스하다는 걸 직관을 통해 알 수 있다. 그런 사람들의 오라는 잔잔하고 평온해서 함께 있으면 긴장이 풀린다. 내 안에서 긍정적인 에너지가 피어날 때 나는 즐거워진다. 거리에서 마주치는 모든 이에게 미소를 짓고 싶은 생각이 든다. 나는 에너지를 신성한 힘이라고 믿는다. 우리가 내뿜는 내면의 빛, 모든 존재의 숭고한 본질이 바로 에너지다.

두려움, 화, 거짓 같은 부정적인 에너지는 느낌이 전혀 다르다. 마치 차가운 벽 앞에 서 있는 것처럼 불편하고 긴장된 느낌이 든다. 그런 에너지를 지닌 사람은 온통 회색빛으로 물들어있다. 피부와 눈에도 생기가 없다. 안타깝게도 사람들은 자신이 내뿜는 기운을 알지 못한다.

누구에게나 배출해야 할 부정적인 에너지가 있다. 나는 종종 사람들에게 당부한다. 살면서 언제든 실패할 수 있다고. 우리 삶은 대부분 허약한 기반 위에 세워져 있다. 작가, 교사, 치유자의 위치에 서기까지 나는 남성이 주류인 사회에서 차별받는 유색인 여성으로 살아왔다. 내게는 원대한 목표가 필요했고, 나를 짓누르는 삶에서 벗어나 하나님의 사람으로 거듭나고 싶었다. 더 높은 곳에 도달하기 위해 더 낮은 곳에서 허덕였다. 그리고 그 과정에서 부정적인 감정의 실체를 깨달았다. 우리는 종종 자신을 속박하는 감정을 품은 채 살아간다. 그것을 제대로 살피지 않으면 배출되지 않은 감정이 에너지장에 들러붙어 몸속에 갇힌다. 감당할 수 없는 에너지의 무게가 우리를 고통스럽게 만드는 것이다.

　내면에 스며든 부정적인 에너지를 바꾸기 위해 나는 일평생 노력했다. 어머니의 배 안에 머물 때부터 내 마음은 분노와 두려움에 사로잡힌 상태였다. DNA에 새겨진 패배감이 삶에 짙은 그림자를 드리운 것이다. 어머니는 홀로 가정을 꾸리는 가난한 흑인 여성이었다. 유방암을 앓고 있던 어머니에게 삶은 고난 그 자체였고, 나는 탄생부터 환영받지 못했다. 뉴욕의 택시 뒷좌석에서 태어났으니, 더 할 말이 있겠는가. 20대 중반이 되었을 무렵, 사람들이 내게 물었다.

　"왜 항상 화가 난 모습인가요?"

　나를 단단히 감싸고 있던 껍데기를 깨고 스스로에게 물었다.

"그래, 왜 그런 걸까?"

그 후 나는 여러 스승을 찾아가서 마음을 치유하는 방법을 배웠다. 그러면서 알게 되었다. 내 삶이 마음먹기에 달렸음을.

"어휴, 여긴 너무 끔찍해!"

"그래, 여기서도 배울 점이 있어."

이렇게 같은 상황에서도 반응은 얼마든지 달라질 수 있다. 긍정적인 반응을 내보인 순간, 내 안의 에너지가 바뀌기 시작했다. 그 후 내 삶은 좋은 방향으로 움직였다.

마음속에 분노를 품으면 건강에도 적신호가 켜진다. 부정적인 감정은 반드시 해소해야 한다. 나쁜 감정이 몸에 쌓이면 금세 반응이 온다. 숨쉬기 힘들다거나, 목이 잠기고, 필요 이상의 지방이 쌓인다. 허리둘레가 10센티미터나 늘고 겨드랑이 아래에 대상포진이 생긴 다음에야 비로소 눈치를 채게 되는 것이다!

나는 긍정적인 에너지를 만들어서 부정적인 에너지를 없애려 노력한다. 앎에 깨어 있고, 마음속에 사랑을 간직하려 애쓴다. 깊은 호흡은 두려움을 없애고, 바른 판단을 도우며, 집중할 기회를 준다. 독소를 제거하는 마사지나 사우나, 에너지 치유법도 쓸모가 있다. 나도 화가 나거나 두려울 때가 있다. 그래도 나와 남을 해쳐서는 안 된다는 걸 잘 안다. 오래전부터 들었던 말이 있다.

"컵에 계속 물을 부으면 결국 먼지는 컵 밖으로 빠져나간다."

긍정적인 생각을 삶에 쏟아부어라. 긍정적인 행동을 멈추지 말아라. 사랑은 우리가 지닌 가장 긍정적인 에너지이며, 부정적인 에너지를 없애는 최고의 명약이다. 나는 쉼 없이 사랑을 보낸다. 마음의 힘은 나와 이 세상을 치유한다. 부정적인 에너지를 물리치려면 그것의 존재를 인정해야 하는데, 마음의 힘까지 부정하는 사람들이 여전히 많다. 지구상에 테러와 전쟁이 벌어지는 이유다. 아직도 우리는 에너지장에 대해 제대로 깨닫지 못한 상태다. 세계는 에너지장의 집합체이며, 모든 변화는 우리에게서 비롯된다. 이런 노래가 있다.

"땅 위에는 평화가, 내 마음에는 평온이 머물게 하자."

5천 명이 한자리에 모여서 내일 전쟁이 끝나게 해달라고 빌어도 그런 일은 절대 일어나지 않는다. 하지만 죽는 사람이 만 명이 아니라 열 명이 될 수는 있다.

우리에겐 크고 작은 방법으로 선을 불러일으킬 힘이 있다. 거리를 걷다가 누군가와 마주치면 미소를 지어보자. 내가 미소를 건네면 그 사람도 다음 사람에게 좋은 에너지를 보낼 것이다. 그러면 얼마 지나지 않아 도시의 모든 사람이 서로를 바라보며 미소짓고 있을 것이다.

Part 2

최고의 에너지를
끌어당겨라

심장을
두드리는
성에너지를
키우는법

어떤 문화권에서든 성에 관한 주제는 매우 민감하게 다루어진다. 때론 성이 억압의 대상이 되기도 한다. 하지만 에너지의 관점에서 바라볼 때 성은 매우 자연스럽고 본능적인 것이다. 우리 몸에는 에너지가 모이는 중요한 세 곳이 있다. 바로 정수리, 심장, 생식기다. 정수리에 모이는 에너지는 직관과 영혼에 연결되고, 심장은 감정 에너지가 모여드는 곳이다. 자신감과 매력의 근원인 성 에너지는 생식기 부근에 자리 잡는다. 이런 에너지는 흐르고 섞이면서 더 큰 힘을 낸다. 몸속의 에너지가 막힘없이 흐를 때 활력이 넘치며 건강한 삶을 누릴 수 있다.

성 에너지는 사람에 따라 다른 모습으로 나타난다. 어떤 사람은 비밀을 간직한 신비로움으로, 또 어떤 사람은 다듬어지지 않은 순수함으로 자신의 성 에너지를 내뿜는다. 자신의 에너지가 어떤 모습이고,

타인이 뿜어내는 어떤 에너지에 끌리는지 아는 것은 중요하다. 편안하면서도 만족스러운 성생활의 바탕이 되기 때문이다.

성 에너지에 대해 무관심한 이들이 많다. 육아에 지쳐서, 열정이 식어서, 너무 오래 혼자 지내서, 연인에게 받은 충격으로, 감정적인 위축 탓에 사람들은 점점 메말라간다. 혹은 육체적인 사랑에 한정 지어서 성 에너지를 바라보기도 한다. 하지만 성 에너지는 한 송이 장미꽃처럼 다채로운 모습을 하고 있다. 육체적인 사랑은 그 가운데 꽃잎 하나에 해당한다. 삶과 영혼을 이어주고, 자신을 발견하는 통로가 되어주는 성 에너지는 스스로를 사랑하는 마음을 바탕으로 한다. 열린 마음으로 성 에너지를 대하는 사람들은 억눌린 이들보다 훨씬 더 매력적이다. 자신을 소중하게 여기는 마음이 타인에게 전달되기 때문이다. 생명력은 무지개와 같다. 다양한 에너지가 자신의 빛깔로 반짝일 때 비로소 완성된다. 성 에너지도 그 빛깔 가운데 하나다. 내가 간직한 성 에너지를 아름답게 물들일 방법을 찾아보자.

당신의 열정을 되살려라

마음이 통하는 이성과 함께할 때 성 에너지를 키울 수 있다고 다들 믿는다. 나도 그랬다. 그날이 오기 전까지 말이다.

에너지 치유법 연구를 시작할 무렵, 나는 바닷가 도시에서 열린 워크숍에 참가했다. 명상과 단식으로 에너지를 정화하며 아름다운 해변을 걷고 있을 때였다. 얇은 옷 사이로 부드러운 바람이 느껴졌다. 촉촉한 공기가 피부를 어루만졌고, 휘날리는 플루메리아 잎사귀가 나를 한껏 매료시켰다. 그때였다. 온몸에 황홀감이 밀려왔다. 나는 한동안 나무에 기대서서 그 느낌을 음미했다. 자연이 내게 선물해준 이 놀라운 경험은 성 에너지를 바라보는 나의 관점을 송두리째 바꿔 놓았다. 혼자서도 온전히 열정을 되살릴 수 있다는 걸 알게 된 것이다.

우리는 모두 스스로의 열정에 불을 붙일 능력을 갖고 있다. 간단한 몇 가지 훈련만으로도 충분하다. 온몸을 감싸는 따스하고 기분 좋은 에너지를 느껴보자.

· 에너지 시크릿 ·

잠들어있던 본능을 깨우려면

이 훈련은 오롯이 혼자만의 시간이 필요하다. 조용한 장소를 골라 깊게 호흡하며 긴장을 푼다. 그러면서 성 에너지를 떠올릴 때 느껴지는 두려움과 수치심을 내보낸다. 생각은 하지 말고, 생식기 주변에 정신을 집중한다. 보통은 이 지점에서 10센티미터 이상 바깥쪽으로 에너지가 발산된다. 처음에 아무것도 느껴지지 않더라도 실망하지 말자. 꾸준히 하다 보면 조금씩 에너지가 감지될 것이다.

촉각 깨우기

이 방법을 사용하면 피부의 감각을 깨울 수 있다. 싱싱한 꽃 한 송이나 부드러운 깃털을 준비하자. 그런 다음 몸 전체를 부드럽게 쓰다듬어 본다. 정수리나 심장, 생식기 부근처럼 에너지가 모이는 지점을 둥글게 쓰다듬으면 미세한 변화가 느껴질 것이다.

미각 깨우기

입맛을 돋우는 몇 가지 재료로 둔감해진 미각을 되찾아보자. 향긋한 음식이나 허브, 향신료를 두세 가지 골라 접시에 늘어놓는다. 나는 파파야, 페퍼민트, 꿀을 좋아한다. 청포도 한 알, 리코타 치즈, 부드러운 빵 한 조각도 상관없다. 가만히 눈을 감고 골라놓은 음식을 한 가지씩 맛보자. 정성스레 음미하며 몸 전체로 퍼지는 에너지를 느껴보자.

후각 깨우기

다른 감각과 마찬가지로 후각도 성 에너지를 깨우는 데 중요한 역할을 한다. 싱싱한 과일이나 숲의 향기, 향수나 오일의 냄새 어느 것이든 상관없다. 편안하고 기분 좋은 느낌이 드는 냄새를 골라 보자. 눈을 감으면 후각에 대한 민감도가 높아진다.

자연의 에너지 느끼기

숲속을 가로지르는 바람, 비가 온 뒤 떠오르는 무지개, 저녁 무렵 하늘을 물들이는 노을처럼 나를 황홀하게 만드는 광경을 상상하며 그 안에서 에너지를 느껴보자. 마음에 드는 장소에 가서 눈을 감고 그곳의 에너지를 흡수해도 좋다. 몸 구석구석에 스며드는 자연의 에너지가 잠들어있던 성 에너지를 깨울 것이다.

장애물을 없애라

과거의 아픈 경험은 우리를 둘러싼 에너지에 깊은 상처를 남긴다. 내 환자였던 킴은 결혼 전에 남편이 준 상처 탓에 괴로워하고 있었다. 그녀와 남편 데이비드는 학생 시절에 만나서 서로를 깊이 사랑했다. 얼마 뒤 약혼을 했는데 사건이 생겼다. 데이비드가 바람을 피운 것이다. 그녀는 마음 깊이 상처를 입었고, 결국 헤어졌다. 1년 뒤 그들은 다시 만났다. 그리고 그녀가 임신을 했다. 감정이 미처 정리되기도 전에 두 사람은 결혼을 하게 되었다.

"그다음부터였어요. 데이비드가 나를 만져도 아무 느낌을 받지 못한 게요."

과거의 잘못을 뉘우치며 데이비드는 무척 좋은 남편이 되어주었지만, 그녀의 고민은 깊어만 갔다. 나는 그녀 안에 고여 있던 죽은 감정을 내보내도록 도왔다. 호흡을 통해 상처를 치유하며 그녀는 울음을 터트렸다. 아주 천천히 진행된 과정이었지만, 그녀는 조금씩 감각을 되찾았다. 그 과정에서 어린 시절의 상처도 드러났다. 아버지로부터 받은 냉대가 그녀 마음 깊숙이 가라앉아 있었던 것이다. 데이비드는 계속 그녀를 도왔다. 킴의 마음속에서 성 에너지의 흐름을 방해하던 장애물은 마침내 사라졌다. 그녀의 용기가 결혼 생활을 제자리로 돌려놓은 것이다.

충격적인 사건이 자신을 지배하도록 내버려 두지 말자. 당신의 영혼은 소중하며 위대하다. 이 사실을 기억하며 깊이 뿌리박힌 장애물을 없애자.

"오래전 일이잖아. 잊는 게 상책이야."

"그깟 작은 일로 난리 치지 말자."

이런 말들로 자신을 속여서는 안 된다. 아무리 시간이 흘러도 치유되지 못한 상처는 고스란히 에너지에 남는다. 종이에 적거나 친구와 이야기를 나누어보자. 깊은 곳에 남아있던 고통을 덜어내면 성 에너지가 자연스럽게 흐르기 시작할 것이다.

성 에너지를 감지하라

바쁜 생활에 쫓기다 보면 성 에너지에 신경 쓰기가 쉽지 않다. 하지만 우리는 기분 좋은 성 에너지와 종종 마주친다. 달콤한 작별 키스, 애교 섞인 미소, 매력적인 내 모습 등등 말이다. 가끔은 불쾌한 에너지를 느낄 때도 있다. 추파를 던지는 이웃 사람, 버스 옆자리에서 전해오는 끈적한 눈길, 무례한 동료의 태도 같은 것이 그것이다.

환자들이 나를 찾아오면 먼저 그들의 에너지를 읽는다. 감정과 영혼, 기쁨과 상처가 에너지의 형태로 고스란히 전해온다. 어떤 사람은 과도하게 부담스러운 성 에너지를 내뿜는다. 또 어떤 사람은 말라붙고 억제된 에너지를 지니고 있다. 다른 에너지와 마찬가지로 사람들의 성 에너지를 읽어낼 수 있어야 한다. 에너지가 보내는 신호를 읽으며 긍정적인 에너지와 부정적인 에너지를 구별해 보자.

성 에너지가 보내는 긍정적인 신호
- 가슴에서 우러나오는 자연스러움
- 따스하고 편안함
- 경계를 존중함
- 안정적이고 안전함
- 활력이 넘침

성 에너지가 보내는 부정적인 신호
- 숨이 막힐 듯 답답함
- 부자연스러움
- 차갑고 오싹한 느낌
- 스멀스멀 진저리침

- 경계를 침범함
- 메마르며 불안함

　자연스럽고 친근한 성 에너지와 마주치면 그 사람이 지닌 건강함과 안정감을 느낄 수 있다. 때때로 우리는 다른 사람의 성 에너지에 민감해지는 자신의 모습을 두려워한다. 하지만 다른 사람의 성향을 파악하는 것은 인간으로서 균형을 갖추는 정상적인 과정이다.

　부정적인 성 에너지가 당신을 괴롭힌다면 적극적으로 대응책을 모색하자. 몸이 닿는 것이 불쾌한 상대라면 더 이상 만나지 않는 게 좋다. 에너지를 갉아먹는 상대에게 장단을 맞출 필요는 없다. 스스로를 믿고 자신의 성 에너지를 소중하게 여기자.

　간혹 어떤 상대에게도 안전하단 느낌을 받지 못하거나 매번 위협적인 느낌을 받을 때도 있다. 이런 경우에는 스스로에게 친밀한 관계를 막는 방해물이 없는지 되새겨 봐야 한다. 에너지에 새겨진 상처가 올바른 판단을 방해할 수 있기 때문이다.

· 에너지 시크릿 ·

한 송이 꽃처럼

일상생활 속에서 타인의 성 에너지를 읽어보자. 에너지가 보내는 긍정적인 신호와 부정적인 신호를 잘 구분하는 것이 중요하다. 나는 내 직관을 한 송이 꽃이라고 상상한다. 긍정적인 에너지를 뿜어내는 사람 앞에서는 직관이 활짝 피어나고, 부정적인 에너지가 가득한 사람 앞에서는 아무런 변화도 일어나지 않는 것이다. 상대의 느낌에 대해 스스로 질문해보아도 좋다. 지금 전해지는 성 에너지가 편안한지, 불쾌한지, 아무 느낌이 없는지 체크하고 에너지의 양도 가늠해본다. 해롭거나 경계를 침범하는 에너지가 느껴지면 일부러 무시하거나 의심하지 말고 스스로의 느낌을 믿자. 이런 훈련을 통해 자신을 지킬 수 있다.

부정적인 에너지를 물리쳐라

일상생활 속에서 마주치는 부정적인 성 에너지는 종종 우리를 불편하게 만든다. 아래 방법들을 사용하면 자신을 보호하고 안전한 일상을 찾을 수 있다.

방법 1 : 제거하기

부정적인 성 에너지가 강하게 느껴지면 얼른 그 자리를 뜨자. 핑계를 댈 것도 없다. 피하는 게 상책이다. 그래야 위험 요소를 제거할 수 있다. 집이나 직장에서 겪는 성적인 모독은 반드시 짚고 넘어가자. 물론 쉽지 않을 것이다. 하지만 꼭 필요한 일이다. 감정적으로, 혹은 육체적으로 상대가 나를 괴롭힌다면 배우자와 함께 전문가를 찾아가서 도움을 받아야 한다. 직장 상사나 동료가 보여주는 부정적인 성 에너지도 마찬가지다. 이런 부적절한 성희롱을 제거하지 않는다면 많은 에너지를 낭비하게 된다.

방법 2 : 경계 세우기

제거하기 애매한 상황이라면 그 문제를 조심스럽게 바깥으로 꺼내자. 예를 들어 친구의 남편이 지속적으로 추파를 던진다면 살짝 불러내어 이렇게 말한다.

"내가 잘못 생각하는 것일 수도 있어요. 하지만 굉장히 당황스럽네요. 만약 장난이라면 이제 그만두세요."

이때 비난하는 말투를 사용하면 역효과가 날 수 있다. 확고한 말투로 말하자. 이런 직접적인 언급은 모호했던 경계를 확실히 세우는 효과가 있다.

방법 3 : 도움 청하기

경계를 세워도 별 소용이 없다면 방어 수위를 높이자. 다른 사람에게 도움을 청하는 것이다. 친구의 남편과 나를 동시에 알고 있는 믿을 만한 사람을 구해보자. 그 사람에게 내 뜻을 정확하게 전달해 달라고 요청하자.

방법 4 : 접점 없애기

직접적인 요청으로도 상대가 부적절한 행동을 계속한다면 아예 접점을 없애도록 하자. 문제가 되는 사람과 눈도 마주치지 말고, 악수를 하거나 가볍게 껴안는 기회도 피한다. 이 방법으로 에너지의 교환을 줄일 수 있다. 또한, 호흡을 통해 부정적인 에너지를 내보낸다. 짜증이나 분노로 속을 끓이기보다는 상대를 담백하게 대하는 게 좋다. 얻어갈 에너지가 없다고 느끼면 이내 흥미를 잃어버릴 것이다.

방법 5 : 직관 깨우기

본능적으로 불편한 느낌이 들면 자신의 직관을 믿자. 내 친구 안젤라는 성가대 지휘자로, 에너지를 민감하게 알아챈다. 연습 시간이 마무리되면, 그녀는 종종 사람들을 격려하며 가벼운 포옹을 한다. 그런데 하루는 한 단원이 자신을 너무 꼭 끌어안는 느낌이 들었다. 안젤라는 그 사람이 뿜어내는 불쾌한 성 에너지를 감지하고 부드럽게 말했다.

"연습하느라 고생했어요. 하지만 이제 포옹은 하지 않는 게 좋겠어요. 마음이 편안하지 않네요."

그 사람은 금방 알아들었다. 덕분에 그 남자를 경계하느라 연습 시간 내내 에너지를 낭비할 필요가 없어졌다. 스스로를 믿고 당당하게 행동하자. 직관이 더 많은 정보를 가져다줄 것이다.

열정적으로 다가서라

성 에너지를 제대로 발전시키기 위해서는 단순한 육체관계를 넘어 가슴, 즉 감정이 함께하는 순간이 필요하다. 하지만 이런 시도를 하려고 해도 에너지 자체가 줄어들면 별 소용이 없다. 열정 자체가 사라지기 때문이다. 성 에너지를 감소시켜 친밀한 관계를 망치는 원인은 다음과 같다.

- 몸이 너무 피곤하다.
- 마음이 조급한 상태다.
- 억눌러진 분노가 존재한다.
- 열등감 탓에 상처를 입었다.
- 욕구를 좀처럼 말하지 않는다.
- 서로에게 너무 익숙해졌다.

코넬 대학 연구팀에 따르면 사랑의 지속 기간은 2년에 불과하다. 그 기간 동안만 서로에게 반하는 호르몬이 나오도록 생물학적으로 프로그램되었다는 이야기다. 하지만 이런 생화학적인 설명은 에너지에 대한 고려를 전혀 하지 않은 상태에서 나온 것이다. 성 에너지를 제대로 움직일 방법을 훈련하면 열정은 오랜 기간 지속될 수 있다. 그 방법을 알아보자.

열정 훈련법 1 : 충만한 시간대 찾기

사람마다 성 에너지가 충만해지는 시간대가 다르다. 로라와 그녀의 남편 그렉도 마찬가지였다. 퇴근하고 집에 돌아오면 두 사람 다 몹시 지친 상태였다. 그러다가 잠들 무렵이 되면 그렉은 에너지가 충만해졌다. 하지만 로라는 달랐다. 푹 자고 난 뒤 아침 무렵이 되었을 때 그녀의 성 에너지는 충만해졌다. 그 고민을 들고 두 사람이 찾아왔을 때, 나는 간단한 실험을 해 볼 것을 권했다. 에너지가 비슷해지는 시간대를 찾아보라고 조언한 것이다. 일주일에 한 번 정도는 일찍 퇴근해서 휴식을 취하고, 함께 목욕을 즐기면 좋겠다고 말했다. 두 사람은 내 말을 따라주었고, 성 에너지가 동시에 충만해지는 시간대를 찾아냈다. 바로 해 질 무렵이었다. 석양빛이 로맨틱한 순간을 만들어준 덕분에 둘 사이를 가로막은 장애물을 없애고 열정을 지속시킬 수 있었다.

· 에너지 시크릿 ·

대화와 포옹

성 에너지가 충만한 시간대가 서로 다르다는 건 매우 당연한 일이다. 이 문제에 대해 터놓고 이야기를 나누어보자. 화를 내거나 비난해서는 안 된다. 진심을 다해 대화에 임하자. 피로에 지쳐 손도 까닥하기 힘든 시간대는 언제인가? 에너지가 가득 차오르는 때는? 두 사람이 함께할 수 있는 시간대를 찾아보자. 너무 바빠서 여유가 나지 않을 때도 방법은 있다. 바로 포옹이다. 마음을 다해 서로를 꼭 안아주자. 10분이면 충분하다. 감정을 주고받는 이 순간만으로 기쁨이 한껏 차오를 수 있다.

열정 훈련법 2 : 감정 털어놓기

성적 관계에서 오가는 대화는 성 에너지의 흐름을 원활하게 만든다. 서로 주고받을 때 열정은 비로소 그 진가를 발휘한다. 배우자와 나누는 수많은 감정은 그것이 무엇이든 당연히 표현되어야 한다. 다섯 명의 자녀를 둔 케니 로긴스는 인생의 동반자인 아내 줄리아와 마법 같은 결혼 생활을 13년 동안이나 유지해왔다. 그는 인터뷰에서 자신이 그토록 긴 세월 동안 결혼을 유지할 수 있었던 비결에 대해 털어놓았다.

"성적인 관계는 언제나 오르막과 내리막이 있습니다. 처음에 누군가를 만나면 금세 불타오르지만, 몇 달이 채 지나기 전에 감정이 조금씩 식어버리게 마련이지요. 줄리아와 나는 일찌감치 그 사실을 알아채고 우리만의 방법을 찾았습니다. 자신의 감정을 숨기지 않고, 상대방에게 솔직하게 털어놓았지요. 감정을 억지로 누르면 어쩔 수 없이 장벽이 생깁니다. 시간이 지나면서 그 벽을 뚫는 게 점점 어려워지지요. 무엇이든 털어놓는 게 좋습니다. 상대의 말이나 행동 때문에 화가 난 상태가 계속되거나, 뭔가 말하지 못할 비밀을 간직하면 성적인 관계에서도 열정을 유지하기 힘들거든요."

관계를 좀먹는 부정적인 기운은 성생활을 바라보는 부부의 견해차를 해소하지 못한 채 시간이 그대로 흐르게 한다. 그로 인해 서로를 갈구하는 자연스러운 마음조차 식어버린다. 그런 근본적인 원인은 알지 못한 채 많은 부부가 이 같은 변화를 친숙함의 결과라고 미루어 짐작하며 의사소통을 포기해버린다. 그리고는 현상유지를 택하거나 불륜을 저지르는 과오를 범한다. 감정적인 장애물이 없는 새로운 연인과의 관계는 이내 열정으로 치닫게 된다. 새로운 상대는 쉽게 빠져들 수 있는 새하얀 도화지와 같기 때문이다. 나와 상담했던 내담자들 가운데도 새로운 상대만을 쫓는 이들이 있었다. 그들은 쉽게 상대에게 빠져든다. 하지만 상대가 조금이라도 진지한 감정을 요구하면, 그 순간 열정이 가라앉고 만다. 그리고 또다시 다른 상대를 찾아 나선다. 새로운 대상에 대한 이 같은 갈망은 중독으로 이어지기도 한다. 그것이 결혼 생활을 유지하지 못하고 독신으로 살아가는 원인이 될 수 있다. 지속적인 관계가 가져다주는 긍정적인 에너지를 얻지 못하게 되는 것이다. 이러한 불행을 막기 위해서는 무엇보다 지속적인 훈련이 필요하다.

마음을 열고 열정을 깨우면

성적인 관계를 단순히 육체적인 관계로만 여기는 이들이 많다. 하지만 서로가 느끼는 감정에 관해 이야기를 나누지 않으면 열정을 지속시키기 힘들다. 핵심은 감정을 어떻게 전달하느냐의 여부다. 성적으로 충분히 만족스러운 에로틱한 감정을 지속시키기 위해서는 단순한 대화로는 부족하다. 일상에서 기쁨과 슬픔을 함께하는 습관을 들이는 것이 중요하다.

1단계 : 의사소통의 시작

조심스럽게 길을 연다

처음에는 되도록 조심스럽게 이야기를 꺼내는 게 좋다. 오랫동안 제대로 된 대화를 나눠보지 못한 커플이라면 더욱 그러하다. 이런 커플에게 건네고 싶은 충고는 관계에 대한 주제를 최대한 조심스럽게 꺼내라는 것이다. 아직은 마음의 대화를 나눌 단계가 아니기 때문이다. 일단 모든 대화는 상대의 장점을 언급하는 것으로 시작하도록 하자.

"당신 오늘 참 예쁘다…."

"당신의 몸에서 풍기는 향기가 좋아…."

결코 지나치지 않게, 자연스럽고 은근한 칭찬의 말을 시간을 두고 계속하도록 하자. 이렇게 주기적으로 긍정적인 면을 표현하면 친밀함이 점차 되살아난다. 그래서 마음의 대화도 가능해진다.

소통하고 싶다는 뜻을 부드럽게 밝힌다

직접적인 의사소통의 시작은 당신의 뜻을 상대에게 밝히는 것에서 시작된다. 이때 주의할 점은 비난하거나 화내지 않는 것이다. 그저 당신의 요구를 조심스럽게 사랑으로 표현하는 것으로 충분하다. 처음부터 너무 강하게 요구해서는 안 된다. 부드럽게 접촉하며 이렇게 말해보면 효과가 있을 것이다.

"우리가 좀 더 가까워졌으면 좋겠어. 당신도, 나도 너무 바쁘니까 30분 정도만 이야기할 시간을 내보면 어떨까?"

당신이 부드럽게 뜻을 전달하면, 상대도 편안한 마음으로 대화를 시작할 수 있을 것이다.

적절한 시간과 장소를 고른다

대화가 부드럽게 오가기 위해서는 때와 장소를 잘 골라야 한다. 1주일에 한 번, 30분 정도면 충분하다. 서로에게 부담이 없는 편안한 시간을 골라본다. 그리고 방해받지 않는 조용한 장소를 찾아보자. 처음부터 심각한 이야기를 나눌 필요는 없다. 성적인 문제를 제외한 두 사람 사이의 긍정적인 면에 관해 대화를 나눠보자. 어떻게 하면 더 가까운 관계를 만들 수 있는지 의논해본다. 함께 즐길 거리를 찾고, 독특한 데

이트 계획도 세워보는 것이다. 그리고 다음번에는 두 사람이 함께하는 친밀한 시간에 관해 좋은 점을 이야기해본다. 성적인 관계를 나눌 때 느끼는 피부의 감촉, 상대가 내 머리를 만져줄 때 느껴지는 따스함 등 긍정적인 면을 찾아서 표현하는 것으로 충분하다. 이러한 과정을 통해 두 사람 사이에 좋은 에너지가 흐르게 된다. 이제 마음의 대화를 시작할 준비가 된 것이다.

2단계 : 의사소통의 발전

자신의 욕구를 부드럽게 표현한다

충분히 준비가 되었다면, 이제 좀 더 어려운 문제를 다뤄볼 차례다. 내가 아는 한 커플은 성적인 열정을 오랜 기간 잘 유지해나가고 있다. 그들은 감정적인 욕구와 성적 욕구를 정기적으로 서로에게 털어놓는다. 그들도 이러한 대화가 자칫 서로에 대한 비난으로 이어질 수 있다는 것을 안다. 그래서 두 사람의 대화가 만족스러운 결합을 위한 것임을 매번 확인한다. 문제를 나열하는 것은 아무런 도움이 되지 않는다. 대화의 목적은 문제를 제기해 장애물을 제거하려는 것임을 두 사람은 잘 알고 있다.

마음의 대화를 시작하기 전에 차분한 분위기를 만드는 게 좋다. 두 사람이 함께 조용히 호흡을 해보자. 숨을 들이쉬고 내쉬면서 가슴 에너지 한가운데에 의식을 집중한다. 마음의 대화를 나눌 때는 한 번에 한

가지 문제만 다루는 게 좋다. 자신의 생각과 감정을 말할 때는 해결방 안까지 제시하도록 노력하자.

"내가 울고 있을 때 당신이 가만히 있으면 서운한 생각이 들어. 그럴 때면 나를 살며시 안아주면 좋겠어."

"내게는 조금 더 전희가 필요해. 그 시간이 좀 더 길면 만족스러울 것 같아."

자신의 취향을 표현하는 것을 어려워할 필요는 없다. 단, 부드럽게 전 달하라. 상담을 위해 찾아온 한 남성이 의사소통의 어려움을 토로한 적이 있다. 그의 아내는 정원사인데, 성관계를 하기 전에 그가 이런 말 을 했다고 한다.

"일을 마치고 집에 돌아오면 샤워부터 하는 게 어때?"

그 말을 들은 아내는 불쾌한 표정을 지었다고 한다. 이처럼 상대의 기 분은 고려하지 않은 채 자신이 원하는 것만 표현하면 좋은 결과를 얻 기 힘들다.

불만은 쉬운 것부터 말한다

아무리 친밀한 관계도 시간이 흐르면 불만이 쌓이게 마련이다. 감정적 인 불만이나 성적인 불만에 관해 이야기를 나누기로 마음먹었다면, 쉬 운 것부터 말을 꺼내는 게 좋다. 가슴에서 우러나온 진심에는 상대가 귀를 기울이게 마련이다. 작은 불만을 먼저 이야기한 뒤 듣는 이의 반 응을 살피도록 하자. 이때 불만을 토로하는 자리가 되어서는 안 된다.

"나는 집안일에 시달려서 죽을 지경인데, 당신은 왜 손도 까닥하지 않는 거야?"

이렇게 쏘아대기보다는 다음과 같이 말을 건네자.

"당신이 가끔 설거지를 해주면 참 행복할 것 같아."

그리고 이런 방식의 말이 어떤 효과를 불러일으키는지 살펴본다. 그런 다음에는 이렇게 말해보도록 하자.

"나는 당신이 … 할 때면 힘이 들어."

"나는 당신이 … 할 때면 외로워."

"나는 당신이 … 할 때면 속이 상해."

이때 중요한 것은 감정의 균형을 지키는 것이다. 이런 말을 꺼낼 때 상대의 좋은 점을 칭찬하는 것을 잊지 않도록 하자. 첫 번째 문제가 해결되고 나면 적어도 1주일 정도의 안정기가 필요하다. 그런 다음 두 번째 문제로 넘어가는 게 좋다. 그러면서 강도를 조금씩 높여가는 것이다. 문제를 숨기는 것은 열정을 줄어들게 만드는 지름길이다. 그것이 작은 문제든 큰 문제든 말이다. 부드럽게 터놓고 이야기할 방법을 적극적으로 찾아보도록 하자.

3단계 : 즉시 나누는 대화

따로 시간을 내어 대화하기보다는 성적인 관계를 할 때 직접 욕구를 표현하는 것이 더 자연스럽게 느껴질 때도 있다. 그럴 때는 상대가 당신을 만족하게 한 점에 대해 칭찬하는 게 좋다.

"당신이 … 할 때 기분이 정말 좋아!"

그런 다음 시간을 두고 한 가지씩 이야기를 꺼낸다. 당신을 흥분시키는 방법을 차근차근 설명하는 것이다. 그 방법을 직접 보여주는 것도 좋다. 창조적인 연인은 서로에게 가르침을 전함으로써 성적인 관계를 발전시킨다. 이것이 바로 가슴으로 주고받는 대화의 선물이다.

열정 훈련법 3 : 가슴으로 성적 관계 맺기

성적 관계를 맺으면서 의식적으로 가슴 에너지를 교환하는 방법을 알게 되면 사랑으로 가득 찬 활력을 당신의 성생활에 다시금 불어넣을 수 있다. 성기에만 관심을 기울이는 것은 광속으로 움직일 수 있는 차를 타고 1단 기어로 달리는 것과 다름없다. 단순히 계산해도 하나보다는 두 개의 에너지 센터에 가속이 붙는 게 훨씬 강력하지 않은가. 즉, 심장을 중심에 둔 가슴 센터와 성기를 중심에 둔 뿌리 센터를 모두 활용하는 것이다. 이 방법을 익히면 자연스러운 배려를 넘어서 에너지를 효과적으로 증폭시킬 수 있기에 만족감이 높아진다. 사실 어려운 일은 아니다. 마음을 여는 도구로써 에로틱한 경험을 이용한다는 인식의 전환이 필요할 뿐이다. 에너지 교환을 이해하면, 성적인 관계가 더는 지루하거나 평범하게 느껴지지 않는다. 성기의 흥분만으로 열정적인 관계를 지속할 수 있다는 생각은 현실적이지 못하다. 특히 에너지의 관점에서 볼 때 그것은 거의 불가능하다. 성은 화석처럼 딱딱하게 굳어진 것이 아니다. 오히려 역동적으로 진화하는 관계다. 가슴으로 성적 관계를 맺을 수 있게 되면 황홀경이 쉽게 끝나지 않는다. 더 멋진 사실은 훈련을 하면 할수록 그런 상태가 더욱 강하게 지속된다는 점이다.

· 에너지 시크릿 ·

가슴 중심의 열정을 경험하려면

사랑하는 사람과 함께 욕실에 들어가서 기쁜 마음으로 서로의 몸을 닦아주도록 하자. 일단 전희 단계에서는 부드럽게 껴안은 채 서로의 눈을 마주 보며 사랑을 주고받는다. 가슴을 활짝 열면 두 사람 사이에서 사랑의 빛이 찬란하게 빛나는 것을 느낄 수 있다. 두 사람이 함께 호흡하면서 들숨과 날숨을 천천히 일치시킨 뒤 서로에게 집중하는 시간을 갖는다. 그런 뒤 가슴 차크라에 의식을 집중하면서 두 사람의 가슴을 마주 댄다. 만족스러운 기분을 느낄 때 고양이가 내는 소리와 흡사한 목구멍의 울림, 혹은 따스하게 떨려오는 느낌을 체험할 수 있다. 이 순간 가슴 에너지가 교류하는 것이다. 이 느낌은 성기에 밀려오는 에로틱한 기운과 자연스럽게 뒤섞인다. 긴장을 풀고 에너지가 당신을 포근하게 감싸도록 하라. 이 에너지에는 스스로 확산하는 능력이 담겨 있다.

황홀함의 강도를 높이기 위해서는 마음속에 이미지를 떠올리는 것도 도움이 된다. 자녀나 강아지 같은 따스한 느낌을 말하는 게 아니다. 이 상황에서 그런 것을 생각하면 오히려 흥분이 가라앉기도 한다. 도움이 되는 이미지를 예로 들어보면, 폭포수가 거세게 떨어지는 광경, 황홀한 느낌을 간직한 사랑의 시, 야한 영화의 한 장면 등 에로틱한 것이라면 어느 것이든 효과가 있다. 이미지와 에너지가 엮어내는 미묘한 상호작용이 열정적인 성의 세계로 당신을 이끌 것이다. 결혼한 지 30년이 되었다는 사실에 걱정할 필요는 없다. 목구멍을 타고 올라오는 에로틱한 울림을 기대해보자.

열정 훈련법 4 : 가슴과 영혼 결합하기

이제는 성적인 관계에 영적 에너지를 더해 당신의 열정에 불을 지펴볼 차례다. 철학자 알란 왓츠가 말했다.

"누군가와 사랑에 빠졌는가? 머지않아 그 사람이 신으로 보이게 될 것이다."

이것은 육체에 머물던 성적인 관계를 초월적인 것으로 한 단계 끌어올리는 깨달음이다. 그런데 여기서 짚고 넘어갈 것이 있다. '신'이라고 불리는 그 대단한 존재는 지난달 융자금 이자를 은행에 내는 것도 잊어버리고, 속옷을 벗어서 여기저기 던져두는 바로 그 사람이다. 상대를 신으로 여기는 것은 에너지를 바라보는 당신의 인식에 전적으로 달려 있다. 평범함에서 기적을 찾을 수 있을 때 비로소 가능한 깨달음인 것이다.

관계는 절대 두 사람만의 것이 아니다. 우리는 모두 신과 직접 연결된 존재다. 또한 서로에게도 긴밀하게 연결되어 있다. 성적인 행위에 영혼을 불어넣으면 하늘의 기운이 더해져 열정을 뜨겁게 지속시킬 수 있다. 그 결과 육체적 쾌락이 증폭된다. 일단은 영혼을 에너지라고 생각해보자. 그 에너지의 움직임에 주의를 기울여야 한다. 머리끝부터 발끝까지 퍼져있는 에너지 센터는 한 줄기로 모여든다. 성적인 행위를 하는 동안 영적 에너지는 정수리로 들어와서 아래쪽으로 향한다. 성 에너지는 생식기에서 올라온다. 가슴 에너지는 가운데 부분에서 시작하여 위쪽과 아래쪽으로 모두 움직인다. 이렇게 흐르는 에너지가 결합하면 완벽한 환희를 경험할 수 있다.

· 에너지 시크릿 ·

커다란 기쁨에 몸을 맡기면

아마도 당신에게는 이러한 경험이 처음일지 모르겠다. 그렇다면 기대해보아도 좋다. 일단 준비단계가 필요하다. 집중이 가능한 조용한 장소를 마련한다. 이때 휴대전화는 꺼놓도록 하자. 은은한 향기가 풍기는 아로마 향초를 준비하는 것도 좋다. 관능적인 환경은 열정을 일깨우는 중요한 요소다.

이제부터는 평소와 다른 눈으로 상대를 바라보도록 한다. 눈앞의 이 사람이 황홀경을 나눌 수 있는 가장 완벽한 상대라고 여기는 게 중요하다. 능숙한 상대의 모습을 그리며 그 사람을 둘러싼 빛을 상상해본다. 성적인 관계를 하면서 이렇게 기도하자.

'신이 주신 에너지가 내 몸을 통해 흐르도록 해주소서.'

나의 몸이 에너지가 흐르는 관이라고 상상하자. 그러면서 성적인 행위에 몸을 맡기면 긴장이 풀어지고 의식의 경계가 확장된다. 두 사람이 함께 마음을 열면서 조금씩 더 커다란 힘이 몸을 통해 흐르도록 하자. 굳이 생각할 필요는 없다. 그저 느낌에 집중하며 자신을 훑고 지나가는 에로틱한 반응에 주의를 기울이자. 커다란 환희가 등뼈와 손가락을 통해 거쳐 갈 것이다. 그 느낌은 매우 생생하며, 색깔이 보일 때도 있다. 이러한 감각과 빛을 통해 황홀경이 최고조에 다다른다. 이 새로움이 커지도록 하며 느낌에 몸을 맡긴다. 환희는 매우 긍정적인 에너지다. 그렇게 다가온 기쁨을 숨구멍 하나하나에 스며들도록 하자. 성적인 행위가 신성함으로 물드는 순간을 맞이할 수 있을 것이다.

열정 훈련법 5 : 차크라 라인 만들기

너무 피곤해서 손도 까딱하기 힘들 때가 있다. 로맨스로 무장한 완벽한 계획에 먹구름이 끼기도 한다. 이럴 때도 당신은 열정을 사수하는 전문가가 되어야 한다. 아주 짧은 순간에도 이것이 가능하다. 바로 차크라 라인을 통해서다.

몸 한가운데 있는 두 사람의 에너지 센터를 겹치면 에너지가 연결되어 차크라 라인이 형성된다. 에너지장이 모이면서 성 에너지와 가슴 에너지가 섞이는 것이다. 가장 쉽고 빠르게 차크라 라인을 만드는 방법은 포옹이다. 크게 힘들이지 않고도 즐겁게 에너지를 공유할 수 있다. 두 사람 다 너무 바빠서 성적인 관계를 위해 따로 시간을 내기 힘들다면, 그저 몇 분 동안이라도 서로를 안은 채 에로틱한 순간을 만끽하도록 하자. 에너지를 나누는 데는 그것만으로 충분하다.

압박감에 시달려 몸과 마음이 지친 사람들, 자녀 양육으로 스트레스가 쌓인 부모들에게 이 방법을 권하고 싶다. 시간이나 공간 측면에서 매우 효율적이기 때문이다. 침대, 차 안, 드레스룸 등 아이의 레이더망에 걸리지 않는 곳 어디에서든 차크라 라인을 만들 수 있다.

· 에너지 시크릿 ·

차크라 라인을 만들려면

일단 두 팔로 상대를 부드럽게 감싼다. 그러면서 관능적인 포옹 자세를 취하면 된다. 차크라 라인은 서서 만들 수도 있고, 앉거나 누워서 만들 수도 있다. 성기가 서로 닿는 상태에서 가슴과 가슴을 마주 대도록 한다. 바위 위에 자리 잡은 한 쌍의 바다표범처럼 두 사람의 몸이 하나가 될 것이다.

의식적으로 노력할 필요는 없다. 당신이 지닌 관능적인 에너지가 스스로 깨어나 힘차게 솟아오르기 때문이다. 효과는 금세 드러난다. 짧으면 1분, 길게 잡아도 5분이면 충분하다. 그 순간이 지나면, 당신은 기쁜 마음으로 세상과 마주할 수 있다. 두 눈을 반짝이며 아이들에게로, 일터로 돌아가는 자신을 발견할 것이다. 매일, 그리고 가능한 한 자주 차크라 라인을 만들도록 하자.

열정을 불러일으키는 다섯 가지 훈련법을 경험하고 나면 특별히 마음이 끌리는 것을 발견하게 될 것이다. 성적인 상처 치유의 예로 앞서 소개한 킴은 차크라 라인 만들기가 삶의 중요한 부분이 되었다고 말한다. 성감이 둔해졌다고 느낄 때면 남편의 몸 위에 엎드려 두 사람의 가슴 에너지와 성 에너지를 연결한다. 그러면 마음이 따스해지며 감각이 되살아난다고 한다.

가슴으로 성적 관계를 맺는 훈련법은 상실감에 시달리는 사람에게 효과가 크다. 어린 시절에 부모를 잃은 기억 등 정신적 상처를 지닌 사람들은 성적 관계가 가져오는 친밀감에서 오히려 두려움을 느끼기도 한다. 버림받을지도 모른다는 생각이 문득 들기 때문이다. 그러한 두려움은 성적인 관계를 피하거나, 성 기능 장애를 일으키는 원인이 되기도 한다. 이럴 때 가슴으로 성적 관계를 맺는 법을 훈련하면 상대의 자상함을 느낄 수 있어서 안정감을 얻게 된다.

자신만의 훈련법을 개발하는 것도 성 에너지를 깨우는 데 도움이 된다. 성기가 아닌 가슴이 지배하는 관계를 갖는 것이 중요하다. 성적인 관계와 가슴 에너지가 결합하면 스스로도 몰랐던 관능적인 능력이 깨어난다. 나를 흥분시키는 것은 무엇인지, 효과를 보지 못했던 방법은 무엇인지 깨달으면 성 에너지가 절정에 이르도록 이끌 수 있다.

과거와 이별하라

과거에 당신이 겪었던 일들은 에로틱한 활력을 지키는 데 중요한 역할을 한다. 성은 강력한 힘을 지닌 연결고리다. 과거의 관계를 마무리 짓는 것만으로도 우리는 현재의 삶에서 더 많은 에너지를 얻을 수 있다. 지그문트 프로이트는 말했다.

"행복한 것이든 불행한 것이든 간에, 우리는 과거에 맺은 모든 관계를 지닌 채 살아간다."

가까운 사람과 나눈 경험은 잠재의식뿐만 아니라 에너지장에도 남는다. 이것이 좋은 일일 수도, 그렇지 않을 수도 있다. 우리를 둘러싼 사랑은 많을수록 좋지만, 어두운 관계가 남긴 그림자는 불행을 가져온다. 그림자를 털어내고 실망과 좌절에서 벗어나려면 과거와의 연결고리를 단호하게 끊어내야 한다. 감정뿐만 아니라 에너지의 측면에서도 완전한 이별을 해야 한다는 말이다. 분노, 아픔, 슬픔이 가슴에 머물도록 해서는 안 된다. 그런 감정이 마음속에 일렁이면 배출할 방법을 찾아야 한다. 일기장에 휘갈기든 대화로 해소하든 말이다. 그런 다음 두려움을 없애기 위해 꾸준히 노력하자. 포지티브 에너지 프로그램이 제시하는 여러 전략을 이용해도 좋다.

평온한 상태일 때 이런 상상을 해보자. 내 마음과 과거의 상대를 묶고 있는 에너지의 끈을 마음속으로 그려보는 것이다. 그런 다음 가위를 떠올려 그 끈을 조심스럽게 끊어버려라. 이때 이별을 온전하게 받아들이도록 자신을 내버려 두는 게 좋다. 고통스러울 수 있다. 그래도 그 방법이 자신을 자유롭게 만드는 길이다.

과거를 잊는 건 쉽지 않다. 에너지 영역에서는 가볍게 스치고 고스란히 잊을 수 있는 성적 관계란 존재하지 않는다고 경고한다. 몸이 한 번 닿는 것만으로도 상대의 기운은 고스란히 당신에게 전해진다. 그러니 성적 관계의 영향력을 감히 상상할 수 있을 것이다. 상대와 성적인 관계를 갖는 동안 수많은 기운이 당신에게 전달된다. 사랑하는 사람과 함께라면 비록 하룻밤의 정사라도 두 사람의 에너지장이 포개진다. 남은 에너지가 아무리 희미해도, 그 흔적은 당신을 바꿔 놓는다. 그러니 누군가와 함께할 때는 장차 무엇을 잃고 무엇을 얻게 될지 현명한 판단을 해야 한다.

존중과 사랑으로 이어져 있다면, 에너지가 그 관계를 지속시키는 힘을 발휘한다. 그런 에너지장은 매우 심오해서, 두 사람이 헤어져도 계속 이어지는 경우가 많다. 누군가가 여전히 당신을 사랑한다면, 그 에너지는 절대 사라지지 않는다. 당신의 인생이 생각지 못한 방향으로 흐를 수도 있고, 상황이 달라질 수도 있다. 하지만 당신에게 이어진 사랑의 에너지는 일생 동안 당신을 지키는 빛이 되어줄 것이다.

에너지가 약동하는 에로틱한 성생활이 당신 곁에 머물기 원한다면, 언제나 가슴 에너지를 최우선에 두도록 하자. 그러면 혹여 나쁜 일이 생겨도 곧 이겨낼 수 있다. 가슴을 믿는 것은 대범하고 활기찬 태도다. 다른 에너지와 마찬가지로 성 에너지 또한 사랑이 존재할 때 가장 맑고 깨끗하다. 이 놀라운 에너지를 조금씩 다듬어나간다면, 당신도 한 차원 높은 곳에 도달할 수 있다.

에너지를 깨우는 시간

편안한 시간을 골라보자. 홀로, 또는 상대와 함께 에로틱한 기분을 느껴보자. 기대도, 생각도 하지 말자. 그저 당신을 관능적으로 만드는 일에 몸을 맡기자. 그게 무엇이든 상관없다. 향이 좋은 오일을 온몸에 바르거나, 부드러운 침구 위를 알몸으로 굴러보자. 배꼽에 반짝이는 액세서리를 달아보아도 좋다. 중요한 건, 무엇을 선택하든 무조건 즐기라는 것이다!

이브 엔슬러의 인생을 바꾼 성 에너지

이브 엔슬러는 오비상 수상작이기도 한 연극 '버자이너 모놀로그'의 원작자다. 긴 시간 여성을 대상으로 행해지는 폭력을 물리치는 데 앞장서 왔다. 전 세계적인 여성 대상 폭력 추방 운동 'V 데이'의 창설자이기도 하다.

나는 인간이 받은 가장 위대한 선물이 성이라고 생각한다. 성적 에너지는 창의력과 사랑, 야망과 욕구, 인생 등 다방면의 기초가 되어준다. 성을 은밀하며 나쁜 것으로 취급하는 이유는 그것이 지닌 힘이 너무나 강력하기 때문이다. 세상 사람들은 성을 억누르고, 통제하고, 판단하는 데 익숙하다. 그 안에서 기뻐하며 자신을 맡기면 충분한데 말이다.

나는 있는 그대로의 나를 온전하게 느낄 때 스스로를 섹시하게 여긴다. 동시에 내 몸에서 일어나는 일을 두려워하지 않는 것도 거기에 포함된다. 육체적인 완벽함을 가리키는 게 아니다. 나를 흥분하게 만드는 것은 위대한 감정을 지닌 채 영혼을 또렷하게 보여주는 감각이다. 그것이 바로 성적인 카리스마이며 직관이 감지하는 긍정적인 에너지다. 그런 기운은 때때로 사람을 자석처럼 끌어당긴다. 그것은 예외 없이 따스하며 뜨거워서 누구나 그 안에 머물며 몸을 녹이고 싶게 만든다.

나의 훌륭한 친구이자 후원자인 제인 폰다는 지금까지 만난 이들 가운데 가장 섹시하다. 온전하게 '지금 이 순간'을 사는 법을 알기 때문이다. 어떤 일을 할 때 그녀의 모든 관심은 자신이 하는 일에 집중된다. 그녀는 대화를 나누며 종종 눈물을 흘리는데, 이것은 자신의 감정을 있는 그대로 드러내는 그녀만의 표현 방식이다. 나는 한 가지 일에 자신을 온전하게 던지는 남자를 볼 때도 섹시함을 느낀다. 소방관, 카메라맨, 그리고 불의에 대항하는 사람들 말이다. 멋진 겉모습에 모든 에너지를 소모하는 남자들이나 근육질 몸매에 집착하는 남자들보다는 슬며시 배가 나온 인간적인 모습이 좋다. 불의에 맞서고 진실을 위해 투쟁했던 넬슨 만델라가 그래서 무척이나 매력적으로 느껴진다.

사람들은 종종 겉모습에 집착한다. 늘씬한 여자에게 몰두하는 남자들처럼 말이다. 하지만 겉모습은 극히 일부분이며, 그렇게 믿도록 세뇌된 미숙한 성의 단면일 뿐이다. 눈에 보이는 것은 첫 단계에 불과하다. 당신이 정말로 어떤 사람의 에너지와 접촉(피부와 냄새가 매우 중요한 역할을 한다)에 빠져들면, 생김새는 아무런 영향을 미치지 못한다.

진정한 섹시함은 자신의 몸을 아름다우며 강하다고 여길 때 피어난다. 케냐에 처음으로 여성보호소를 열었던 그 아름다운 날이 떠오른다. 불타오르는 아프리카의 태양 아래 붉은 옷을 입은 마사이족 소녀

수백 명이 입을 모아 노래를 불렀다. 우리는 승리했고, 하나가 되었다. 온전히 우리의 힘으로 어둠을 쫓아버린 것이다. 그 순간 나는 말했다.

"이보다 더 섹시한 일은 없을 거야!"

그렇다면 섹시하지 않다는 것은 무엇일까? 그건 바로 부정적인 에너지다. 있는 그대로의 내가 아닌 다른 존재가 되어야 한다고 강요받거나, 안전한 느낌이 들지 않는 누군가를 위해 뭔가를 해야 할 때 그런 에너지가 흐른다. 젊었을 때 나는 거친 남성에게 매력을 느꼈다. 남을 지배하거나 괴롭히는 그런 사람들 말이다. 당시만 해도 나는 그릇된 환상을 갖고 있었다. 그런 일그러진 행동을 내가 고쳐줄 수 있을 거라 믿었다. 하지만 이제는 그런 행동에 전혀 끌리지 않는다. 그저 연민과 슬픔을 느낄 뿐이다. 안타깝게도 거친 남성들의 부정적인 에너지는 지금까지도 많은 여성을 억압하고 있다. 그 결과 여성은 성적 표현에 있어 지나치게 많은 검열과 간섭에 여전히 시달리고 있다.

내 삶에 있어 가장 황홀한 경험을 꼽으라면 '버자이너 모놀로그'로 전 세계 순회공연을 한 것이다. 성인 여성과 어린 소녀가 겪는 폭력을 막고 여성의 성을 밝은 곳으로 꺼내기 위해 시작된 'V 데이' 운동의 하나로 시작한 것이 바로 연극 '버자이너 모놀로그'였다. 마케도니

아에서 필리핀에 이르기까지, 나는 그 공연과 함께 수많은 나라를 방문했다. 놀랍게도 한해에 수백 회가 넘는 버자이너 모놀로그 공연이 전 세계에서 열린다. 어떤 언어로 공연이 열리든, 이 연극을 보는 사람은 막혀 있던 에너지가 해방되는 고양감을 느낀다. '버자이너'는 여성의 생식기인 '질'을 뜻하는 단어다. 여성으로서 우리가 품고 있는 욕구, 두려움, 고통, 경험을 바깥으로 꺼내어 있는 그대로의 자신을 찾고, 수치심을 털어낼 수 있다.

이 연극이 엄청난 반향을 불러일으킨 이유는 지금껏 그 주제가 음지에 머물러 있었기 때문이다. 마땅히 다루어져야 했지만, 한 번도 바깥으로 나온 적이 없었다. 이 연극을 보러오는 사람들은 처음엔 긴장과 두려움을 느낀다. 하지만 남성이든 여성이든 질에 관해 흥미를 지닌 것은 사실이다. 다만 드러내지 않을 뿐이다. 여성들은 질을 소유한 존재로서 이 연극에 관심을 기울이고, 남성들은 질에 관한 이야기가 바깥으로 나왔다는 것에 흥미를 보인다. 그리고 마침내 연극이 끝나면 객석에 거대한 에너지의 변화가 감지된다. 열린 마음이 주는 행복하고 유쾌한 느낌 말이다.

이 연극은 다른 방면에서도 화제를 낳았다. 연극을 보고 심장마비를 일으킨 사람이 셋, 기절한 사람이 열다섯 명이다. 어린 시절 학대받았던 기억이 되살아나 정신을 잃었던 남성도 있었다. 억눌렀던 고통이 터져 나온 것이다. 비록 쓰러졌지만, 그의 몸과 마음은 치유의 에너지로 물들기 시작했다. 우리 몸의 현명함이 긍정적인 에너지를 움직인 것이다.

얼마 전에 나는 놀라운 꿈을 꾸었다. 끝모르게 치솟은 거대한 벽이 내 앞을 가로막고 있었다. 그 벽을 뚫겠다고 말하자, 주위에 서 있던 사람들은 불가능한 일이라며 나를 설득했다. 하지만 나는 말했다.

"할 수 있어!"

돌이켜보니, 그 말은 내가 지닌 고유한 에너지에 대한 믿음이었다. 비록 단단해 보이지만, 벽 또한 에너지의 덩어리에 불과하다. 오랜 세월 동안 나는 벽을 뚫으며 전진했다. 당신 또한 벽이 지닌 에너지를 자신의 것으로 만들 수 있다. 성을 소중히 여기고 집중하도록 하자. 그러면 벽을 뚫을 지혜가 당신에게 다가온다. 우리 안에는 건드려보지도 못한 성 에너지가 가득하다. 그 에너지를 꺼낼 수 있다면 우리의 존재는 머지않아 크게 꽃을 피울 것이다.

창조적인
에너지에
몸을
맡기는 법

창조성은 모든 에너지의 근원이다. 또한 우리를 생기 있게 만드는 활력소이며 고갈된 에너지의 충전원이다. 우리 안에 자리 잡은 창조성을 일깨울 수 있다면, 에너지는 자연스럽게 그 모습을 드러낸다. 예술가들만이 이런 능력을 지닌 것은 아니다. 생명력과 더불어 위대한 영적 흐름이 잠재된 에너지를 끌어낸다. 창조성은 통제력과는 다르다. 자연스러운 흐름 안에서 피어나는 숭고한 감정이다. 고정된 생각의 틀에서 벗어날 때 비로소 창조성을 일깨울 수 있다. 누군가의 말에 자신을 맞추지 말고, 당신이 마음 깊이 원하는 일에 열정을 바쳐라.

"내 안에 있던 창조성은 이미 사라졌어."

이런 생각이 당신을 지배하고 있을 수도 있다. 하지만 열정은 죽지 않는다. 언제든 되찾을 수 있다. 대단한 소설을 쓰든, 벽돌을 차근차근 쌓아 올리든, 샐러드 위에 장미 꽃잎을 뿌리든, 충동의 흐름을 따르며 즐겁게 생활하면 에너지는 금세 모습을 드러낸다.

나는 따분한 삶은 죽음보다 못하다고 생각한다. 사람들의 말과 행동을 살피면, 내게 창조의 기운이 미묘하게 느껴진다. 세포 연구에서부터 색칠하기에 이르기까지, 특정한 활동에 필요한 창조적인 능력이 무엇인지 살피고, 그것을 확장하게 만드는 것이 나의 사명이라고 지금껏 믿고 있다. 나는 종종 사람들에게 말한다. 평범함에 머물지 말라고. 그렇게 살기에는 인생이 너무 짧다. 내가 만나는 모든 사람이 생기있는 삶을 살았으면, 자신을 옥죄는 고정관념에서 벗어났으면 하고 항상 바란다. 광고계에서 일하는 한 사람이 내게 말했다.

"이 일이 내 에너지를 몽땅 빼앗아요. 이런 일을 하는 게 지겨워요."

그때 나는 그녀 안에서 빛나는 색다른 창조성을 느꼈다. 그래서 몇 가지 조언을 해주었다. 그녀는 곧바로 광고 일을 그만두었다. 현재 그녀는 애완동물 센터를 운영하며 활기찬 시간을 보내고 있다. 그곳에 머무는 운 좋은 강아지들은 온종일 그녀의 사랑을 받는다. 매사에 규칙을 강조하던 전직 육군 대령이 떠오른다. 그는 단호하게 말했다.

"나는 절대 창조적인 사람이 아닙니다. 그런 일을 한 번도 해본 적이 없고, 앞으로도 그럴 겁니다."

하지만 나는 그 말을 믿지 않았다. 몇 년이 지난 뒤, 그는 놀랍게도 열정적인 정원사가 되어있었다. 당신 또한 마찬가지다. 마음속에 숨어 있는 창조 에너지가 당신이 찾아주길 기다리고 있다.

포지티브 에너지 프로그램에서는 더욱 광범위하게 창조성을 정의한다. 이 모든 것이 에너지의 흐름을 바탕에 두고 있다.

"창조성이란 감성과 지성이 뒤섞인 직관적인 리듬에 마음을 열고 다가서는 것이다."

이 말을 기억하자. 창조성은 우리가 어떤 행동을 하려 할 때 내적인 감정 흐름을 깨우는 역할을 한다. 그럴듯한 겉모습에 마음을 빼앗기지 않도록 내면에 잠자는 영감을 일깨우는 것이다. 우리 모두의 내면에는 높은 수준의 영적인 본능이 자리하고 있다. 창조성은 이 본능에 귀 기울이게 만든다. 좋은 에너지를 흐르게 만드는 원동력이 되어주는 것이다. 한곳에 모이는 성이나 영성과 달리 창조성은 출발점이 될 만한 에너지 센터가 없다. 그 대신 우리 몸 안을 자유롭게 흐르며 감정 에너지를 포함한 모든 차크라의 에너지를 되살린다. 하지만 이렇게 자유로운 창조성도 직관의 영향력을 무시하지 못한다. 창조성과 직관은 모두 흐름 속에서 고유의 힘을 발휘하는데, 밀접하게 연관되어 서로를 북돋우는 역할을 한다. 이성만으로는 발견할 수 없는 재기발랄함을 발현하게 하는 것이다.

창조적인 에너지는 우울증 치료에도 도움이 된다. 40세가 되었을 때 나는 진심으로 아이를 갖고 싶었다. 하지만 그토록 찾아 헤매던 로맨틱한 관계는 내게 찾아오지 않았다. 가질 수 없는 것에 대한 갈망은 나를 비탄에 빠트렸고, 그 깊디깊은 슬픔의 구덩이에서 나는 도무지 빠져나올 수 없었다. 그때 내가 시작한 것이 글쓰기였다. 창조적인 에너지가 내 안에서 움직이기 시작한 것이다. 종이 위에 무엇이든 끄적이기 시작했고, 매주 글쓰기 모임에도 나갔다. 그러자 거짓말처럼 에너지가 솟아났고, 직관의 소리가 귀에서 들려왔다. 글을 쓰며 조금씩 영혼에 다가서자 벗어나기 힘들었던 욕망이 사라졌고, 그때까지 알지 못했던 새로운 감정이 고개를 들었다. 뒤이어 임신에 대한 갈망은 깨끗이 사라졌다.

삶은 팔딱이며 뛰어오르는 물고기다. 끊임없이 움직이며 매우 유연하다. 그래서 하나의 에너지가 다른 에너지로 바뀔 수 있다. 창조성을 탈출구로만 취급하는 것은 잘못된 생각이다. 부정적인 관점을 긍정적인 것으로 변화시키는 힘이 창조성이기 때문이다. 우리 마음은 종종 최악의 시나리오나 깊은 실망감에 빠져들곤 한다. 하지만 창조성을 발휘하면 그런 감정을 넘어서는 위대한 에너지를 느낄 수 있다. 창조의 에너지는 통제와 억압이 아닌, 따스하며 황홀하고 자유로운 흐름이다. 내면의 쓰라림을 어루만지는 진통제인 것이다. 글을 쓰거나 그림을 그리면 기분이 좋아지고, 나아갈 길이 또렷하게 보이는 것도 바로 이런 이유에서다.

창조적인 에너지는 상처를 치유하며, 우리 내면의 텅 빈 공간에 적극적으로 스며든다. 이 에너지가 당신의 욕망을 채워주지는 않는다. 사랑하는 사람, 아기의 탄생, 억만큼의 돈 같은 것 말이다. 하지만 공허한 내면을 따스한 보금자리로 만들어내는 능력을 지니고 있다. 창조성은 당신의 고향이다. 그 에너지 안에서 당신은 고통을 털어내고 온전한 자신을 발견할 수 있다. 잠재된 능력을 깨우고, 내면에 숨은 생기를 되살리는 것이다. 창조적인 에너지를 일깨우려면 진실해야 한다. 내가 지닌 호기심과 열정을 솔직히 드러내고, 내게 없는 특성을 인정할 수 있어야 한다는 말이다. '그런 척' '아닌 척' 하는 것으로는 창조성을 느낄 수 없다. 나를 움직이게 하는 것이 무엇인지 깨닫고, 망설임 없이 따르자.

창조 에너지가 언제나 강렬하게 다가오는 것은 아니다. 때론 약하게 느껴질 수도 있다. 간지러운 느낌, 긴장이 풀리는 느낌, 완벽한 몰입, 흥분되는 기분, 순수한 기쁨, 한없이 아래로 떨어지는 느낌으로 당신에게 다가갈 것이다. 창조성을 제대로 발휘하려면 훈련이 필요하다. 하지만 그것을 위해 자신을 억지로 변화시키거나 다른 사람에게 맞출 필요는 없다.

창조성은 다음 역할을 통해 에너지를 자유롭게 만든다.

- 나의 자아를 기쁨의 감정과 연결해준다.
- 정체된 생명력을 활기차게 만든다.
- 건강을 선사하고 불안한 마음을 치유한다.
- 몸과 마음을 쉬게 해준다.
- 쌓인 피로를 해소한다.
- 반복적이고 단조로운 삶에서 벗어나게 한다.

포지티브 에너지 프로그램을 통해 내면을 경건하게 탐색하면 자신의 마음속에 숨어 있던 창조성을 찾아낼 수 있다. 이때 주의할 것은 그런 탐색을 습관이나 의무로 생각해서는 안 된다는 것이다. 그런 생각은 오히려 생명력을 짓누를 수 있다. 지금부터는 짧은 시간 동안 누리는 창조적인 휴식이 당신의 삶을 어떻게 바꾸는지 보여줄 것이다. 몸과 마음에 이 처방을 받아들여 쉼을 누리도록 하라. 습관이 되었던 무감각이 어느새 생생한 활력으로 바뀔 것이다. 창조적인 행동은 그게 어느 것이든 모두 소중하다. 조용하든, 극적이든 마음이 반응하는 모든 활동은 삶을 환하게 밝히는 횃불이 되어준다.

창조적인 에너지는 다양한 모습을 지니고 있다. 그것은 예술에만 한정되지 않는다. 정치학, 생물학, 요리하기, 나무 오르기 등 당신이 관심을 기울이는 모든 것에 창조성이 깃들어 있다. 창조적 에너지는 문제를 해결하고 영혼에 다가서는 길을 열어준다. 확신의 노래가 귓가에 들려올 때까지, 자신의 존재를 탐구하도록 하자.

잊었던 자아를 떠올려라

자신이 잊고 있던 창조적인 자아를 기억해내는 일은 열망에서 시작된다. 네 살짜리 토미에게 그 일은 순식간에 벌어졌다. 어느 깊은 밤, 토미는 두 눈을 반짝이며 부모의 침실로 뛰어갔다. 앞머리가 삐친 모습으로, 문 앞에 서서 그 아이가 힘차게 말했다.

"화가가 될 거예요!"

그 소리에 토미의 부모는 잠에서 깨어났다. 아들이 여태껏 그런 말을 한반도 한 적이 없었기에 당황할 수밖에 없었다. 하지만 그 어린 예언자는 야구팀 로고가 새겨진 잠옷을 입은 채 기쁨이 가득한 모습으로 팔짝팔짝 뛰고 있었다. 토미의 얼굴은 확신으로 환히 빛났다. 부모는 새어 나오는 웃음을 참은 채 아들을 꼭 안아주며 말했다.

"맞아, 너는 꼭 멋진 화가가 될 거야!"

갑작스러웠지만, 토미는 확신에 차 있었다. 하지만 대부분의 사람은 자신의 열정을 제대로 알지 못한다. 그것을 깨닫는 건 쉬운 일이 아니기 때문이다.

예일대학을 졸업한 에탄은 앞날이 창창한 의사였다. 그는 아주 오랫동안 내면의 목소리에 귀를 기울이지 않았다. 그러다가 마침내 에너지가 고갈되었고, 에너지 워크숍에 참석해서 나를 만났다.

"내가 받은 교육은 좌뇌를 키우는 데만 치우쳐 있었어요. 그동안 이상한 세상에 갇혀 있는 느낌이었어요. 이제는 진짜 내 존재를 찾고 싶어요. 그 느낌이 너무 그리워요."

그는 어린 시절에 되풀이해서 꾸던 꿈을 어렴풋이 떠올렸다. 아이러니하게도 그는 그 꿈을 꿀 때 자신이 살아있다는 느낌을 받았다고 했다.

"인도의 한 가난한 마을이 꿈속에 보였어요. 누런 옷을 입은 승려들이 명상하는 방법을 내게 가르쳐주었어요. 나는 제자였고, 그들은 스승이었지요. 그분들은 나를 잘 이해했고, 우리는 매우 가까운 관계였어요. 꿈속에서 본 모든 것은 매우 자연스러웠지요. 그 꿈에서 깨어나면 살아갈 힘을 얻곤 했어요."

그의 꿈 이야기를 듣고 나는 머리끝부터 발끝까지 소름이 돋았다. 에탄의 꿈은 아이들이 꾸는 일반적인 것들과 차원이 달랐다. 다행스럽게도 신비주의에 관심을 깊었던 그의 어머니는 아들의 꿈 이야기를 무시하지 않았고, 그것이 영적인 안내라고 여겼다. 하지만 그는 자신의 꿈을 남들에게 한 번도 말하지 않았다. 시간은 흘렀고, 그의 꿈은 점점 의식에서 사라져갔다. 쉴 틈 없는 대학 시절을 거치며 창조성은 점점 희미해졌다. 의사가 된 뒤, 그는 10년 동안 질병 연구에 몰두했다. 그러던 어느 날, 내면에서 뭔가를 떠올리고 싶다는 열망이 솟아올랐다.

그가 이야기를 마쳤을 때 나는 분명하게 알 수 있었다. 에탄이 무엇부터 훈련해야 하는지. 그에게 꿈은 마르지 않은 에너지의 샘이었다. 맞다. 꿈이 창조성의 원천임은 부인할 수 없는 사실이다. 우리는 살면서 5만 시간 이상을 잠자며 보낸다. 창조성의 놀라운 보물 창고가 우리 곁에 있는 것이다.

나는 그의 생명력이 군데군데 끊어져 있음을 알아챘다. 과도한 업무가 그의 몸과 마음을 지치게 만든 것도 사실이다. 하지만 에너지 측면에서 더 큰 문제가 엿보였다. 그의 에너지에는 어두운 그늘이 이미 드리워져 있었다. 다행스럽게도 흐릿한 눈동자 속에 희미하게나마 빛이 보였다. 정체된 창조성을 되살리기 위해 한 가지 훈련법을 알려주었다. 꿈을 기억해보라고 말한 것이다. 그에게 알려준 방법은 다음과 같다.

첫째, 노트 한 권을 준비한다. 둘째, 잠들기 전에 한 가지 질문을 적는다. 셋째, 아침에 깨자마자 지난밤의 꿈을 기록한다. 그런 뒤 적어 놓은 질문에 답해본다. 이 방법을 쓰면 과거와 현재의 꿈이 순환하기 시작한다. 창조성을 되돌리는 건 결코 쉬운 일이 아니다. 에탄은 이 작업에 열의를 갖고 매달렸다. 하지만 종종 구역질과 식은땀, 두려움에 시달렸다. 다행스럽게도 그것은 매우 당연한 반응이다. 끊어진 에너지를 다시 잇기 위해 많은 이들이 나를 찾아온다. 에너지를 다시 통하게 하는 과정은 깨진 도자기의 조각을 모아 복원하는 과정과 흡사하다.

에탄은 희미해진 꿈을 조금씩 기억해냈다. 그리고 온전히 자신의 소유였던 것을 조심스레 받아들이기 시작했다. 그는 행복해했고, 그 작업이 좀 더 오래 걸릴 것을 나는 알았다. 워크숍이 끝나고 얼마 뒤, 그가 쓴 편지 한 통이 내게 도착했다. 꿈과 직관을 다루는 강좌를 듣고 있으며, 그곳에서 배운 것을 의학에 접목하고 싶다는 내용이었다. 내 마음속에서 기쁨이 솟아났다. 그는 꿈에서 보았던 마을을 실제로 방문해보겠다는 계획도 세웠다. 인도에 가보기로 한 것이다. 창조성은 에탄에게 새로운 삶을 선물했다. 그가 평생 지녀야 할 에너지가 되살아난 것이다.

우리는 종종 어른이 되었다는 이유로 많은 것을 포기한 채 살아간다. 에탄도 그랬다. 이러한 삶은 공허함을 불러일으킨다. 텅 빈 마음으로 문명화된 세상에서 살아가는 일은 절대 즐겁지 않다. 내 영혼이 뭔가를 열망하고 있다면 당장 감사함을 느껴야 한다. 열망은 곧 에너지이기 때문이다. 에너지를 되찾으면 살아있다는 생생한 감동이 느껴진다. 존재의 본질로 항해하는 길이 열리는 것이다.

마음을 열고 있는 그대로의 나를 받아들여라. 지루한 사람이 되는 방법은 없다. 마찬가지로 창조적인 사람이 되는 방법도 없다. 그저 느껴야 할 뿐. 창조의 에너지는 갖가지 모습을 지니고 있다. 부드러울 수도, 거칠 수도 있다. 탄생의 순간을 맞이하기 위해 산도를 통과하는 아이의 모습을 떠올려도 좋다. 분명한 것은 그것을 느끼기 시작한 순간, 놀라운 변화를 맞이하게 될 것이란 사실이다.

· 에너지 시크릿 ·

경이로움을 되찾으려면

지금부터 탐구적인 시각으로 에너지를 들여다보자. 경이로움은 창조적인 에너지의 한 갈래로, 감각기억의 형태로 몸 안에 숨어 있다. 경이로움을 활성화하기 위해서는 생각과 마음이 자유롭게 흐르도록 해야 한다. 그러한 감정을 불러일으킨 시간이나 장소, 행동을 기억해보자.

어린 시절로 돌아가 보는 것도 좋다.

아버지와 산타모니카 해변에 갔을 때가 떠오른다. 내게는 그 기억이 가장 경이로운 순간이었다. 어느 여름날의 나른한 오후, 나는 아버지와 함께 낚시꾼들이 모여 있는 시원하고 어두운 방파제 아래를 걸었다. 파도가 끊임없이 밀려와 방파제에 부딪히고 다시 바다에 되돌아갔다. 그 모습을 바라보며, 나는 파도가 바다의 나무라고 상상하기 시작했다. 그러면서 상상력이 마음껏 날개를 펼치며 가슴을 가득 채웠다.

경이로움을 회복하기 위해 거창한 것을 할 필요는 없다. 가장 간단한 것부터 기억해보면 된다. 둥근 보름달을 쳐다보던 일, 할머니 곁에서 꽃씨를 심던 일, 카드놀이에 몰두하던 일, 난로를 수리하던 일 등등. 경이로운 기억을 과거에서 찾아내기 힘들다면, 현재에서 경이로움을 찾아도 된다. 높이 솟아오르는 갈매기, 향기로운 숲길에서의 산책, 끝없이 펼쳐진 밤하늘, 숨을 들이쉬고 내쉬는 순간 등등 우리는 경이로움 안에서 살아가고 있다.

경이로움의 특성을 분석해 보는 것도 좋은 방법이다. 경이로움을 느꼈던 1분 동안 내게 다가온 냄새, 맛, 질감, 소리 등을 떠올려본다. 행복함, 우울함, 아쉬움, 기쁨이 문득 떠오를 것이다. 그게 어떤 감정이든 창조적인 흐름을 따라 에너지가 바뀌기 시작한다. 더 큰 경이로움을 찾아낼 수 있다면, 더 많은 창조적 에너지가 당신에게 다가올 것이다.

내 안의 영감을 찾아라

영감이란 긍정적인 에너지의 전형으로, 기쁨이 넘치는 삶을 가져오는 중요한 요소다. 영감이 없으면 창조성도 존재할 수 없다. 어떤 분야를 막론하고 새로움을 창조하는 모든 행위에 영감이 필요하기 때문이다. 누구든 영감을 받게 되면 창조에 대한 욕망이 끓어올라 아침이 올 때까지 기다리기 힘들다. 포지티브 에너지 프로그램은 당신에게 영감의 효용을 알리고 그로 인해 에너지가 커지는 모습을 체험하게 한다. 거대한 에너지의 흐름을 스스로 만들어갈 수 있도록 당신을 북돋우는 것이 이 프로그램의 목적이다.

영감은 우리의 몸과 마음에 건강을 선사한다. 행복한 상태일 때 몸에 건강이 깃드는 것은 당연한 일이다. 영감은 우리 마음을 느긋하게 만들고, 잊었던 꿈과 열정을 되살린다. 영감은 내 안에서 바깥으로 뻗어 나가는 잠재적 에너지며, 내 주변의 사람들도 영감이 가져오는 에너지를 느낄 수 있다. 생각하는 방식과 사랑하는 사람에게 영향을 미치게 되는 것이다. 영감을 받은 사람은 가릴 수 없을 만큼 강한 빛을 내뿜는다. 위험을 무릅쓰고 전쟁 상황을 보도하는 기자나 세상 모든 어머니를 바라볼 때 나는 그들이 태양과 같다고 느낀다. 그들의 에너지는 우리를 사로잡는다. 진실에 가까이 다가선 사람들은 두 눈에 반짝이는 빛을 머금는다. 이렇듯 영감에는 사람을 끌어당기는 매력이 있다.

35세의 물리치료사 팸은 인생을 함께할 반려자를 찾고 있었다. 결혼 정보회사, 독신자 모임, 각종 파티에 참석하며 상대를 찾아 헤맸지만, 도무지 짝을 찾을 수 없었다. 상담을 위해 마주 앉은 자리에서 팸은 그만 울음을 터뜨렸다.

"대체 나한테 무슨 문제가 있는 걸까요?"

그녀의 아픔이 고스란히 느껴졌다. 그녀에겐 스스로 깨닫지 못하는 문제가 있었다. 나를 찾아온 많은 이가 그러하듯이 그녀는 에너지 문제를 품고 있었다. 팸은 상냥하고 온유한 성품을 지녔다. 하지만 그녀의 에너지는 나른했고 생동감이 없었다. 오랜 세월 동안 그녀는 자동으로 움직이는 인형처럼 살아왔다. 집과 직장을 오가고, 자질구레한 일을 처리하고, 날이 저물면 잠자리에 드는 것이 삶의 전부였다. 그 사실을 인정하며 팸은 힘없이 말했다.

"그다지 하고 싶은 일이 없는걸요."

내 눈에도 그녀의 상태가 보였다. 팸의 에너지는 거의 고갈 상태였다. 그녀는 누군가가 자신의 삶에 나타나 에너지를 되살려주길 원했다. 나는 직관을 통해 팸의 열정을 되찾기로 마음먹었다. 그녀가 삶을 관통하는 목표를 찾고, 마음이 움직이는 대상을 찾고, 에너지의 속삭임에 귀 기울일 수 있도록 말이다. 결코 쉬운 일은 아니었다. 하지만 우리는 포기하지 않았다. 일단 팸은 십자수에 도전했고, 브릿지 같은 카드놀이도 시도했다. 하지만 영감은 찾아오지 않았다.

어느 날 그녀는 친구와 함께 요트를 탔다. 아름다운 봄날이었다. 요트가 바다 한가운데에 이르렀을 때, 한 무리의 고래가 주위를 둘러쌌다. 수면에 드러난 고래의 아름다운 모습을 발견한 순간, 그녀는 신비로움에 매료됐다. 그렇게 가까운 곳에서 여러 마리의 고래를 본 것은 처음이었다. 그때 그녀의 마음속에 영감이 차올랐다!

그 일을 계기로, 그녀는 위기에 처한 아름다운 생명체에 흠뻑 빠져들었다. 그리고 '고래 보호 운동'에 적극적으로 참여했다. 영감이 그녀를 꿰뚫고 지나간 뒤, 그녀에게 기쁨이 넘치는 삶이 다가왔다. 주위 사람들까지 팸의 변화를 알아챌 정도였다. 얼마 지나지 않아 그녀는 운명의 상대를 만났고, 가슴 벅찬 사랑을 할 수 있었다. 이것은 결코 우연이 아니다.

영감은 우리 안에 자리 잡은 빛을 밝힌다. 그리고 사람들은 본능적으로 이 빛에 반응한다. 영감이 없으면 그 빛은 점점 흐려진다. 그리고 마치 투명인간처럼 존재감이 없는 사람이 되어버린다. 그런 상태에서는 당신이 아무리 매력적인 사람이라도 눈에 띄지 않는다. 영감은 존재감을 밝히는 등불이기 때문이다.

몇 년 전에 한 학술회의에 참석한 적이 있다. 주제는 13세기의 이슬람 신비주의자 루미에 관해서였다. 사랑에 관한 놀라운 시를 남긴 시인이기도 하다. 동료와 함께 참석한 나는 그곳이 좋은 에너지로 가득 찰 것이라 기대하고 있었다. 하지만 지루한 내용이 이어지며 참석자들의 열정은 바닥을 치기 시작했다. 중간 휴식 시간이 되었을 때, 네덜란드에서 온 의사 마르셀과 영감에 관해 이야기를 나누기 시작했다.

"학회가 이런 분위기일 줄 몰랐어요. 대체 이런 상황에서 어떻게 창조성이 차오르겠어요?"

"동감합니다. 나는 영감이 부족한 것도 일종의 병이라고 생각해요. 영감이 부족하면 창조성이 결여되고, 텅 빈 삶을 살 수밖에 없지요. 그래서 환자들이 스스로 영감을 찾아낼 수 있도록 프로그램을 운영하고 있어요. 사실 그 과정은 쉽지 않아요. 힘겨운 시간일 수 있지요. 하지만 영감은 사랑의 근원이 되어주고, 삶을 풍요롭게 만듭니다. 시와 음악, 미술을 통해 환자들은 영감을 회복해나갑니다."

나는 그의 말에 감탄했다. 마르셀은 긍정적인 에너지의 구성요소를 뚜렷하게 알고 있었다. 우리가 얻고자 하는 감정적, 육체적, 영적 행복은 어디까지나 영감에 달려 있다. 영감이 없다면 우리의 몸과 마음은 만성적인 결핍 상태에 머무른다. 에너지를 채우려면 영감을 찾아나서야 한다.

우리에겐 영감으로 가득 찬 삶을 누릴 권리가 있다. 일에서 느끼는 뿌듯함, 풍요로운 인간관계, 유쾌한 휴식 시간이 바로 그것이다. 의무감에 휩싸인 채 살아서는 안 된다. 큰일이든 사소한 일이든 상관없다. 나를 즐겁게 만드는 일에 몰두해야 한다. 예술가들은 영감에 몸을 맡긴 채 살아간다. 우리도 하루하루를 생기있는 예술로 만들 수 있다. 하지만 슬프게도 학교와 사회는 영감의 가치를 가르치지 않는다. (나는 유치원의 기본 교육과정에 영감에 관한 내용이 포함되어야 한다고 믿는다) 우리는 스스로 영감을 되찾아야 한다. 많은 이들이 영감의 가치를 모른다. 그래서 그 과정은 커다란 모험일 수 있다. 하지만 다음 방법을 통해 영감으로 가득 찬 삶이 당신의 것이 될 것이다. 당신이 지금 90세든, 19세든 상관없다. 인생의 단 한 순간도 낭비하지 않도록 지금부터 훈련을 시작하자.

매 순간 작은 기적을 발견하라

먼저 해야 할 것은 '영감'에 관해 기록하는 일이다. 영감을 주는 것과 그렇지 못한 것을 알아보는 것이다. 에너지를 건설적으로 사용하기 위해 꼭 필요한 작업이다. 나의 에너지가 어떻게 쓰이는지 솔직하게 기록하는 것이 중요하다. 아주 작게라도 영감을 일으킨다면 그게 무엇이든 모두 노트에 적은 뒤 검토한다. 노트에 적힌 내 모습이 영감과 거리가 멀다고 해서 실망할 필요는 없다. 이 기록이 내 생활을 바꿀 것이기 때문이다. 이 작업을 제대로 해내려면 큰 용기가 필요하다. 자신의 모든 것을 드러내야 하기 때문이다. 그 과정을 제대로 해낼 수 있을 때 비로소 변화가 시작된다.

지금부터 알려주는 방법을 사용하면 진심으로 좋아하는 일을 발견하고, 지금 하는 일에서 작은 영감을 얻을 수 있다. 취미 생활을 통해 생명력을 회복하는 방법도 제시할 것이다. 그런 다음에는 일상에 영감을 불어넣는 법을 설명하겠다. 내면에 밀려오는 창조적인 에너지가 느껴질 것이다. 루미가 쓴 시의 한 구절을 우리의 만트라로 삼아보자.

"사랑하는 일을 당신의 것으로 만드세요.
가만히 무릎 꿇고 땅에 입맞춤하는 것에도
수없이 많은 방법이 있답니다."

이제부터 영감을 얻기 위한 훈련 단계를 알려줄 것이다. 일단 자신을 상세히 살피는 것부터 시작해보자.

단계 1 : 일에서 느끼는 갈등을 기록한다

마음을 편하게 먹고 느낀 것을 솔직하게 써본다. 예를 들면 이렇다.

'8시간 근무를 마치고 회사를 나서면 완전히 지쳐버린 느낌이 든다.'
'지금 하는 일이 지긋지긋하다.'
'일에서 아무런 재미도 느끼지 못한다. 뭔가 바뀌어야 한다.'
'힘들어도 당연히 해야 하는 일이다.'

단계 2 : 자신에게 묻는다

- 지금 하는 일이 왜 영감을 주지 못하는가? 이유는 무엇인가?
- 껄끄러운 사무실 분위기 때문인가? 싫은 동료나 상사 탓인가?
  내 힘이 닿지 않는 특별한 상황이 원인인가?

- 부정적인 면에 항상 초점을 맞추고 있는 건 아닌가?
- 내가 진심으로 원하는 일을 하고 있는가? 혹은 맞지 않는 일을 하는가?
- 지금의 시스템 안에서 변화를 꾀할 수 있는가? 아니면 새로운 일을 찾는 게 나은가?

단계 3 : 현재 상황을 바꿔본다

지금 하는 일을 살피고, 현재 상황에 다시 한번 영감을 불어넣어 본다.

영감을 얻지 못하는 이유를 찾는다

일 자체가 아닌 대인관계가 원인일 수도 있다. 나와 동료 사이에 부정적인 에너지가 흐르고 있다면 바로잡아라. 상황을 악화시키는 행동은 피한다. 까칠한 태도를 버리고 상냥한 말을 건넴으로써 '관계 개선하기'를 시작한다.

팻은 새로 부임한 상사 때문에 고민하고 있었다. 무척 까다로운 사람이었기 때문이다. 상사와 이야기를 나누는 것이 두려웠던 팻은 그렇게 몇 주를 보냈다. 그러다가 용기를 내어 '관계 개선하기'에 도전하기로 마음먹었다. 그녀는 상사에게 점심을 사겠다고 말했다. 그리고 이 간단한 친절이 상사의 마음을 부드럽게 만들었다. 그가 보이던 적개심은 사라졌고, 사무실 분위기가 한층 밝아졌다. 누군가가 보이는 딱딱한 태도는 심리적인 불안을 감추기 위한 것일 수 있다. 이때 친절한 말과 행동이 그 벽을 뚫게 해준다. 대하기 어려운 사람이 있다면 따스한 격려나 칭찬의 말을 건네 보자. 적개심을 누그러뜨릴 수 있는 일이라면 무엇이든 시도해보는 게 좋다.

이해받지 못한다고 실망할 필요는 없다

상사가 나를 알아주지 않는다고 조바심내지 말자. 이럴 땐 자신의 요구를 표현하는 게 좋다. 맡은 일의 성과를 높일 방법이 있다면 상사에게 직접 말하라. 현재의 환경에서 가능한 일이 무엇일까 살펴보라. 내가 아는 한 사람은 거부당할지 모른다는 두려움에 사로잡혀있었다. 그래서 마음먹은 일을 오랫동안 하지 못했다. 어느 날 그녀는 용기를 끌어모아 상사를 만나러 갔다. 자신이 원하는 프로젝트를 내보이자, 상사는 흔쾌히 동의했다. 덕분에 직장 생활에서 새로운 에너지를 얻을 수 있었다. 여기서 말하고 싶은 것은 위험을 감수하라는 것이다. 무엇을 해보기 전까지는 그 일이 성공할지 실패할지 누구도 알 수 없다.

나의 하루를 상세하게 분석한다

내가 지금 하는 일이 어떤 면에서 자극을 주는지 알아본다. 이때 금전적인 이유는 제외한다. 처음에 이 일을 왜 좋아했는지, 어떤 점이 마음에 들었는지 기억해보는 것이다. 무엇이 내게 활력을 주는지도 알아본다. 이 과정을 통해 당신은 생동감, 흥분, 가벼운 호기심을 느끼게 될 것이다. 이것이 바로 당신이 하는 일의 생명력이다. 충분히 시간을 두고 이런 것들을 노트에 기록한다.

한 디자이너는 이 조사기록을 통해 자신의 에너지가 커지는 시간을 발견했다. 고객과 식사할 때, 직원들 앞에서 프로젝트를 설명할 때 그녀는 활기로 가득 찼다. 혼자서 뭔가를 해야 할 때는 에너지가 작아졌다. 조용한 성품의 도서관 사서는 책 속에 파묻혀서 홀로 연구할 때 영감이 커지는 걸 발견했다. 두 사람 다 이 사실을 알기 전에는 하는 일에서 즐거움을 찾지 못한 채 무력감이 깊어지는 상황이었다.

영감을 주는 동료와 가까이 지낸다

출판사에서 일하며 상당한 성과를 거두던 한 남성은 퇴근할 무렵이면 자신의 에너지가 고갈된 느낌을 항상 받았다. 그러던 어느 날, 자신이 디자인 부서와 일을 할 때 활력이 넘친다는 사실을 깨달았다. 그 부서는 웃음이 넘쳤고, 그곳 사람들의 에너지가 그를 행복하게 만들었다. 피로할 때는 영감이 찾아오지 않는다. 에너지를 빼앗는 사람은 피하는 게 상책이다. 사람이든 활동이든 에너지가 가장 많은 쪽으로 가는 게 좋다. 그러면 머지않아 영감이 당신을 찾아올 것이다.

봉사하는 마음을 지닌다

마음을 넉넉하게 먹는 것만으로 세상에 변화를 가져올 수 있다. 주위 사람을 다정하게 대하고, 내가 속한 환경에 친절을 더하라. 곧 좋은 에너지가 되돌아온다. 마음을 다해 동료를 격려하고, 배달원이 늦어도 짜증 내지 마라. 세상을 좀 더 아름답게 만드는 일을 사람들과 의논하라. 아는 사람 가운데 방송국에서 일하며 뉴스 제작을 하는 프로듀서가 있다. 그는 언제나 마감에 쫓기며 힘들게 일한다. 하지만 자신이 세상에 긍정적인 메시지를 전한다고 믿는다. 그 일을 봉사로 여기는 것이다. 그는 언제나 영감으로 가득 찬 채 조화롭게 일하고 있다. 당신이 하는 일에 가치와 사랑을 담아낼 수 있다면, 그 일이 뿜어내는 긍정적인 에너지가 다른 이들에게 영감을 줄 것이다.

단계 4 : 새로운 선택에 눈을 돌린다

지금까지의 노력으로도 별다른 성과를 거두지 못했다면, 다른 일을 찾거나 새로운 취미를 만드는 것도 좋은 선택이 될 수 있다.

직장을 옮겨본다

하는 일에서 영감을 도무지 얻을 수 없다면, 다른 일을 찾는 게 당연하다. 위로 오르는 것만이 발전은 아니다. 수평으로 이동하는 것도 발전이라 할 수 있다. 그런 시도를 통해 재충전의 시간을 마련할 수 있기 때문이다. 변덕스러운 상사 때문에 직장 생활이 지옥처럼 여겨지던 한 사람이 있었다. 그녀는 용기를 내어 새 직장을 찾았다. 그리고 그곳에서 마음이 맞는 상사를 만났다. 즐겁고 안정적인 삶을 되찾은 것이다. 떠나갔던 영감도 되돌아왔다. 이처럼 일하는 곳을 바꾸는 것만으로 종종 문제가 해결되곤 한다.

더 큰 변화를 찾아 나선다

현재의 직업이 열정을 불러일으키지 않는다면, 더 큰 변화를 모색해보자. 인생의 전환기를 맞이한 이들이 종종 나를 찾아온다. 직업을 가진 사람들은 좀 더 영감을 주는 새로운 일을 갈구한다. 나 또한 평생한 가지 직업에 종사할 필요는 없다고 믿는다. 인간의 본성은 끊임없이 변화를 추구하기 때문이다. 나이가 들면서 흥미는 언제든 달라진다. 우리에겐 좋아하는 일을 할 자격이 있다. 평생을 바칠 직업을 찾고, 그것에 열정을 쏟는 일은 분명 축복이다. 하지만 모든 사람이 그런 혜택을 누리는 건 아니다. 열정을 위해 위험을 감수할 용기가 있다면, 일평생 기쁘게 할 수 있는 일을 얼마든지 찾을 수 있다. 새로운 직업을 찾고 싶지만, 무엇부터 해야 할지 모르겠다면 다음을 주목하자.

· 에너지 시크릿 ·

영감을 주는 직업을 찾으려면

1. 방해받지 않는 편안한 시간을 고른다. 그런 뒤 10분 정도 차분하게 명상을 한다. 깊이 호흡하고, 마음을 편안히 가진 다음 몸에 의식을 집중한다.

2. 먼저 이렇게 물어본다. '나는 어떤 일을 할 수 있는가?' 정치적인 판단이나 부모님의 바람은 잊어도 좋다. 마음속에 어떤 일이 떠오르

는지 그냥 지켜보자. 그런 다음 이것저것 떠오르는 일을 노트에 적는다.

3. 이렇게 자신에게 묻는다. '다른 사람의 생각에 영향을 받지 않았다면 나는 어떤 일을 하고 있을까?' 이 질문에 대한 답변도 적어본다. 대학교에 다닐 때 흥미를 느꼈던 과목이 떠오를 수도 있다. 경영학, 신문방송학, 패션디자인 등등. 혹은 언제나 꿈꾸었지만 한 번도 시도해보지 못했던 일이 떠오르기도 한다.

4. 잡지, 신문, 인터넷, 책을 뒤져서 새로운 아이디어를 찾을 수도 있다. 관심이 가는 일이 나타날 때까지 기다려라. 자신을 설득한다고 해서 영감이 생기는 건 아니다. 영감은 자연스럽게 떠오르는 직관적인 에너지다. '이 일이 내 영혼을 풍요롭게 만들 거야!' 본능적으로 이런 확신이 들어야 한다.

5. 적당한 일을 찾았다면 다방면으로 조사를 해보자. 그 일에 대해 사람들과 이야기를 나누고, 자료를 찾고, 발전 가능성을 가늠하자. 눈과 귀를 열고 그 일을 경험한 사람의 자취를 찾다 보면 어느새 열정이 솟아날 것이다.

6. 명상할 때, 차분히 산책할 때, 불현듯 떠오르는 직업에 주목하라. 문득 스치는 기쁨, 어떤 학문을 향한 호기심, 만나고 싶은 사람에게 주의를 기울여라. 이러한 것들이 당신의 선택을 도울 것이다. 이것들을 모두 노트에 적어두자.

7. 꿈에서 답을 찾는 것도 좋다. 잠자리에 누운 채로 질문을 한 가지

떠올린다. '어떤 일이 영감을 불러일으킬지 분명한 대답을 듣고 싶어.' 다음 날 아침에 생각나는 답을 적어본다. 1주일간 반복한 뒤 마음의 방향이 얼마만큼 또렷해졌는지 살펴본다.

중요한 건 인내심을 가져야 한다는 것이다. 원하는 영감을 얻을 때까지 위의 과정을 반복해본다. 걱정할 필요는 없다. 머지않아 당신에게 영감이 다가올 것이다. 미래를 향한 당당한 걸음이 당신의 것이 될 것이라 믿어라.

취미에 열정을 쏟아본다

직업을 바꾸는 건 쉬운 일이 아니다. 현재의 직업을 유지한 채 영감을 찾을 방법도 있다. 일단 지금 하는 일에서 영감을 얻도록 애써야 한다. 그런 다음 생동감을 얻을 수 있는 취미에 몰두하는 게 좋다. 바로 앞쪽에 있는 '에너지 시크릿'을 활용하면 영감을 주는 취미를 찾는데 도움이 된다. 재미 삼아 한번 해볼 생각으로 취미에 도전하지 말자. 취미는 깊은 만족감의 원천이 된다. 정원 가꾸기, 동물 돌보기, 무료급식소 자원봉사 등 무엇이든 상관없다. 음악, 춤, 미술에 열정을 기울여도 좋다. (예술적인 열정 표출에 대해서는 뒤쪽에서 자세히 다루도록 하겠다)

새로운 취미를 갖게 되면 움직이지 않던 뇌의 부분이 활성화된다. 동시에 타성에서 벗어날 기회가 된다. 취미 생활에 열정을 기울이면 더 많은 에너지가 솟아난다. '한심하거나' '쓸모없는' 취미란 존재하지 않는다. 온종일 썩은 치아와 씨름하던 치과의사가 나를 찾아왔다. 주말에 플라멩코를 추기 시작하면서 그는 영감을 되찾았다. 몸을 움직이는 취미가 필요했던 것이다! 어떤 것이든 상관없다. 열정이 솟아나는 취미를 찾아라.

단계 5 : 작은 기적에 기뻐한다

우리는 매 순간을 살아간다. 갑작스레 건강을 잃는 사람들을 보며 우리는 실감한다. 삶은 한순간에 다른 모습으로 바뀔 수 있다는 사실을. 인생의 약한 부분을 깨닫는 것이 슬프기만 한 일은 아니다. 살아가는 순간순간이 소중하다는 것을 알게 되기 때문이다. 매일 하는 모든 일에서 생명력을 느끼기 위해 애써라. 평범한 일상에도 신성함이 스며있게 마련이다. 다음과 같은 일상적인 일이 당신에게 영감을 준다는 걸 기억하자.

갖가지 사소한 일

살면서 꼭 해야 하는 사소한 일은 종종 에너지를 고갈시킨다. 그 일을 하찮게 여기며 부정적인 마음을 갖기 때문이다. 이런 일을 불만스럽게 여기지 말고 삶 속에서 할 수 있는 수행으로 여겨보라. 그리고 빨래를 시작하자! 나 자신을 발견하는 숭고한 순간은 바다 건너 히말라야 사원에서만 가능한 것은 아니다. 지금 이 순간에도 그런 일이 가능하다. 사소한 일에도 영감을 불어넣으면 즐거운 시간이 만들어진다. 시인 메리 올리버는 장 보는 일을 신성한 의식으로 삼았다. 눈이 오나 비가 오나 그녀는 아침 일찍 동네 슈퍼에 갔다. 그리고는 문이 열리자마자 가장 먼저 발을 들어놓았다. 그날 먹을 음식을 기쁜 마음으로 구매한 것이다. 그녀는 시를 쓸 때도 이런 방식으로 영감에 접근했다. 어느 한 가지에서 영감을 발견하면 다른 것에서도 쉽게 얻을 수 있다. 은행 가기, 세차하기, 강아지 산책시키기 등등. 이 모든 일을 소중하게 여겨보라. 지금이 자신의 마지막 순간이라고 생각하며 행동해보자. 문득 그곳에서 삶의 모든 것을 깨닫게 될 것이다.

자연, 날씨, 애완동물

그래도 영감이 부족하다면 환경의 도움을 받아보자. 주변에서 쉽게 볼 수 있는 것에 주의를 기울이는 것이다. 뜰에 핀 수선화, 언덕 너머의 거친 바다를 바라보라. 떡갈나무를 스치는 바람, 천둥소리에 귀 기울여보자. 애완동물을 쓰다듬으며 즐거움을 느끼자. 이 모든 일이 번잡함을 잊게 한다. 홀로 속상해하지 말고 대문을 나서자. 자연의 정기가 당신에게 활력을 줄 것이다. 내 친구는 종종 베니스의 해변에 앉아 기분 전환을 한다. 해바라기가 피어 있는 길을 따라서 오리 여러 마리가 뒤뚱대는 광경을 넋을 잃고 바라보는 것이다. 나도 가끔 사무실 창밖으로 눈을 돌린다. 하늘을 흐르는 새하얀 구름, 시시각각 바뀌는 노을의 빛깔, 날아오르는 까마귀를 바라보며 잠시나마 일상에서 벗어난다. 아름다운 자연은 영감을 되살리는 좋은 대상이다.

눈가리개를 벗어 던져라

우리 삶은 창조적인 에너지의 결정체다. 그것은 우리 삶 어느 곳에나 존재한다. 미처 발견하지 못했을 뿐이다. 강력한 에너지가 몸 전체에서 뿜어나오는 사람들이 있다. 그 에너지를 나눠 갖고 싶다면 그들에게 다가가 보라. 그들이 하는 말에 귀를 기울이고, 그들의 행동을 바라보고, 함께 이야기를 나누자. 강력한 에너지가 전해질 것이다. 여기서 주의할 점이 있다. 창조적인 에너지의 모델을 찾을 때 겉모습에 집중해서는 안 된다는 것이다. 단골 음식점 주인이 유명한 정치가보다 더 위대한 에너지를 품고 있을 수도 있다. 내가 어떤 사람의 주위를 맴도는지 생각해보라. 화가, 음악가, 혹은 정원사일 수도 있다. 그들이 지닌 에너지장이 내게 전해질 것이다. 이렇게 받은 에너지는 다른 이에게도 전달된다. 내 안의 창조성이 사라졌다고 느낄 때가 있다. 그럴 땐 걱정하지 말고 외부의 도움을 받도록 하자.

많은 시를 써낸 저명한 시인 스탠리 쿠니츠의 강연을 들어본 적이 있다. 그에게서 훌륭한 에너지장이 느껴졌다. 그는 뉴저지에서 열린 시 축제에서 95세의 나이를 아랑곳하지 않고 대단히 멋진 강연을 펼쳤다. 시가 어떻게 모든 이의 가슴에서 살아 움직일 수 있는지 알려준 것이다. '우리가 지닌 신비로운 내면'에 대해 설명하면서 그가 말했다.

"나는 지금도 여전히 변화하고 있습니다."

그가 보여준 부드러운 카리스마에 나는 대단히 감동했다. 그의 앞에서 무릎을 꿇고 싶을 지경이었다. 나는 머리를 깊이 숙여 존경과 감사를 표했다.

재즈가 울려 퍼지는 허름한 클럽, 수많은 책이 놓인 도서관(책도 에너지를 발산한다), 수천 종의 나비가 사람들 주위에서 날갯짓하는 박물관, 규모가 큰 심포니 홀 등 창조적인 에너지가 넘치는 장소는 어느 곳에든 있다. 오랜 세월 동안 창조적인 에너지가 그런 장소에 차곡차곡 쌓여왔다. 아레사 프랭클린처럼 위대한 가수는 노래할 때 창조적인 에너지를 끊임없이 무대에 쏟아낸다. 그런 강력한 에너지는 흩어지지 않는다. 그래서 공연장에 방문하면 언제든 그런 기운을 감지할 수 있다. 공연이 없는 날에도 마찬가지다. 그 장소에 방문한 사람들은 무의식적으로 에너지를 얻게 된다.

내쉬빌에 자리 잡은 그랜드 올드 오프리에 갔던 날을 지금도 잊을 수 없다. 전설적인 공연이 수없이 펼쳐진 무대를 올려다본 순간, 윌리 넬슨과 자니 캐쉬의 숨결이 생생하게 느껴졌다. 컨트리뮤직의 거장들은 자신의 에너지를 그곳에 고스란히 남겨놓았다. 나는 설레는 마음으로 그 에너지를 가슴 깊이 들이마셨다. 위대한 공연장은 창조성의 보물 창고다. 그런 장소를 찾아 나서자.

창조성을 발견하려면

장소나 사람이 당신에게 창조성을 선물할 수 있다. 창조적인 에너지를 지닌 사람이나 장소를 찾아보자. 그리고 충분히 시간을 갖고 그 에너지를 받아들이자. 논리적인 생각에 집착하지 말고 그냥 느껴보자. 내 안에서 어떤 일이 벌어지는지 관찰하면 된다. 새로운 아이디어, 밝아오는 빛, 피어오르는 꿈이 느껴질 것이다. 그것들이 희미해지지 않도록 노트에 적어두는 게 좋다. 내 안에 다가온 통찰력을 하나씩 행동으로 옮겨보자. 이런 방식으로 창조적인 에너지를 키울 수 있다.

내가 지닌 창조성을 지켜라

창조적인 영역에는 부정적인 소리가 언제든 따라다닌다. 그것이 내부의 소리든 외부의 소리든 간에 이런 부정적인 소리에 굴복하는 순간 당신이 지닌 창조성은 멀리 떠나버리고 만다. 우리는 모두 부정적인 소리를 내면에 간직한 채 살아간다. 그 소리가 우리를 숨 막히게 만들기 전에 단단히 막아서야 한다. 창조성을 빼앗는 부정적인 소리를 알아보자.

• 마음속의 두려움 : "이미 늦었어. 나에겐 재능도 상상력도 없는

걸. 누구도 내가 해낸 일을 알아주지 않을 거야."

- 두려움에 굴복하는 마음 : "다 바보 같은 짓이야. 이러다가 웃음
  거리가 될 게 틀림없어. 아무것도 하지 않고 이렇게 지내면 적어
  도 시끄럽진 않을 거야."
- 자신과 관계된 모든 일을 통제하고자 하는 욕심에 에너지의 흐름
  을 느끼지 못하는 사람
- 무엇이든 해도 만족하지 못하는 완벽주의자
- 한 개인의 창조적인 자유를 억누르는 사람(부모도 포함해서), 집단 혹
  은 국가

    조금 심하게 표현하면, 이런 소리가 들려오는 곳은 악마의 소굴이나 다름없다. 항상 경계해야 탈이 없다. 포지티브 에너지 프로그램은 이 소리를 단순히 차단하기보다는 누그러뜨리는 데 목적을 두고 있다. 다음의 훈련법을 사용하여 부정적인 소리를 몰아내고 당신 안에서 갓 자라난 창조의 씨앗을 보호하라. 자신에게는 창조적인 면이 콩알만큼 도 없다고 여기는 사람들이 있다. 창조성에 관해 배우지 못한 사람도 많다. 그 결과 창조성은 별나고 불가능한 것이라 여기곤 한다. 자신의 창조성을 부정해서는 안 된다. 우리 내면에는 깨워주길 기다리는 창 조성이 잠자고 있다. 갓 태어난 창조성을 보호할 수 있는 사람은 오직 당신뿐이다.

부정적인 소리를 잠재우려면

아직 확신이 들지 않을 수도 있다. 그래도 재능을 지닌 어린이를 대하 듯 자신을 보듬어야 한다. 나의 내부와 외부에서 들려오는 부정적인 소리를 몽땅 노트에 적는다. 내게 영향을 미치는 부정적인 소리를 알 게 되면 그것을 막을 수 있다. 그런 다음에는 이야기를 통해 그 소리를 차근차근 설득한다. 두려움을 예로 들어보겠다. 두려워하는 마음이 말 한다.

"난 그걸 해낼 수 없어."

그럴 땐 이렇게 말해보자.

"두려움에 귀 기울이지 않으면, 난 분명 해낼 수 있을 거야."

그 대답을 노트에 적은 뒤 행동에 옮겨보자. 내면의 감시자(또는 어머니) 가 이렇게 말할 수도 있다.

"네 그림은 너무 복잡해. 도무지 알아볼 수가 없어."

그러면 이렇게 대답해보자.

"다른 사람의 생각이 신경 쓰이긴 해요. 그렇다고 당신을 위해 하고 싶 은 일을 포기할 순 없어요."

"완벽하지 않아도 괜찮다고 말해줬다면, 흠뻑 빠져서 그 일을 해낼 수 있었을 거예요."

첨단 기기를 다루는 일에 종사하던 한 여성은 창조성을 발산할 기회를 몹시도 원했다. 어느 날 그녀는 냄비를 던지기 시작했다. 그녀는 말했다. "지금껏 해본 일 중에 제일 만족스러워요!"

하지만 동시에 두려운 느낌도 들었다. 냄비 던지기가 '비생산적이고' '낭비로 가득한' 일이라는 생각이 들었기 때문이다. 그건 바로 어머니의 영향이었다. 어머니는 항상 그녀에게 말하곤 했다. 쓸모없는 짓거리에 시간을 낭비하지 말라고. 그 사실을 깨달은 뒤, 그녀는 더 이상 부정적인 소리에 귀 기울이지 않게 되었다. 그 대신 소리의 근원을 인정하며 이렇게 말한다.

"지금까지 함께해 줘서 고마워요. 그래도 나는 이 행동이 즐거워요."

마음속에서 들려오는 부정적인 소리와 대화를 나누거나, 남들이 내뱉는 부정적인 소리를 거부하는 것은 매우 바람직하다. 부정적인 소리보다 더 큰 소리로 자신에게 말하는 것도 좋은 방법이다. 부정적인 소리의 근원은 불안이며, 아무리 애써도 그 소리를 없앨 수는 없다. 우리가 할 수 있는 것은 연민을 지닌 채 그 소리를 다독이는 것이다. 기준을 정한 뒤, 그 기준을 넘어서는 소리는 제대로 달래야 한다. 그렇지 않으면 부정적인 에너지가 창조성의 발현을 계속 막을 수도 있다.

창조성의 바다에 몸을 던져라

포지티브 에너지 프로그램은 당신이 직접 창조적인 에너지를 체험하길 바란다. 영화나 연극을 통해 창조적인 에너지를 획득해도 좋고, 자신만의 분출구를 개발해도 좋다. 창조적인 에너지에 다가가려고 노력하라. 당신이 지닌 시스템이 그 에너지를 확장할 것이다. 자신의 행동에 부담을 느낄 필요는 없다. 생각이나 행동을 다른 사람에게 알릴 필요도 없다. 무엇이 당신에게 창조적인 에너지를 불러오게 하는지는 지극히 개인적인 문제이기 때문이다. 다음 항목을 참고하여 내게 맞는 일을 발견하자.

활동 1 : 예술의 세계에서 창조성 체험하기

예술은 특별한 사람만의 전유물이 아니다. 삶을 사랑하는 모든 이의 것이다. 영상, 글, 소리, 춤 안에는 창조적인 에너지가 스며있다. 우리는 생기로 가득한 그 에너지를 흡수할 수 있다. 예술품 자체가 거대한 에너지 장이기 때문이다. 반 고흐의 작품 '해바라기'는 위대한 예술품이다. 동시에 거대한 에너지를 발산한다. 에너지가 숨 쉬는 그 작품을 볼 때 우리 안에 커다란 창조성이 스며든다. 인상파 화가들은 잠재적 에너지를 표현하는 데 탁월한 능력을 지녔다. 그들의 그림 속에서 색깔은 춤을 추고 빛은 물결친다. 사물의 근본이 오롯이 표현되어 있다. 그 작품들을 바라보며, 나는 예술적 재능의 위대함을 깨닫곤 한다.

이처럼 예술 작품을 보는 것은 에너지를 얻을 수 있는 매우 적극적인 활동이다. 물론 미켈란젤로의 조각 앞에 가만히 서 있는 것만으로는 아무 효과가 없다. 에너지를 받아들일 준비를 해야 한다. 깊게 호흡한 뒤 자신을 열어라. 예술적인 자극과 창조적인 기운이 내 안에 들어오는 걸 느낄 수 있을 것이다.

모든 예술이 감동적인 것은 아니다. 자신에게 맞는 것을 찾아야 한다. 시간을 내어 직접 체험해보는 것이 가장 좋다. 시 낭송회에 참석하거나, 전시회에 들르거나, 발레공연장을 찾아가 보자. 나는 가끔 자연사박물관에 찾아간다. 거대한 공룡 모형을 보기 위해서다. 그것을 보고 있으면 자연이 창조한 예술의 경이로움이 느껴진다. 공룡은 내게 생각하는 힘을 선사하고, 행복함을 느끼게 한다. 예술을 통해 내 몸에 있는 에너지 창고를 채울 수 있다. 예술을 체험한 뒤 에너지가 얼마나 채워졌는지 살펴보자. 예술적인 장소에 찾아가는 것을 일상으로 삼도록 하자.

나는 영화 관람을 즐긴다. 1주일에 한 번은 꼭 극장에 간다. 나를 압도하는 영화를 만나면 모든 것을 잊고 거기에 푹 빠져든다. 바보처럼 울고 웃으며 영화를 내 안에 받아들이는 것이다. 그럴 때마다 삶의 활력을 얻는다. 영화가 이렇게 우리를 사로잡는 이유는 무엇일까? 영화를 볼 때 우리는 아무 거부감 없이 확장된 무의식의 세계로 들어간다. 최면과 비슷한 상태로, 상영 시간 동안 관객은 자신을 사로잡던 고민에서 벗어난다. 말없이 몰두하는 직관의 상태에 들어가는 것이다. 그 결과 감수성이 커진다. (직관적인 공감자라면 극장의 통로 좌석을 고르는 게 좋다. 사람들 사이에 끼어 앉으면 근처에서 내뿜는 에너지의 영향을 받을 수 있다) 팽팽했던 마음이 느슨해지고 긴장이 풀리면, 잠재적 에너지의 흐름이 빨라진다.

생명력에 더 가까이 다가가게 되는 것이다. 또한, 영화는 보는 이에게 에너지를 전달한다. 덕분에 우리는 감동을 느낄 수 있다. 위대한 배우의 연기는 엄청난 에너지를 만들어낸다. 그래서 그 에너지가 스크린을 뚫고 나와 우리에게 들어온다. 영화음악도 같은 효과를 발휘한다. 이처럼 영화감상은 에너지와 현장에서 만날 수 있는 매우 적극적인 활동이다.

이제부터라도 영화를 볼 때 잠재적 에너지를 느껴보자. 의식하지 못하던 때보다 더 많은 것을 받을 수 있을 것이다. 이 약동하는 에너지는 감정적인 해방감, 척추를 훑는 오싹함, 가슴에서 솟아나는 뜨거움 등 갖가지 형태로 드러난다. 때론 신의 존재를 느낄 수도 있다. 공포, 멜로, 서사, 코미디 등 모든 영화는 창작자의 에너지를 담고 있다. 그 에너지가 매우 인간적인 표현 방식을 통해 우리에게 고스란히 전해진다.

에너지 치유법을 위해 나는 종종 영화를 처방한다. 암 연구에 매달린 채 격무에 시달리던 레아도 그런 경우였다. 그녀는 세밀한 것까지 일일이 신경 쓰며 자신을 힘들게 만들고 있었다. 사람의 목숨을 구하는 그녀의 일이 제대로 성과를 거두려면 태도부터 고쳐야 했다. 하지만 쉽지 않았다. 명상도 그녀에게 평온함을 가져다주지 못했다. 그런 그녀를 바라보며 내가 말했다.

"머리를 식히고 싶을 때는 극장에 가도록 해요. 연구실에서 살짝 빠져나가서 팝콘 한 봉지를 사는 거죠. 늦은 시간이라도 상관없어요. 마감이나 회의 같은 건 잠시 잊고, 그냥 편안하게 즐기세요."

영화치료는 좋은 효과를 발휘했고, 그녀는 서서히 조급함을 내려놓았다. 일의 능률이 향상되었음은 물론이다.

가끔은 부정적인 기운을 전달하는 영화도 있다. 등장인물이 너무 바보 같고 맥빠지는 행동을 보여줄 땐 잠시 웃을 수는 있지만 에너지의 활기는 떨어진다. 사방에서 피가 뚝뚝 떨어지는 공포물도 마찬가지다. 특히 연쇄살인마가 등장하는 영화는 공포 에너지를 방출한다. 누군가는 그런 영화를 보며 전율을 느끼지만, 거기서 부정적인 기운을 전해 받는 사람도 있다.

소리도 엄연히 에너지기 때문에 음악 역시 우리에게 영향을 끼친다. 충만함을 주는 음악도 있고, 해를 끼치는 음악도 있다. 소리는 혈액, 장기, 뼈를 통해 진동한다. 정지선 앞에 서 있을 때 옆 차에서 들려오는 쿵쾅대는 음악 소리를 떠올리면 이해하기 쉬울 것이다. 어떤 진동은 유리를 깨트리거나 세포에 손상을 가져오기도 한다. 물론 에너지 균형을 이루고 치유 효과를 가져오는 소리도 존재한다.

소리에 관한 흥미로운 연구를 살펴보자. 수도원에서 소에게 모차르트 음악을 들려주니 우유 생산량이 늘었다는 연구 결과가 있다. 중환자에게 클래식 음악이 신경안정제와 흡사한 진정효과를 보이기도 했다. 태아에게 비발디의 음악을 들려주니 차분해지고, 록 음악을 들려주니 활발하게 발길질을 했다고 한다.

인간은 소리에 약하다. 매일 듣는 소리가 우리 에너지에 나쁜 영향을 끼치기도 한다. 소음공해에 관한 독창적인 해결책을 만들어낸 브루스 오스랜드를 만난 적이 있다. '소리 예술가'로 불리는 그는 웨스트 할리우드 시의 의뢰로 독특한 음향 기기를 설계했다. 시끄러운 자동차 소음이 그 기기를 거치면 아름다운 하모니로 변하는 것이다. 자동차가 오가는 길가에 그 기계를 가져다 놓으면 시끄러운 소리가 흥얼대는 콧노래나 '와우와우'하는 부드러운 소리로 바뀐다. 브레이크 밟는 소리나 자동차 경적이 어느새 듣기 좋은 소리가 되는 것이다. 소음공해에서 벗어난 사람들은 편안한 마음으로 길을 걸었고, 밝은 표정으로 서로를 쳐다보았다. 그 소리를 들으며 춤을 추거나 노래를 부르는 사람도 있었다. 부드러운 소리 덕분에 많은 이들이 행복해진 것이다.

· 에너지 시크릿 ·

예술이 선물하는 에너지를 느끼려면

먼저 다양한 예술을 체험해보아야 한다. 그림, 음악, 영화, 춤, 공연 등 여러 형태의 예술을 관람해보자. 각각의 예술을 접할 때 느껴지는 에너지 반응을 체크한다. 편안한 마음이 드는지, 감정이 깊어지는지, 피곤한 느낌이 드는지, 생생한 기운이 차오르는지 주의를 기울인다. 처음에 했던 예상과 다를 수도 있다. 다른 사람에게는 넘치는 에너지를

선사하는 음악이 당신에게는 별다른 효과가 없을지도 모른다. 누군가
에겐 힙합이 최고의 음악이지만, 누군가에겐 소음에 불과한 것처럼 말
이다. 여러 가지 예술을 접하며 자신에게 에너지를 주고 지친 몸과 마
음을 달래주는 것을 고르도록 하자.

활동 2 : 나만의 창조성 마음껏 표현하기

이제 당신의 창조성에 관해 이야기해볼 차례다. 지금 당신의 마음
속에 창조의 열망이 솟아오르고 있는가? 혹은 호기심을 지닌 채 망설
이고 있는가? '예술가'라는 단어가 무척 낯설게 느껴질 수도 있다. 열
린 마음을 유지한 채 그 단어를 받아들이도록 하자. 예술은 상상력을
키우고 내면의 허전함을 채우는 활동이다. 예술을 본업으로 삼을 수
도 있지만, 취미로 다가서는 것도 일상의 고달픔을 해소하는 데 도움
이 된다. 부담 갖지 말고 가볍게 시작해보자. 예술이 당신을 어디로
데려가는지 살피면, 창조적인 표현을 통해 더 많은 에너지를 얻을 수
있다. 예술은 우주의 창조적인 힘과 직접 연결되어 있다. 그래서 예술
을 감상하면 예술가의 에너지를 흡수할 수 있고, 창의적인 활동에 직
접 참여하면 그 행위에서 발생하는 에너지가 당신의 몸과 마음에 직
접 전달된다.

창조적 에너지를 마음껏 표현하려면

다음 질문을 통해 내 안에 숨어있던 취향을 알아보자.

- 어린 시절에 좋아하던 예술은 무엇인가?
- 언제나 끌렸지만 한 번도 해보지 못한 일은?
- 나를 강하게 끌어당기는 예술 분야는?
- 열정적인 취미를 더욱 깊이 있는 예술활동으로 바꾼다면?
- 주변의 시선을 신경 쓰지 않을 때 내가 할 수 있는 일은?

나와 상담했던 한 내담자는 이 질문에 스스로 대답하며 한 가지 답을 찾았다. 글쓰기와 정원 가꾸기에 관련된 관심을 하나로 모은 것이다. '잡초를 뽑는 즐거움'이 바로 그녀가 처음 쓴 글의 제목이었다. 내 친구는 '의사들의 시 모임'을 만들었다. 마음이 맞는 동료와 함께 시를 짓고, 낭송하며, 대화를 나눈다. 시가 지닌 치유의 힘을 환자 치료에 이용하기 위해서다. 그 모임에서 다루어지는 시에는 출생, 죽음, 질병, 고통이 깊이 있게 담겨 있다. 마음에 빛을 주는 창조적인 예술을 발견할 때마다 노트에 꾸준히 기록해두자. 익숙한 것이든 생소한 것이든 모두 상관없다.

우리 몸은 스스로 알아차린다

눈을 감고 천천히 깊은 호흡을 해보자. 잠시 생각에서 벗어나 몸을 두드리는 본능에 집중한다. 창조적인 가능성에 주파수를 맞추고 다음 현상을 살핀다. 커지는 에너지, 생생하게 살아 있는 느낌, 긴장이 풀림, 막힌 곳이 뚫리는 시원함, 혼란이나 지루함이 사라짐, 몸의 한 부위에 밀려오는 뜨거움이나 두근거림, 불현듯 들려오는 소리 등. 한 내담자는 언제나 축축한 흙의 감촉을 갈망했다. 도예 작업실에 찾아가 미끈미끈한 흙에 두 손이 닿았을 때 비로소 갈망이 해소되었다. 다른 내담자는 바닥을 두드리는 발의 느낌을 도무지 잊을 수 없었다. 거부할 수 없는 그 갈망을 채우기 위해 춤을 배우기 시작했다. 요리, 그림, 꽃꽂이, 무엇이든 좋다. 내 몸이 어떤 분야에 끌리는지 주의 깊게 살펴보자. 나비가 꽃에 이끌리듯, 우리의 몸은 예술적 표현을 갈망한다. 직관에 귀를 기울이며 몸의 반응을 알아채도록 하자.

시련도 영감의 일부다

어려운 환경이 예술적 표현의 분출구가 되기도 한다. 고난을 이기는 생존본능이 창조의 에너지로 탈바꿈하기 때문이다. 포지티브 에너지 워크숍에 참가한 한 여성은 장기 기증에 예술적인 감각을 담았다. 콩팥 모양의 펜던트가 달린 목걸이를 기증자와 수여자에게 선물하는 활동을 펼친 것이다. 그 활동은 실제 경험에서 비롯했다. 그녀는 몸이 아픈 오빠를 위해 자신의 콩팥 하나를 기증했다. 몇 년 전 나는 노숙자신문의 발행인을 만났는데, 그는 노숙자와 예술가의 협업을 통해 수익을 창출하고 집 없는 이들이 살아갈 힘을 얻도록 돕고 있었다. 린 매닝과의 만남도 내게 큰 영감을 주었다. 그는 스무 살 무렵에 시력을 잃었다. 바에 갔다가 괴한이 쏜 총에 맞았던 것이다. 시련은 그를 꺾지 못했고, 린은 자신의 삶을 연극으로 만들어 일인극에 도전했다. 그 퍼포먼스는 큰 호응을 얻었고, 그는 현재 시각장애인 예술을 후원하는 봉사자의 삶을 살고 있다. 이렇듯 시련을 극복하는 과정을 통해 영혼과 공명하는 창조적 표현이 탄생하곤 한다.

예술에 기꺼이 시간을 쏟아라

적어도 1주일에 한 번은 예술성을 발휘할 기회를 갖는 게 좋다. 일부러 시간을 만들어서라도 말이다. 창조적인 생활을 꾸준히 하면 에너지가 살아난다. 대단한 경지에 오르거나 누군가와 경쟁할 필요는 없다. 창조적인 활동은 풍요로운 삶의 바탕이 되어준다. (때론 이런 시간을 통해 강력한 예술성이 발휘되기도 한다) 조금씩 조금씩 예술에 가까워지도록 애써라. 그러면 새로운 세상이 당신을 찾아오고, 부쩍 커진 자신의 존재를 느끼게 될 것이다.

활동 3 : 더 높은 경지에 도달하라

창조적 에너지는 모든 것의 근원이다. 유교 경전에 이런 말이 있다.

'만물은 그것에 관한 생각에서 비롯된다.' 어떤 조건도 창조적인 에너지를 제한된 틀에 가두지 못한다. 포지티브 에너지 프로그램을 통해 당신은 내면에서 솟아나는 창조적인 에너지를 체험하게 될 것이다. 예술적인 활동을 통해 당신은 자신의 에너지장을 확장하고 더 큰 흐름에 다가설 수 있다. 이것이 바로 에너지 치유법의 핵심이다. 전설적인 무용수 이사도라 던컨은 말했다.

"춤을 출 때 내 몸이 진동하는 빛으로 가득 차는 게 느껴져요."

통찰력을 지닌 시인 에밀리 디킨슨도 이런 말을 남겼다.

"위대한 시는 어떤 불로도 녹이기 힘들 만큼 내 몸을 얼어붙게 만듭니다."

시인 콜맨 바르크스의 해석은 또 다른 깊이를 준다.

"시는 존재를 향한 다정함과 웃음을 뒤섞어 녹인 것입니다."

예술가에게 있어 창조성은 논리적 분석의 대상이 아니다. 그들은 창조성이 지닌 잠재적 에너지를 직관으로 느낀다. 마치 자연적으로 피어나는 환상의 세계처럼 말이다. 당신 또한 훈련을 통해 더 높은 예술의 경지에 도달할 수 있다.

내 안에 창조성을 가득 채우려면

다음에 제시하는 방법을 활용해보자. 글쓰기에서 빵 만들기까지 모든 창조 활동에 적용할 수 있다.

'나'라는 존재는 잠시 잊어라

창조성은 당신의 삶 전반에 영향력을 발휘한다. 지금 하는 일에만 국한된 것이 아니다. 당신은 에너지가 흐르는 거대한 관이며, 그 에너지는 당신을 위대하게 만드는 역할을 해낸다. 사실 자아는 보잘것없는 복사본일 뿐이다. 창조성을 발현시키려고 일부러 노력하는 일은 돌에서 피를 짜내려고 애쓰는 것과 마찬가지다. '나'라는 존재는 잠시 잊고 창조적인 에너지에 마음을 맡겨라. 새롭게 열린 세상을 경험하게 될 것이다.

통제하려 들지 마라

창조성은 통제하는 사람에게 다가오지 않는다. 온전히 받아들이는 수용자가 될 때 비로소 모습을 드러낸다. 연기를 업으로 삼는 배우는 다들 이 사실을 알고 있다. 우리가 지닌 창조성 회로는 압박감에 민감하게 반응한다. 있는 그대로 내버려 두면 압박감이 줄면서 더 많은 에너지가 우리 안에 흐른다. 일부러 애를 써서 전력을 다하면 압박감이 커지면서 에너지가 줄어든다. 안타깝게도 우리는 마음을 내버려 두는 과정을 '쓸모없는 시간'으로 오해한다. 기억하자. 그때야말로 창조성이 날개를 펼칠 때라는 걸.

일상의 고민에서 벗어나라

창조적인 노력이 필요한 시점이 오면, 일단 몇 분 정도 명상을 한다. 조용한 장소에 자리를 잡고 눈을 감은 채 깊이 호흡하면서 일상적인 생각을 잠재운다. 이 순간에 온전히 머물기 위해 노력하라. 숨을 들이 마시고 내쉴 때마다 에너지가 부풀어 오르는 걸 느낄 수 있을 것이다.

창조적인 에너지에 젖어 들어라

먼저 창조성이 몸 전체에 흐르는 이미지를 떠올린다. 창조성을 환하게 빛나는 해로 상상하며 그 해가 나를 향해 다가오는 것을 지켜본다. 그 빛이 머리로 들어와서 발 쪽으로 움직이는 것을 느껴라. 온기, 만족감, 즐거움이 내 몸을 타고 흘러갈 것이다. 나는 빛의 바다를 흐르는 배다. 나를 에너지로 흠뻑 적셔보자.

황홀한 창조의 에너지를 느껴라

훈련을 통해 놀라운 창조 에너지를 경험해 보자. 명상이 가져오는 달콤한 자유는 시간과 공간의 경계가 사라지는 느낌으로 다가온다. 상상력 안에 빠져들거나 몹시 평화로운 느낌이 들 수도 있다. 시간의 흐름을 잊고 일상적인 관심사에서 잠시 벗어나 보자. 좀처럼 만나기 힘든 최고의 순간을 만끽하게 될 것이다.

이 훈련은 당신의 삶을 평범한 일상에서 창조적인 세상으로 이끈다. 혼자만의 세계에서 벗어나 더 큰 자신으로 탈바꿈하자. 이제 당신은 더 많은 에너지를 받아들일 준비가 되었다. 정신을 가로막은 벽을 깨트리고 무한한 창조성을 불러들이자.

활동 4 : 나만의 공간을 마련하라

창조적인 에너지를 마음껏 뿜어낼 수 있는 안전한 공간을 마련하는 것은 무척 중요한 일이다. 자녀, 소음, 휴대전화에서 벗어나 자신만의 시간을 누릴 수 있는 안전한 장소를 마련해 보자. 집안에 나만의 공간이 있고, 그곳에 들어가 문을 잠글 수 있다면 매우 이상적인 상황이다. 가족들에게 그 공간의 중요성을 알리자. 처음에는 신성한 그 공간이 침범당할 수도 있다. 동요할 필요는 없다. 가족들이 변화에 익숙해질 때까지 참을성 있게 경계를 알려주도록 하자. 내 경우에는 방문 앞에 '출입하지 마세요'라고 쓴 종이를 붙여놓았다. 글을 써야 할 때면 나는 그 공간에서 몇 시간이고 머문다. 누군가가 방문을 열고 불쑥 들어오는 것도 싫지만, 다른 사람의 에너지장이 내 주변을 맴도는 것도 그리 유쾌하지 않다.

창조적인 공간을 집안에서 마련하기 힘들다면, 집 밖에서 찾아보는 것도 좋은 방법이다. 예술 강좌에 등록하거나 작은 스케치북을 들고 공원에 나가 보자. 레스토랑 구석 자리에서 글을 써도 좋다. 공공장소는 익명성이 보장되는 훌륭한 곳이다. 식구들과 달리 모르는 사람들은 나를 귀찮게 굴지 않는다. 번잡한 세상 속에서도 나만의 작은 공간을 만들면 얼마든지 창조에 몰두할 수 있다.

유교 경전인 주역에서는 창조성과 하늘을 같은 존재로 파악한다. 성공이란 우주의 근본적인 깊이에서 비롯된다고 믿기 때문이다. 포지티브 에너지 프로그램을 통해 당신은 창조적인 에너지 흐름에 몸을 맡길 수 있었다. 내 안에서 커진 에너지를 느낀다면, 당신은 삶에 있어 중요한 한 가지를 찾은 것이다. 창조는 언제나 에너지와 연결된다.

창조성은 우리 안에 있는 심오한 가능성을 끌어내는 역할도 한다. 〈뉴욕타임스〉에 실린 마이클 리처즈의 이야기를 읽고 나는 깊은 감명을 받았다. 조각가로 활동하던 그는 세계무역센터 테러 당시 1층 스튜디오에서 생을 마감했다. 2차 세계대전에서 영웅적으로 활약했던 아프리카계 미국인 조종사들을 기리며 그는 자신의 몸을 본뜬 작품을 만들었다. 그 청동 조각상의 머리에는 여러 대의 전투기가 박혀있다. 마치 자신을 죽음으로 몰아간 9·11 테러를 예감하듯이 말이다.

창조성은 우리의 마음을 뚫고 들어와 그곳에 자리 잡는다. 창조성을 불러내기 위해 계속 노력하면서 그것이 가리키는 방향을 신뢰하자.

창조성을 따라가면 놀라운 에너지는 물론이고, 환하게 빛나는 영혼까지 내 것으로 만들 수 있다. 내 안에서 상상력이 서서히 무르익게 하자. 조물주가 빚어낸 창조의 선율이 마음을 두드릴 것이다.

· 에너지 시크릿 ·

창조성 선서를 해보자

- 나는 창조를 위한 시간과 공간을 소유할 권리가 있다.
- 나는 나만의 자유를 누릴 권리가 있다.
- 나는 창조성이 가져오는 에너지를 가질 권리가 있다.
- 나는 창조적인 자신을 아끼고 사랑할 권리가 있다.

에너지를 깨우는 시간

눈을 감고 완벽하게 평화로운 장면을 상상하자. 햇살이 부드럽게 내려앉은 초원일 수도 있고, 바다가 내려다보이는 언덕일 수도 있다. 완벽하게 편안한 상태로 몸을 뻗어본다. 부드럽고 따스한 바람이 내 몸을 어루만지는 걸 느끼며 상쾌한 기운을 들이마신다. 그런 다음 자연과 우주에 가득한 창조 에너지가 내 몸을 따라 흐르기를 기도한다. 어렵지 않다. 나를 활짝 열고 에너지를 받아들이자.

셜리 맥클레인이 간직한 창조 에너지

셜리 맥클레인은 아카데미상을 수상한 배우다. 베스트셀러 작가이며, 무용가로도 활약하고 있다.

나에게 창조성이란 신이 부여한 보이지 않는 에너지다. 그 에너지는 내 삶을 지배하고, 영혼을 빛나게 만든다. 몰두할 수 있는 일을 만나면, 나는 에너지의 흐름에 몸과 마음을 맡긴 채 그것이 향하는 곳으로 흘러간다.

배우로 일할 때 맡은 배역에 완전히 빠지는 편은 아니다. 동료인 로버트 드니로나 메릴 스트립은 하루 24시간을 자신의 배역과 함께한다. 나는 촬영하지 않을 때는 배역과 거리를 둔다. 점심시간이나 촬영과 촬영 사이 같은 때 말이다. 그러다가 촬영이 시작되면 온전히 그 배역에 몰입한다. 중심을 지키는 내적인 감각이 나의 창조적인 에너지를 조각하는 것이다.

나는 맡은 배역에 나의 몸을 빌려줄 뿐이다. 그것은 대단히 놀라운 느낌이다. 영화 '마담 소사츠카'를 찍을 때 존 슐레진저 감독에게 말했다. 내 역할인 피아노 교사를 완전히 새롭게 창조하겠다고. 그는 배우가 자신의 역할에 완벽하게 몰입할 수 있다는 사실을 믿지 않았다. 그런 그에게 말했다. 내 몸을 빌려서 그녀의 옷차림, 걸음걸이, 생각까지 보여주겠다고 말이다. 그런 뒤 그 인물을 우주에 던져놓고 잠시 떨어져 있다가 촬영이 시작되면 그녀에게 내 몸을 빌려주었다. 영화 촬영 마지막 날, 감독이 마지막 "컷!"을 외쳤을 때 마담 소사츠카는 사라졌다. 그리고 나는 그녀와 더는 함께하지 않았다. 그날로 나는 심한 독감에 걸렸다. 열이 40도 가까이 올라갈 정도였다. 다시는 그런 일을 겪고 싶지 않지만, 그때의 기억만은 생생하게 남아있다.

발레리나로 활동할 때 생각을 비우고 공연하는 법을 배웠다. 아무리 훌륭한 기교를 지녀도 에너지를 발산하는 진정한 자유는 생각에서 해방될 때 찾아온다. 위대한 무용가로, 무용계의 양대 산맥인 안나 파블로바와 이사도라 던컨이 생전에 제이콥스 필로우 센터에서 아이들을 가르친 적이 있다. 한 번도 발레를 배워보지 않은 아이들이었다. 안나 파블로바는 체계적인 훈련 과정을 통해 아이들을 가르쳤다. 반면에 이사도라 던컨은 이렇게 말했다.

"자, 음악이 들리지? 거기에 몸을 맡겨봐."

3개월이 흐른 뒤, 그 아이들은 뉴욕으로 돌아가 발레를 본격적으로 배우기 시작했다. 그런데 이사도라 던컨이 가르친 학생들이 훨씬 빠른 발전을 보였다. 그 아이들은 음악을 느꼈기 때문이다. 아프리카 동부에서 마사이족과 함께 지낸 적이 있다. 그들이 내보이는 모든 동작에는 자유가 스며있었다. 때론 격렬하게, 때론 황홀하게 춤과 노래를 음미했다. 술도 필요 없었다. 기교뿐인 춤은 예술이 아님을 그때 나는 깨달았다.

예술은 에너지 그 자체다. 좋은 에너지든 나쁜 에너지든 모두 예술과 연결되어 있다. 예술은 치유의 힘을 지녔다. 내가 누구인지, 내가 저항하는 것은 무엇인지 또렷하게 알려준다.

창조성은 우리의 열정을 자극하며, 이런 작용은 배우에게도 정원사에게도 똑같이 일어난다.

"창조적인 일을 해낼 만큼 나는 여유롭지 못해."

이런 생각에 사로잡힌 사람도 있을 것이다. 창조적인 일을 할 때 시간은 놀랍도록 유연해진다. 짧은 시간 동안 생각보다 훨씬 많은 일을 해낼 수 있다. 나는 글쓰기와 생각하기를 즐기고, 이 두 가지에 많은 시간을 쓴다. 비교적 자기훈련이 잘 되어있지만, 아침에 눈뜰 때마다 가슴이 두근거린다. 오늘은 무슨 일이 생길까 하고 호기심이 일기 때문이다. 창조성은 그런 것이다. 원하는 대로 시간이 흐르게 하는!

직관은 신이 선물해 준 창조적 에너지다. 창조적 에너지 안에서는 시간이 존재하지 않기에 과거, 현재, 미래의 나에게 주파수를 맞출 수 있다. 직관을 얻으려면 평온한 마음을 지녀야 한다. 인도의 철학자인 크리슈나무르티는 4시간 동안 길을 걸으며 머릿속에 한 가지 생각도 떠오르지 않았다고 한다. 언젠가 내게도 그 날이 오기를 소망한다.

긴장을 해소하고
에너지를
정화하는 법

에너지를 올바르게 다루려면 어떤 태도를 지녀야 할까? 무엇보다 자신을 제대로 보살펴야 한다. 스스로를 돌보는 일에는 정성을 쏟을 필요가 없다는 건 무척 잘못된 생각이다.

이번 장에서는 긴장을 해소하여 에너지를 충전하고, 오염된 에너지 센터를 정화하는 법을 알려 줄 것이다. 상담을 위해 찾아오는 사람들에게 나는 종종 권한다. 마음을 어지럽히는 복잡한 생각을 내려놓고 가끔은 멍한 상태로 시간을 보내보라고 말이다. 온갖 것들로 들어찬 이 세계에서 자신을 보살피려면 반드시 정기적으로 휴식을 취해야 한다. 우리가 지닌 생명력은 제대로 된 보호가 필요하다. 단지 한 가지 일을 더 하거나 한 사람과 이야기를 좀 더 나누는 것만으로도 에너지가 치명적으로 소진될 수 있다는 것을 나는 종종 깨닫는다. (피로가 머리

끝까지 차올라서 몸과 마음이 풍선처럼 터져버릴 것만 같은 순간이 내겐 직관적으로 느껴진다. 바늘로 한 번만 콕 찌르면 모든 에너지가 단번에 빠져버릴 것 같은 그런 순간 말이다) 우리가 지닌 생명력을 지켜내기 위해서는 한계점을 항상 염두에 두어야 한다. 그 지점을 넘어설 때 감당해야 하는 대가는 혹독하다. 그런 기운이 느껴지면 재빨리 한걸음 뒤로 물러서도록 하자. 적당한 휴식을 취하는 것이 무엇보다 소중하다.

쉬지 않고 계속 일하면 지칠 수밖에 없다. 자신을 슈퍼맨이라 착각하며 살아간다면, 당신도 곧 불행의 나락에 빠져들 것이다. 나 또한 죽기 살기로 일한 뒤 그런 상황을 겪었다. 어쩌면 우리는 겪어본 뒤에야 깨닫는 존재인지도 모른다. 그런데도 나는 이야기를 건네고 싶다. 만약 당신이 내 말을 수용할 수 있다면 지금 당장 행복의 길로 안내할 수 있기 때문이다. 이 장에서는 생명력 보호를 위한 여러 가지 전략이 등장한다. 에너지 수준이 바닥까지 떨어지면 우리 몸은 어떻게든 부족한 에너지를 보충하려고 몸부림친다. 그리고 그것이 마지막이다. 에너지가 완전히 소진되어 돌이킬 수 없는 순간을 맞이하기 전에 반드시 제대로 된 조치를 취해야 한다.

휴식은 꼭 필요한 것이라고 다들 목소리를 높이지만, 정작 쉬어야 할 순간이 오면 자꾸만 휴식을 뒤로 미룬다. 휴식은 내게 과분하다고, 쉬는 건 시간 낭비일 뿐이라고 믿고 있을 수도 있다. 하지만 나는 당신이 꼭 기억했으면 좋겠다. 에너지가 고갈되어 무기력증에 걸린 뒤 땅을 치고 후회하는 것보다 미리 대비하는 게 낫다는 걸 말이다. 자신을 돌보는 것은 누구도 **빼앗을** 수 없는 권리다. 나를 사랑하는 일을 부끄럽게 여기지 말자. 에너지를 균형 있게 다룰 수 있다면 극도의 피로감에서 해방될 수 있다.

깊이 **빠져드는** 생각에서 벗어나는 것만으로 우리는 행복해질 수 있다. 규칙적인 휴식은 영혼과 에너지장에 쌓인 긴장을 풀어준다. 가장 중요한 일은 상처 입은 채 마음속에 웅크리고 있는 내면의 아이를 다독이는 것이다. 그 아이에게 조용히 말을 건네자.

"괜찮아. 지금부터 내가 너를 보살필게."

웃고, 떠들고, 바보처럼 굴어라

연기를 가르치는 강사인 웨스는 언제나 유쾌한 얼굴로 사람들에게 농담을 건네곤 한다. 하루는 그가 슈퍼마켓에 갔는데 계산대 앞에 사람들이 길게 늘어서 있었다. 아무리 기다려도 줄은 줄어들지 않고, 그날따라 작은 소동이 연달아 벌어졌다. 몰려든 손님이 많아 당황한 계산원은 달걀이 담긴 상자를 놓쳤고, 계산대 위에 산처럼 물건을 쌓아놓은 여자 손님은 카드가 사라졌다고 야단법석을 떨었다. 한 남자는 물건 가격을 놓고 옥신각신하는 중이었다. 그때 웨스는 생각했다.

'아, 지긋지긋해.'

그때였다. 웨스의 내면에 잠자고 있던 목소리가 그를 일깨웠다. 다음 순간, 웨스가 낭랑한 목소리로 사람들을 향해 외쳤다.

"여러분, 들어보세요. 숨을 한번 크게 쉬는 거예요. 그런 다음 함께 힘을 내봅시다!"

그때를 떠올리며 웨스가 장난스럽게 말했다.

"다들 깜짝 놀라며 나를 쳐다봤어요. 그러고는 웃음이 퍼져 나갔지요. 분명 그때 내 모습이 무척 우습게 보였을 거예요. 지금도 모르겠어요. 내가 왜 그랬는지. 나도 깜짝 놀랄 정도였다니까요. 나는 곧바로 사람들에게 사과했어요."

정말 재미있는 사건이 아닌가! 흥미로운 것은 그렇게 다 같이 웃고 나서 줄이 빠르게 줄어들었다는 것이다. 웨스가 했던 유쾌한 말이 계산대 주위를 채운 부정적인 기운을 날려버렸다. 이렇게 웃음은 고여 있는 에너지를 흐르게 하고 일의 효율성을 높인다.

웃음은 우리에게 여러모로 자유를 준다. 육체적인 측면에서는 근육의 긴장을 해소하고, 피로를 푸는 역할을 한다. 감정적 측면에서는 기분을 좋게 하고 방어수준이 낮춘다. 또한, 웃음은 에너지 시스템에 긍정적인 기운을 전달하여 괴로움을 사라지게 해준다. 웃음이 지닌 치유 효과는 여러 연구를 통해 확인되었다. 웃음은 면역력과 엔도르핀 수치를 높이고, 스트레스와 우울증을 완화한다. 심장마비 예방에도 효과가 있다. 알레르기성 질환을 앓던 환자들이 찰리 채플린의 유명한 코미디 영화 '모던 타임스'를 본 뒤 증상이 개선되었다는 보고가 있다. 웃음 치료의 선구자로 유명한 의사 노먼 커즌은 관절염으로 극심한 고통에 시달릴 때 '하루 10분 웃기'로 자신의 병을 치료했다. 미국 유머치료협회는 웃음이 실제로 질병 치료에 효과가 있다고 말한다. 로빈 윌리엄스가 유쾌한 의사로 열연했던 영화 '패치 아담스'에서도 유머가 환자들에게 끼치는 긍정적인 영향력을 볼 수 있다.

우리 안의 에너지가 진동할 수 있도록 크게 웃어라. 꾸미거나 틀에 박힌 웃음은 소용이 없다. 영혼에서 우러나오는 진정한 웃음만이 부정적인 에너지를 걷어내고 긍정적인 에너지를 가져온다. 큰 웃음은 소리, 미소, 열린 마음이 어우러진 순수하고 유쾌한 감정이다. 유쾌함을 가슴으로 느끼면서 몸 전체에 에너지의 전달하라. 웃기 직전의 기대감, 의식의 미세한 변화, 분위기 반전의 조짐을 즐기는 당신의 모습에 주의를 기울여라. 거짓 웃음은 거짓 오르가슴과 다르지 않다. 그런 웃음에는 긍정적인 에너지가 깃들지 못한다. 나는 사람들이 하는 농담을 잘 알아듣지 못한다. 예전에는 분위기를 망치지 않으려고 억지로 웃었다. 힘들었지만 그렇게 할 수밖에 없었다. 바보같이 보일까 봐 두려웠기 때문이다. 그래서 나는 거짓으로 웃는 사람의 마음을 이해한다. 다행히 이제는 그런 일로 고민하지 않는다. 이해하지 못했다고 솔직하게 말하면 오히려 유쾌한 반응이 돌아온다는 걸 깨달았다. 덕분에 이제는 웃음을 꾸며내지 않고 자연스럽게 지낼 수 있다.

유머는 에너지의 원천이다. 그렇다고 거짓 웃음을 보일 필요는 없다. 무엇이 나를 즐겁게 하는지, 어떤 일이 나를 부담스럽게 만드는지 스스로 알아채는 게 중요하다. 나스루딘은 13세기 중동에서 활약했던 만담가이자 신비로운 현인이다. 한번은 그가 외출하면서 대문을 떼어 냈다. 사람들이 그 이유를 물었다. 그러자 그가 대답했다.

"집을 안전하게 지키기 위해서라오. 내가 대문을 들고 다니면 아무도 우리 집에 들어올 수 없을 거요. 집에 들어가는 유일한 길이 이 문을 통과하는 것이니 말이오."

통찰이 스며있는 이런 유머를 나는 좋아한다. 누구에게도 해를 끼치지 않으며, 인간 내면에 감춰진 두려움을 부드럽게 풍자하기 때문이다.

얼마나 자주 웃는지는 그 사람의 에너지장을 보면 알 수 있다. 질리안은 자유로운 영혼을 지닌 플로리스트로, 무척 잘 웃는다. 그녀를 둘러싼 에너지는 여유롭고 산뜻하다. 반면에 프레드는 생각이 깊지만, 감정적으로 억압된 상태다. 그의 에너지장은 팽팽한 긴장감을 내뿜는다. 그리고 묵직한 덩어리 하나가 머리에 있는 직관 센터를 누르고 있다.

웃음을 잃는 것은 영혼을 망치는 죄다. 웃지 않는 내담자를 만나면 나는 절대 그 상태를 내버려 두지 않는다. 웃음이 사라진 시기를 알아내고, 그들이 다시 웃을 수 있도록 돕는 게 내 역할이다. 기회를 놓치면 그들의 에너지는 바닥을 드러내고 만다. 웃음이 부족한 것도 결핍이라는 생각을 대부분 하지 않는다. 하지만 에너지 측면에서 볼 때 웃음 부족은 분명한 결핍이다.

우리가 더 많이 웃지 않는 이유는 내면의 에너지가 억눌려 있기 때문이다. (안타깝지만 이것은 우리 안의 생명력이 파괴되고 있음을 보여준다. 이 상태를 되돌릴 방법을 지금부터 설명하도록 하겠다) 이로 인해 지쳐가는 사람들은 나는 수 없이 보았다. 불행한 유년기, 어린 시절의 상실감, 지나치게 예민한 부모로 인해 웃음을 잃었을 수도 있다. 많은 일에 짓눌리고, 현재 겪고 있는 문제에서 탈출구를 찾을 수 없을 때도 웃음은 사라진다. 심지어는 유머 감각이 사라진 것인지 처음부터 없었던 것인지 구별할 수 없을 수도 있다. 다행히도 이 문제를 풀 열쇠가 있다. 마음 한구석에서 조용히 숨죽이고 있는 내면의 아이를 찾는 것이다.

먼저 자신의 과거를 살펴보자. 언제부터 웃음이 사라졌는지 떠올려 본다. 가족, 혹은 세상이 들려준 어두운 현실에 관한 이야기를 의식적으로 찾는 게 중요하다. 그리고 그것에서 벗어나 자유로워질 수 있도록 노력하라. 나를 사로잡은 과거의 기억이 현재의 기쁨에 영향을 미쳐서는 안 된다는 걸 깨달아야 한다.

성장하면서 나는 어머니가 큰소리로 웃는 걸 본 적이 없다. 미소만 지을 뿐 절대 소리는 내지 않았다. 아마도 여성에게 강요된 예의범절 때문일 것이다. 어머니는 내게도 그런 끔찍한 예절을 강요하곤 했다. 하지만 나는 이해할 수 없었다. 아버지도 자주 웃지 않았다. 우리 가족 안에 유머란 건 애초에 없었다. 의사라는 직업을 지닌 우리 부모님은 식사시간에 온갖 질병에 관해 토론을 벌였다. 암 수술에 관한 이야기뿐 아니라, 설사, 치매 등 모든 것이 토론의 주제가 되었다. 식탁 앞이라고 금기시되는 주제는 없었다. 되돌아보면 이런 토론이 이어졌던 저녁 식사시간이야말로 어처구니없는 유머였다. 당시 내 마음은 복잡했다. 절반은 그런 분위기에 휩쓸렸고, 절반은 그런 분위기가 불만스러웠다. 하지만 이것만은 확실하다. 그때 어머니의 웃음소리를 더 많이 들어야 했다. 그랬다면 마음이 좀 더 편안했을 거고, 세상이 그렇게 긴장으로 가득한 곳으로 다가오지 않았을 거다. 어머니가 좀 더 밝은 얼굴로 어린 나를 대했더라면, 어른이 되었을 때 내가 긍정적인 면을 찾아내느라 그렇게 애쓸 필요도 없었을 거다.

잃었던 웃음을 되찾으면 인생은 행복으로 가득 차게 된다. 빌은 안경을 끼고 콧수염을 기른 40대 초반의 남성으로, 주말 워크숍에 찾아와서 이렇게 말했다.

"나는 지금껏 순조로운 인생을 살아왔어요. 사랑하는 아내와 함께 결혼 생활도 잘 꾸리고 있지요."

그때 나는 그들 부부의 에너지장을 볼 수 있었다. 두 사람의 에너지장이 보석처럼 반짝이며 얽혀 있었다. 그는 말을 이어갔다.

"영문과 교수라는 직업에도 만족합니다. 그런데 예전에 느꼈던 큰 놀라움이나 웃음은 사라진 것 같아요."

"그런 느낌을 마지막으로 가졌던 게 언제인가요?"

내 물음에 빌은 한참 생각했다. 그러고는 미소를 지으며 말했다.

"열한 살 무렵인 것 같아요."

그의 얼굴에 어느새 슬픔이 떠올랐다.

"그때만 해도 나는 자주 꿈을 꿨어요. 꿈속에서 산과 계곡을 마음껏 날아다니며 완벽한 자유를 누리곤 했지요. 그때만 해도 투명한 감각을 지니고 있었어요. 내가 누구인지 어디로 가는지 또렷하게 알고 있었죠. 하늘로 날아오르는 건 내게 너무 쉽고 행복한 일이었어요."

그에 대한 내 판단은 맞았다. 그가 꿈속에서 느꼈던 황홀한 감정을 나는 고스란히 느낄 수 있었다. 나는 설명했다.

"날아다니는 꿈은 우리가 영혼의 위대함과 기쁨을 받아들일 커다란 능력을 지녔다는 것을 말해줍니다."

많은 아이가 이런 능력을 갖고 태어난다. 하지만 어른이 되면 대부분 잃어버린다. 빌은 방금 자신의 안에 웅크리고 있던 내면의 아이를 인식했다. 어떻게 하면 잃었던 웃음을 되찾을 수 있을지 절박하게 물었다. 나는 대답했다.

"오늘 밤 잠들기 전에 자신에게 요청해보세요. 웃음을 잃은 이유를 꿈을 통해 알려달라고요."

다음날 그는 꿈속에서 대답을 얻었다고 했다.

"그곳은 많은 사람으로 북적였어요. 무슨 관공서 같았는데, 줄이 끝도 없이 이어져 있었지요. 겨우 내 차례가 되어서 번호표를 받아드는데, 갑자기 어떤 사람이 내 번호표를 가로챘어요. 놀란 내가 돌려달라고 요구했지만, 아무 소용이 없었어요. 나는 투명인간 취급을 당했어요. 마치 없는 사람 같았죠. 미칠 것 같은 기분이 들었어요. 그건 분명내 번호인데, 도무지 돌려받을 수가 없었어요."

빌의 이야기에 귀 기울이며, 나는 그 번호표가 웃음을 되찾을 힌트임을 알아차렸다. 자세한 것까지는 알 수 없었지만, 곧바로 적절한 질문이 떠올랐다.

"빼앗긴 그 번호표에 어떤 숫자가 쓰여있었나요?"

그는 오랫동안 생각에 잠겼다. 그러더니 갑작스레 온몸에서 빛을 뿜으며 말했다.

"46번이요."

빌의 대답은 단호했고, 곧바로 환하게 웃었다.

"학교 축구팀에서 내가 달고 있던 번호였어요. 열한 살 때였지요."

남자가 되는 시작점! 활발한 열한 살 소년에게 축구는 모험 그 자체였다. 하지만 시간이 흐르고, 그는 축구를 그만두었다. 그리고 더는 날아다니는 꿈을 꾸지 않았다. 30년의 세월이 지난 뒤, 빌은 기쁨을 되찾을 준비가 되었다. 그것은 내면의 아이에게 줄 선물과도 같았다. 그는 알아차렸다. 46번이 필요하다는 사실을!

빌의 표정은 부드러워졌고, 얼굴에 웃음이 돌아왔다. 우리가 얼마나 그것을 그리워하는지 나는 잘 안다. 텅 비어버린 어른들의 세상에서 말이다.

"어떻게든 46번을 되찾을 거예요!"

빌이 밝은 얼굴로 다짐했다. 내면의 아이를 최우선에 두기로 마음먹은 것이다. 몇 달 뒤, 그의 아내가 보낸 이메일을 받았다.

"빌의 어린 시절 사진 한 장을 발견했어요. 유니폼에 46번이 찍혀있었지요. 그 사진을 보며 빌은 떠올렸어요. 자신이 어떤 사람이었는지, 어떤 가능성으로 빛나고 있었는지를요. 저는 그 사진을 옷장에 붙여놓았어요. 그리고 이제는 빌을 '46번'이라고 부른답니다."

　길에서 우연히 46이라는 숫자를 발견할 때마다 나는 빌이 떠올라 유쾌하게 웃곤 한다.

· 에너지 시크릿 ·

내면의 아이를 제대로 돌보려면

지금부터 더 많이 웃는 방법을 알려줄 것이다. 마음을 다해 좋은 에너지를 느끼며 이 훈련을 해낸다면 큰 웃음을 되살릴 수 있다.

잃었던 생명력을 되찾아라

우리 모두에겐 내면의 아이가 있다. 어른인 채 살아가는 겉모습과 마음속 아이의 모습은 서로 다른 생명력을 지녔다. 에너지를 완전히 되찾으려면 둘 다를 살펴야 한다. 하지만 수줍음이 많은 내면의 아이는 좀처럼 밖으로 나오지 않는다. 자꾸만 숨으려는 이 아이를 어떻게 만나야 할까? 먼저 어린 시절의 사진을 들여다보자. 여러 장의 사진이 아이의 에너지를 드러낼 것이다. 손에 사진을 올려놓고 약속의 말을 건넨다. 원하는 것을 들어주겠다고. 나는 이런 약속을 건넸다.

"사진을 찍을 때 웃으라고 강요하지 않을게."

실제로 나는 그런 상황을 몹시 싫어했다. 이처럼 견디기 힘들었던 순간을 기억해내라. 그리고 다시는 그런 고통을 참지 않겠다고 다짐하라.

위험에 처하면 내면의 아이가 신호를 보낸다. 웃음이 줄고, 몹시 피로하며, 일이 너무 많다는 느낌이 든다. 이럴 땐 내면의 아이를 살펴야 한다. 몇 년 전에 도서박람회에 초대받았다. 번잡하고 정신없는 분위기 속에서 잡지 인터뷰를 겨우 마쳤다. 피로감을 느끼며 구석에서 깜빡 잠이 들었는데, 꿈속에서 내면의 아이를 만났다. 요람에 누워있는 그 아이는 온통 새파랗게 변해 있었다! 그때 깨달았다. 내면의 아이를 보살펴야 한다는 걸. 과로에 시달리고 피로감이 몰려올 때가 그 신호임을 알아차리자. 친구와 나란히 소파에 기대앉아 재미있는 영화 한 편을 보는 것도 좋다. 이런 사소한 일이 당신의 웃음을 지키고, 내면의 아이가 지닌 생명력을 되찾아준다.

재미있는 것을 찾아내라

내면의 아이가 좋아할 일들을 찾아보자. 어린 시절을 떠올리며 생각만 해도 웃음이 나는 순간을 기억해본다. 보드게임, 애니메이션의 주인공, 익살스러운 악당, 꽥꽥 소리 지르며 불렀던 노래들. 녹슨 웃음 세포에 추억이 윤활유가 되어줄 것이다. 그런 다음 내면의 아이가 보여주는 반응을 살핀다. 무엇을 떠올릴 때 재미있어하는지, 어떤 일에 호기심을 보이는지 알 수 있을 것이다. 즐거운 일에 관해 갖가지 정보를 검색하는 것도 좋다.

어른이 된 후 나는 마술에 흠뻑 빠졌다. 내 안에 있는 내면의 아이는 리키 제이가 날려 보낸 카드가 수박에 정확하게 꽂히는 장면을 넋을 잃고 바라본다. 그가 쓴 책에는 마술에 열광하는 사람들과 노래하는 쥐가 등장한다. 그 이야기 속에서 나는 커다란 즐거움을 느꼈다.

어떤 일을 정말로 좋아하는지 알아낼 방법은 무엇일까? 잠재적 에너지가 보내는 신호에 귀를 기울이자. 자연스레 웃음이 터지고, 자신도 모르게 빠져들고, 마음이 가벼워지고, 활력이 차오른다면 그 일이 내게 맞는 일이다. 내면의 아이는 에너지를 감지하는 데 탁월한 능력을 지녔다. 게다가 실패한 농담도 훌륭한 유머로 바꾼다. 이 사실을 언제나 기억하자.

웃고 있는 이에게 다가가라

웃음이 지닌 에너지는 널리 퍼진다. 마음에서 우러나오는 웃음은 주변 사람에게 좋은 기운을 전달한다. 소리나 표정이 중요한 게 아니다. 웃음 이면에 담긴 에너지가 핵심이다. 달라이 라마의 웃음은 사랑과 존경을 담고 있다. 그 웃음에 담긴 치유의 에너지는 우리 마음에 곧장 스며든다. 정반대인 경우도 있다. 얼굴은 웃고 있지만, 그 안에 미움이나 고통이 담겨 있을 때가 있다. 그럴 땐 부정적인 에너지가 전달된다. 누구도 기쁨을 느끼지 못한다. 우리에겐 에너지를 감지하는 능력이 있다. 자신의 느낌을 믿고, 상대의 거짓 웃음에 속지 않도록 하자.

아이들과 함께 시간을 보내라

놀이에 있어서는 아이들만 한 실력자가 없다. 그들의 거리낌 없는 행동은 쉽게 전염된다. 시간이 날 때마다 아이들을 관찰해보자. 아기는 태어난 지 한 달 반 정도면 방긋 미소를 보인다. 그리고 4개월이 지나면 웃을 수 있다. 이런 본능은 무척 경이롭다. 놀이터에서 아이들을 관찰해보면 저절로 행복해진다. 아이들은 감정을 숨기지 못한다. 터져 나오는 웃음을 그대로 내버려 둔다. 마음을 열고 환한 웃음이 내뿜는 에너지를 받아들이자.

아이를 키우는 부모라면 반드시 함께 놀아줘야 한다. 정해진 목표를 끊임없이 수행해야 하는 환경은 놀이의 중요성을 잊게 만든다. (요새는 아이들의 삶도 어른들과 비슷하다. 너무 바쁘고, 너무 딱딱하다) 마음에서 우러나오는 아이의 웃음을 다시 배우자. 당신도 충분히 즐겁게 웃을 수 있다.

일부러라도 자주 웃어라

아침에 눈을 뜨는 순간부터 웃을 일을 찾도록 하자. 자주 웃으면 에너지장이 산뜻해지고 지금껏 당신을 괴롭히던 고민이 사라진다.

"오늘도 많이 웃을 일이 생길 거야."

부모님이 아침마다 이렇게 말해주었다면, 우리 인생은 훨씬 수월했을 것이다. 하지만 그런 부모는 거의 없다. 그래서 우리는 웃는 법을 스스로 익혀야 한다.

산타모니카 건강센터에는 암을 이긴 환자들을 위한 특별한 행사가 있다. 바로 '누가 누가 오래 웃나?' 대회다. 함께 모여 농담을 하고, 의료 사고를 포함해 모든 일을 소재로 삼아 웃음을 터트린다. 그들은 알고 있다. 웃음에 치료 효과가 있다는 사실을. 그 모습은 지혜와 교훈을 준다. 아플 때까지 기다릴 필요는 없다. 내가 경험하는 모든 일에서, 특히 실수했을 때 실컷 즐거워하자. 마음껏 웃을 때 당신의 에너지도 피어난다.

이번 장에서 우리가 주목해야 할 것은 우주의 유머, 즉 신의 윙크다. 믿기 어려울 만큼 힘겨운 상황 속에도 우주의 유머는 존재한다. 각박한 현실을 이겨내고, 그 안에서 웃음을 찾도록 돕는다. 강연을 위해 초청받은 자리에서 나는 한 사람을 만났다. 그녀가 들려준 이야기는 무척 인상적이었다. 당시 그녀의 남편은 깊은 병으로 살 날이 얼마 남지 않은 상태였다. 어느 날 그녀는 꿈을 꾸었다. 남편이 자기를 떠나서 루실라는 여자에게 가는 꿈이었다. 그 이야기를 들려주자, 남편은 어이없어했다.

"대체 무슨 소리야. 다른 여자라니?"

몇 달이 지난 뒤, 남편은 세상을 떠났다. 꽃을 들고 무덤을 찾아간 그녀는 무심코 주위를 둘러보았다. 그리고 빙그레 웃었다. 남편의 바로 옆 묘비에 한 사람의 이름이 보였기 때문이다. 바로 루실리였다. 우주는 이렇듯 한 단계 높은 유머를 구사한다. 절망에 휩싸여 있던 그녀는 덕분에 미소를 되찾을 수 있었다. 그녀가 말했다.

"세상이 나를 보살펴주고 있다는 느낌이 들었어요. 모든 게 잘 될 거라는 믿음이 생겼지요."

우주의 유머는 세상 어느 곳에든 존재한다. 그 사실을 믿는다면 당신도 절망 한 가운데서 꽃을 피워낼 수 있을 것이다.

자신의 에너지를 부지런히 보살펴라

아무리 사소한 일도 나를 보살피는 기회가 될 수 있다. 흔히 사람들은 자신을 즐겁게 하는 작은 일을 호사라고 여긴다. 특히 남자들은 그런 일이 자신을 나약하게 만든다고 믿는다. 하지만 포지티브 에너지 프로그램은 이런 일의 가치를 강조한다. 자신을 돌보는 사소한 일이 수준 높은 에너지 차원에 들어서는 입구가 되어주기 때문이다. 향기로운 욕탕에 몸을 담그거나, 축구 경기를 보는 것 모두 '자신 돌보기'가 될 수 있다. 이런 일을 할 때는 누구도 에너지를 빼앗아가지 못한다. 에너지가 오롯이 내 것이 되는 것이다. '자신 돌보기'는 스트레스의 반대말이다. 자신을 돌보면 긴장이 풀어지고, 피로가 사라진다. 때로는 이 작은 일들이 나의 존재를 발견하게 하고, 막힌 에너지를 뚫어준다.

'자신 돌보기'를 주기적으로 시행하자. 필요하다면 특별한 처방을 받는 것도 좋다. 지금부터 네 가지 종류의 '자신 돌보기'를 알려줄 것이다. 어떤 것을 선택해도 좋다. 하나씩 차근차근 체험해보고 그것이 가져오는 효과를 비교해 보자. 잠재적 에너지의 변화가 느껴질 것이다. '자신 돌보기'는 결코 이기적인 시간이 아니다. 스스로를 살피고 돕는 길이다. 지금부터 하나씩 실천해보자.

실천 1 : 따뜻한 물이 담긴 욕조에 들어가라

물은 세계 모든 문화권에서 치유의 물질로 인정받고 있다. 지금으로부터 6천 년 전에 이미 광천수의 치료 효과가 알려질 정도였다. 역사적으로 유명한 로마식 온탕 이전에도 바빌로니아와 이집트, 티베트 등에서 이미 치료를 위해 물을 이용했다. 현대의학의 아버지로 일컬어지는 히포크라테스는 일찍이 환자에게 바닷물을 약으로 처방했다. 그리고 물을 끓여서 섭취하라고 당부했다. 물의 중요성을 일찌감치 깨달은 것이다. 20세기 초반에 활동한 예언가 에드가 케이시는 의학적 언급을 여러 차례 했는데, 그 가운데엔 광천수에 관한 이야기도 있다. 그는 여러 사람에게 광물질이 함유된 물에 몸을 담그라고 충고했다. 물을 이용한 이 같은 치료법은 로버트 프로스트의 허리통증을 완화하고, 많은 이들의 병을 낫게 해주었다. 어린 시절에 소아마비를 앓은 뒤 휠체어에 앉아 생활했던 프랭클린 루즈벨트도 종종 물 치료법의 도움을 받았고, 후일 조지아주의 온천 지대에 장애가 있는 사람들을 위한 재활센터를 세웠다. 프랑스 루르드 지방에 있는 '성모의 샘'은 치료의 기적으로 이름이 높다. 그래서 매년 많은 이들이 질병 치료를 위해 그곳을 찾고 있다.

욕조에 몸을 담그고 안정감을 얻어라. (광천수를 자주 사용하기는 힘들겠지만, 이 물은 땅의 구성요소를 지니고 있어 에너지 활성에 도움이 된다) 물은 매우 유용하다. 마음을 위로하고, 생기를 부여하며, 몸을 깨끗하게 한다. 물은 에너지장에 고인 부정적인 기운을 없애는데, 이는 직관적인 공감자에게 특히 도움이 된다.

매일 저녁에 목욕하는 시간을 나는 참 좋아한다. 수도꼭지가 열리고, 물이 흘러나오기 시작하면, 그 소리가 나를 안심시킨다. 욕조에 물을 가득 채운 뒤 자스민 향이 피어나는 초를 여러 개 밝힌다. 그리고 따뜻한 물에 천천히 몸을 담근다. 근육과 뇌에 쌓인 긴장이 빠른 속도로 풀리고, 편안해진 몸에 기쁨이 스며든다. 마치 자궁 속에 있는 것처럼 안정감이 밀려오고, 해방감이 넘친다. 때로는 직관이 다가오기도 한다. 물에는 직관력을 높이는 능력이 있다. 고대의 많은 예언가들이 물을 통해 미래를 읽곤 했다. 물에 몸을 담글 때뿐만 아니라, 강가나 바닷가처럼 물에 가까이 있을 때도 많은 통찰이 다가온다. 물은 우리가 온종일 빨아들인 부정적인 기운을 없애고, 일상의 스트레스를 제거해 정신과 몸의 결합을 돕는다.

목욕을 당신만의 의식으로 만들어라. 거품이 가득한 욕조도 좋고, 욕실용 소금이나 천연 오일을 사용해도 좋다. 고유의 향기를 지닌 천연 오일은 식물이 간직한 면역 물질을 우리 몸에 전달한다. 라벤더는 긴장 완화 효과가 있고, 페퍼민트는 위의 활동을 돕는다. 중요한 것은 이때 우리가 알몸이 된다는 사실이다. 이 상태에서는 무엇이든 받아들일 수 있다. (옷은 차크라와 외부 세계를 분리한다) 피부가 공기와 접촉하고, 공기는 물에 닿는다. 목욕할 때 각각이 지닌 에너지가 뒤섞인다. 차크라에 비누칠을 하면 황홀한 느낌이 든다. 그 순간에 차크라가 깨어나기 때문이다. 스펀지로 몸을 문지르면 에너지 순환이 좋아진다. 나는 샤워보다 욕조에서 하는 목욕을 선호하는데, 마치 요람에 누운 듯 물에 몸을 맡기는 느낌이 좋다. 몸이 지닌 무게감이 사라지고, 아무것도 하지 않을 자유가 부여된다. 샤워는 아무래도 서서 하기 때문에 편안한 느낌이 덜하다.

욕조 안에 누워 물에 몸을 맡긴 뒤, 두 눈 사이에 있는 직관 에너지 센터에 손을 살짝 가져가 보자. 그런 다음 어떤 장면이 떠오르는지 지켜본다. 본능이 지닌 힘에 마음을 열고 깊은 휴식을 취하면 우리가 지닌 에너지가 한층 강해진다.

실천 2 : 정기적으로 마사지를 받아라

좋은 마사지는 몸과 마음의 긴장을 풀고, 의식 상태의 변화를 가져온다. 또한 잠재적 시스템에 에너지가 흐르게 도와준다. 마사지는 차크라를 열고, 기억을 일깨우고, 막힌 감정을 풀어준다. 마사지가 치유의 시작이 될 수 있는 것이다. 마사지를 받을 때 우리는 옷을 벗은 상태로 마음을 열고 다른 사람의 손에 기쁘게 몸을 맡긴다. (눈을 감은 채로

얇은 천 한 장을 덮고 있긴 하지만 말이다) 사실 이런 상황은 평소라면 상상하기 힘들다. 덕분에 이성적인 사람도 기꺼이 황홀감을 맛볼 수 있다. 머리를 괴롭히는 생각에서 벗어나 몸의 기쁨을 느끼는 것이다. 또한 상대의 세심한 보살핌이 피부를 통해 스며든다.

마사지의 종류는 다양하다. 부드러운 스웨덴식 마사지, 근육 깊이 자극하는 롤핑, 특정 지점을 자극하는 지압 등등. 얼굴 전문 마사지도 있다. 얼굴 마사지를 받으면 이마에 있는 직관 에너지 센터, 즉 영성 에너지 센터가 활성화된다. 다양한 마사지를 받아보고, 무엇에 끌리는지 살핀다. 친구의 소개를 받아도 좋고, 주치의의 추천을 받는 것도 권할만하다. 마사지 전문가를 고를 때는 다음과 같은 점을 고려하자.

- 내가 선호하는 사람은 남자인가, 여자인가?
- 마사지 전문가가 나의 잠재적 에너지를 활성화하는가?
- 나는 깊은 마사지를 선호하는가, 가벼운 마사지를 선호하는가?
- 30분 정도가 좋은가, 혹은 한 시간 이상이 좋은가?
- 고요한 분위기를 좋아하는가, 잔잔한 음악이 깔린 분위기를 좋아하는가?
- 편안하게 나누는 대화를 즐기는가, 아니면 최소한의 인사만 원하는가?

정기적으로 마사지를 받는 것은 여러모로 도움이 된다. 일주일에 한

번이 이상적이며, 한 달에 한 번도 에너지 강화에 요긴하다. 마사지를 받는 시간을 성스럽게 여겨라. 불가피한 상황이 아니라면 절대 취소하지 않도록 자신과의 약속을 지키는 게 좋다. 나는 마사지 전문가가 저녁 시간에 우리 집에 방문하는 것을 선호한다. 마사지가 끝난 뒤 목욕을 하고, 곧바로 잠들 수 있기 때문이다. 스트레스가 완벽하게 사라진 상태에서 침대에 눕는 건 정말 행복한 경험이다. 하지만 육아에 지친 엄마라면 바깥에서 받는 마사지가 더 좋다. 남편이나 도우미에게 잠시 아이를 맡기고 일상에서 탈출하는 것이다. 몇 시간 정도는 '나'를 최우선으로 삼고 자신을 돌보자. 그러면 좋은 엄마, 좋은 아내, 좋은 친구로 거듭날 수 있다. 엄마가 건강할 때 아이도 바르게 자란다. 엄마가 스스로 돌보는 모습을 아이도 보고 배운다.

잠깐 시간을 내어 몸을 아름답게 꾸미는 것도 좋다. 손톱 손질, 발톱 손질, 아로마테라피, 진흙 목욕 등등! 이것 모두 기분을 좋게 하고 몸과 마음에 에너지를 더한다. 이런 활동은 결코 사치가 아니다. 치유의 한 가지로 받아들이면 얻을 수 있는 것이 훨씬 많다. 일단 해보기로 마음먹었다면, 전문가의 기운을 알아보자. 몸에 닿는 손길마다 에너지가 전해지기 때문이다. 가슴에서 우러나오는 서비스를 하는지, 자신의 문제로 상대에게 부담을 주지는 않는지 살핀다. 정보가 많을수록 좋다. 친구의 소개라면 자세히 물어보고 그 사람의 스타일을 파악하자.

실천 3 : 빈둥거리는 시간을 즐겨라

'빈둥거림'은 아무 생각 없이 '채소'처럼 지내는 시간을 뜻한다. 채소는 모양도 좋고 맛도 좋은 생명체지만 딱히 생각은 없다. 다행스럽게도 우리에겐 채소를 흉내 낼 능력이 있다. 나는 종종 빈둥거리며 에너지를 되살린다. 내게는 빈둥거리는 상태가 곧 영적인 상태다. 심각한 뉴스를 보는 대신 가볍게 웃을 수 있는 프로그램을 시청하고, 휴대전화를 꺼놓은 채 오후 내내 침대에 누워있기도 한다. 쓸모있는 일은 하나도 할 필요가 없다.

어떤 스타일의 빈둥거림에 마음이 가는지 살펴보자. 소파에 기대어 창밖을 보며 멍하니 쉬어도 좋고, TV를 시청해도 상관없다. 주의할 것은 그런 일에 자유 시간을 몽땅 할애하거나 동영상 시청에 중독되면 안 된다는 것이다. 일상생활을 방해받거나 가족과의 시간을 희생해서도 안 된다. (내 아버지는 TV 시청을 무척 즐겼고, 어머니는 그런 모습을 못마땅해했다. 그래서 다툼이 끊이질 않았다) 패션잡지를 처음부터 끝까지 읽는 것을 좋아할 수도 있다. 어떤 일이든 조금도 부끄러워할 필요는 없다. 세상에서 벌어지는 온갖 사건과 머리를 괴롭히는 고민에서 잠시나마 벗어나는 건 건강에도 좋다. 가끔 매사가 지겹고 사람들을 보기 싫을 때가 있다. 그럴 때면 나는 빈둥거린다. 단지 몇 시간만 주어지는 자유지만, 덕분에 금방 기분이 좋아진다. 이런 손쉬운 호사를 자주 누리도록 하자.

실천 4 : 때론 사치스럽게 굴어라

'사치'의 사전적 의미는 '뽐내기 위해 하는 낭비'다. 남들에게 보여주기 위해 잘난 척하는 행위라는 뜻이다. 하지만 포지티브 에너지 프로그램에서 사치란 전혀 다른 의미로 쓰인다. 내게 있어 사치란 에너지의 확장, 혹은 관대한 태도를 말한다. 가끔 우리는 자신을 위한 소비를 감행한다. 특별하다고 여기는 것에 큰돈을 내놓는 것이다. 그렇다고 해서 말도 안 되는 것에 돈을 쏟아부으라는 말은 아니다. 고급 스포츠카를 사느라 아이들의 학비를 날리거나, 쇼핑중독에 빠진 채 돈을 함부로 쓰는 것 말이다. 그저 에너지의 총량을 늘릴 수 있는 것에 돈을 슬쩍 쓰라는 것이다. 테니스에 빠져있는 한 사람은 최고급 라켓을 사는 것으로 사치를 부렸다. 덕분에 큰 기쁨을 누렸다. 또 한 사람은 좋아하는 가수의 콘서트 티켓을 샀다. 그것도 로얄석으로. 이렇게 유쾌한 사치를 가끔 부려보자. 분위기 좋은 레스토랑에서 식사하거나, 비싼 구두 한 켤레를 사는 것도 좋다. 옷 한 벌을 사는 게 그저 물건을 더하는 행위는 아니다. 가끔 부리는 사치는 우리가 내뿜는 에너지에 작지만 또렷한 빛깔을 더해준다. 우리가 지닌 모든 물건은 잠재적 에너지를 내뿜는다. 구멍 뚫린 청바지나 낡은 스웨터를 버리기 싫은 마음을 이해한다. 하지만 그런 물건에 스며있던 에너지가 수명을 다하면, 기꺼이 버려야 한다. 그런 다음 새 물건을 한두 가지 사면 새로운 활력을 얻을 수 있다.

나는 계획을 세워 알뜰하게 소비하는 습관을 환영한다. 하지만 절약에 목매는 삶은 변비에 걸린 것처럼 에너지의 흐름을 조인다. 작은 사치로 기분을 전환하고, 생명 에너지를 움직이게 하자.

수행으로 에너지를 충전하라

어머니가 돌아가신 뒤의 일이다. 어느 날 어머니가 보관하던 커다란 상자를 열어보았다. 거기엔 온갖 것들이 간직되어 있었다. 아기 때의 내 머리카락부터 초등학교 시절의 물건까지. 거기서 우연히 초등학교 3학년 시절의 성적표를 발견했다. 거기엔 선생님이 직접 쓴 글이 적혀 있었다.

"주디는 매우 뛰어난 학생입니다. 하지만 너무 잘 해내야겠다는 생각에 항상 긴장하지요."

나는 깜짝 놀라고 말았다. 세상에, 그 어린 나이에도 긴장하며 살았다니! 평생 긴장하며 지냈던 나는 지금에서야 수행의 소중함을 깨닫고 있다. 수행은 에너지의 질을 높이고, 편안한 몸과 마음을 가져다준다.

세상일에 관여하고 물러서는 시점을 아는 것은 몹시 중요하다. 누구든 자신에게 가장 적절한 리듬을 찾아야 한다. 수행이란 무엇일까? 존재의 고요함을 찾기 위해 전화, 서류, 잡담을 멀리하는 것이다. 그럼으로써 기운을 되찾고, 자연과의 결합을 통해 에너지를 윤택하게 만들 수 있다. 수행은 휴가와는 다르다. 크루즈에 올라타거나 유럽 여행을 떠나는 것은 즐거움을 충족하는 활동이며, 또 다른 에너지 충전 방식이다. 휴가와 달리 수행은 집에서도 가능하다. 몇 시간, 며칠 동안할 수도 있고, 그보다 길어질 수도 있다. 때론 세계 일주처럼 거창한계획을 세우는 것도 수행이 되곤 한다. 기존의 현대의학은 이러한 수행을 인정하지 않을 수도 있다. 하지만 이런 수행법은 환자의 건강 전반에 큰 영향을 끼친다.

수행은 본질적인 나와 신에게 돌아가는 길이다. 이것은 종교적인 전통과는 무관하다. 성직자나 금욕주의자들의 전유물이 아닌 것이다. 속세에 머무는 우리에게도 수행이 꼭 필요하다. 종교가 없는 사람도자신에게 필요한 수행을 설계할 수 있다. 내면을 들여다볼 때 얻을 수있는 혜택에 다가가자. 생각보다 훨씬 쉬운 일이다.

집안에서 수행하기

집도 얼마든지 수행의 장소가 될 수 있다. 그저 밥을 먹고, 잠을 자고, 다음 날 아침에 문을 열고 나서는 곳으로 집을 내버려 두지 말자. 그런 상태라면 에너지가 말라붙은 황량한 장소가 되어버린다. 집을최고의 장소로 만드는 것은 그리 어렵지 않다.

집을 신성한 공간으로 만들기 위해 먼저 해야 할 일은 취향에 맞게꾸미는 것이다. 일단 특별한 장소를 한 군데 마련하자. 그곳에서 명상하며 영혼으로 되돌아갈 수 있다. 작은 방 하나를 수행을 위한 공간으로 마련해도 좋고, 서재 한쪽의 구석진 자리를 활용하는 것도 괜찮다. 아이들이 너무 어려 공간을 찾기 힘들다면 옷을 두는 방 한쪽을 치우는 것도 좋은 방법이다. 그런 다음 아이들에게 말한다. 그곳은 엄마나 아빠가 특별하게 여기는 공간이라고 말이다. 거기에 놓여 있는 물건을 만지려면 반드시 허락을 받으라고 말해두면 된다. 얼마 지나지 않아 아이들도 그 장소를 존중하게 될 것이다. 손님의 침입을 막고, 배우자나 아이들에게 그곳이 '출입금지' 구역임을 확실하게 알린다. 방해받지 않도록 따로 시간을 정해도 좋다. 신성한 공간은 대화를 나누기 위한 곳이 아니라, 에너지 충전을 위한 피난처이기 때문이다.

나는 서재 한쪽의 구석진 자리에 나만의 신성한 공간을 마련해두었다. 나무로 된 작은 탁자가 놓여 있고, 그 위에 깔끔한 푸른색 천을 깔아두었다. 탁자 위에는 초 두 자루, 향을 피우는 도자기 그릇, 과일 바구니, 부모님과 찍은 사진이 있다. 이곳에서 나는 매일 명상을 한다. 어머니가 위독하실 때는 그곳에서 매일같이 명상하며 마음을 다스렸다.

바쁜 삶 속에서 에너지가 고갈된 느낌이 들면 언제든 그 장소로 가자. 그곳이 쉼터가 되어줄 것이다. 스트레스가 쌓이고 마음이 복잡할 때, 그 장소가 주는 고요한 분위기가 마음을 느긋하게 만들어준다.

나만의 신성한 공간 만들기

집안 곳곳을 살피며 친근한 장소를 찾아보자. 금방 느낌이 올 수도 있지만, 상상력이 조금 필요할 수도 있다. 잘 모르겠다면 일단 몇 군데를 돌아보자. 그런 다음 방해받지 않는 편안한 장소를 확정하자. 가장 중요한 건 그 장소가 주는 느낌이다. 거창하게 꾸밀 필요도 없다. 처음은 초 한 자루로 충분하다. 초에 불을 밝힌 뒤 눈을 감는다. 그런 다음 조용히 앉아서 호흡에 집중한다. 앞쪽에서 익힌 대로 마음을 여는 명상을 해도 좋다. 5분만 명상해도 피로가 풀리고 마음을 괴롭히던 좌절감이 물러난다.

매번 같은 곳에서 명상을 하면 좋은 기운이 모여들고, 그곳에 에너지의 소용돌이가 생긴다. 내 주변의 사람들은 종종 특별한 장소를 찾는다. 중요한 결정을 내릴 때, 하루를 되돌아볼 때, 일기를 써야 할 때 그 장소는 유용하다. 누구나 그런 장소를 만들 수 있다. 자신의 영혼을 맑게 하는 물건, 소소한 장식품, 특별한 의미를 지닌 물건을 하나씩 가져다 놓자. 꽃, 조개껍데기, 소중한 사람이나 애완동물의 사진, 성스러운 부적, 종교적인 상징, 무엇이라도 좋다. 그렇게 만들어진 신성한 공간이 당신에게 숭고함을 선사할 것이다.

당신이 만들어낸 신성한 공간은 집안 곳곳에 좋은 에너지를 전달한다. 특별한 공간이 생긴 뒤 나는 고요한 성찰의 시간을 가질 수 있게 되었다. 바닷가에서 찾아온 햇살이 창을 통해 스며들고, 무지개 빛깔이 벽 위에 퍼진다. 장미를 꽂아놓은 화병에서는 싱싱한 에너지가 피어오른다. 화분에서 자라는 갖가지 식물이 공간에 생기를 더한다. 당신이 꾸민 공간에서 어떤 기운이 느껴지는지 살펴보자. 선택한 소품이 나의 에너지와 조화를 이루는지, 공간이 겉보기에만 그럴듯한지, 깊이 있는 평온을 주는지가 중요하다.

온기를 더하는 것만으로 분위기가 크게 바뀐다. 깔개의 색을 바꾸고, 액자를 걸고, 부드러운 조명을 놓아보자. 식물을 놓으면 신선한 느낌이 든다. 눈을 즐겁게 하고, 편안함을 주는 소품을 선택하자. 거창한 공간을 꾸미라는 말이 아니다. 바꾸려는 의지만 있다면 얼마든지 좋은 에너지를 가져올 수 있다.

집 자체가 안식의 장소가 되기도 한다. 신학자 휴스턴 스미스의 이야기를 들어보자. 시라큐스 대학의 교수였던 그는 강의에서 벗어나 충분히 쉴 수 있는 7개월의 안식기를 얻었다. 그도 처음에는 아내와 함께 어딘가로 떠날 계획을 세웠다. 그러다가 계획을 바꾼 그는 자신의 집을 안식처로 삼기로 했다. 그리고 곧바로 주변 사람들에게 이런 메시지를 보냈다.

"앞으로 7개월간 우리 부부는 사라질 것입니다. 급하게 연락할 일이 있다면 메시지를 남겨주세요. 전화는 받지 않습니다. 혹시 바깥에서 우리 두 사람과 마주칠 수도 있습니다. 그러면 우리는 반가운 미소를 지으며 지나칠 것입니다. 말하지 않아도 양해해 주세요. 그 기간 동안 우리는 부부끼리만 대화하기로 약속했답니다."

과연 결과는 어땠을까? 놀랍게도 그들은 철저하게 성공했다. 그들의 수행이 방해받은 경우는 한 번뿐이었다. 급하게 서명이 필요했던 학과장이 집을 찾아온 것이다. 다행히 그때 학과장은 문 앞에 서서 서명할 곳을 손으로 가리켰다. 그런 다음 한마디도 하지 않고 돌아갔다. 그때를 되돌아보며 스미스는 말했다. 마냥 느긋하고 자유로운 시간이었다고. 그들 부부는 명상과 글쓰기를 하며 시간을 보냈고, 알람이나 시계의 도움 없이 자연의 리듬에 몸을 맡겼다.

물론 집안에서 수행하는 데 반년이나 되는 시간을 할애할 필요는 없다. 그저 반나절이나 하루 정도면 충분하다. 주말을 활용해도 좋다. (나는 집에서 보내는 시간이 좋다. 내가 그곳과 연결되어있다는 걸 알기 때문이다) 어떤 수행이든 마찬가지다. 핵심은 에너지를 고갈시키는 바깥의 목소리를 차단하고, 그 시간 동안 삶의 아름다움을 들여다보는 것이다. 충분한 시간을 확보하여 명상하고, 사색하고, 아름다운 음악에 귀를 기울여라. 산책하고 침묵하며 내 안의 샘을 좋은 에너지로 채우는 것이다. 집안에서 할 수 있는 다양한 수행법을 살펴보자.

• 혼자 산다면 자신에게 가장 편안한 시간을 골라 수행을 시작한

다. 수행 시간이 되기 전에 할 일을 해치우고, 휴대전화를 끈다. 그런 다음 에너지를 충전할 수 있는 일에 무조건 뛰어든다.

- 배우자나 파트너와 함께 지낸다면 같이 할 수 있는 수행을 계획한다. 고요함과 유대감을 나눌 수 있다. 함께 의논하여 수행 기간, 원하는 활동, 흐름을 정한다. 나 같은 경우에는 남자친구와 함께 일정한 시간을 정한 뒤 각자 다른 공간에서 말없이 명상하고, 글을 쓰고, 책을 읽는 걸 좋아한다. 수행하는 기간에 함께 시간을 보내도 좋고, 따로 지내도 좋다.

- 배우자가 집에 머무는 게 불편하진 않지만, 당신이 혼자 수행하는 걸 원할 수도 있다. 그럴 때는 배우자와 다음 사항에 대해 의논하자. 수행 기간은 어느 정도로 할 것인가? 말을 아예 하시 않을 것인가, 아니면 최소한만 할 것인가? TV나 컴퓨터에서 들려오는 소리를 아예 차단할 것인가, 아니면 줄일 것인가? 두 사람의 휴대전화를 모두 꺼놓을 것인가, 아니면 한 사람의 것만 끌 것인가? 급한 사항이 있을 때 노크를 해도 될까, 아닐까?

이런 조건에 관해 충분히 이야기를 나눈 뒤 정한 것을 지키면 된다.
만약 배우자가 집에서 하는 수행에 별 관심이 없거나 할 수 있는 상황이 아닐 때는 혼자 하는 것도 상관없다. 주의할 것은 이런 경우에도 반드시 양해를 구해야 한다는 것이다. 배우자가 얼마 동안 당신에게 온전히 집을 양보할 수 있는지 이야기를 나눠보자.

"나 자신을 충전하는 시간을 가지려고 해. 매우 중요한 일이니까 그 시간을 지켜줬으면 좋겠어."

이렇게 당신의 뜻을 전하고, 배우자와 다시 만날 시간을 정한다. 쉽게 이해하는 배우자도 있고, 그렇지 않을 경우도 있다. 그러면 부드럽게 부탁하며 집에서 하는 수행의 중요성을 알리도록 하자.

아이가 있다면 집에서 수행하기가 쉽지 않다. 차분한 시간을 확보할 수 있도록 돌봐줄 사람을 구하는 게 좋다. 그렇지 않으면 끝도 없이 신경을 써야만 한다. 힘겨운 부모들이 으레 그렇듯, 겨우 얻은 시간에 잠이 들 수도 있다. 이것도 나쁜 것은 아니다. 그럴 때는 잠자는 시간을 신성한 충전의 시간으로 여기면 된다.

집에서 하는 수행은 가족 사이의 대화를 끌어내는 좋은 계기가 되어준다. 집은 이 어지러운 세상에서 에너지를 되찾는데 가장 적합한 장소다. 그런 곳을 신성하게 꾸미는 것은 충분히 가치 있는 일이 되어줄 것이다.

집 밖에서 수행하기

집을 떠나 바깥에서 긴 시간 수행을 하는 것도 충분히 가치 있는 일이다. 핵심은 익숙한 환경에서 벗어나는 것이다. 새로운 장소와 새로운 사람은 신선한 생각을 불러일으키고, 에너지장을 정화할 수 있게 해준다. 그렇다고 장소나 사람을 아무렇게나 골라도 된다는 말은 아니다. 나를 응원해주는 사람과 함께하는 생명력이 가득한 장소를 찾아야 한다. 가라앉아있다는 느낌이 들 때 여행은 좋은 선택이 되어준다. 파트너와 함께하거나, 좋은 친구들과 계획을 세우거나, 혼자서 여행을 떠나보자. 1년에 한 번 정도 시간을 내어 장기간 여행을 하는 것도 좋고, 단 며칠만이라도 일상에서 벗어날 기회를 마련해도 좋다.

내가 추천하는 것은 명상수행이다. 긴장을 풀고 자신으로 되돌아가는 계기가 되어주기 때문이다. 명상수행은 에너지 치유법의 자연스러운 연장이다. 명상수행 센터를 찾아보자. 이곳에서 명상 기법을 배우고, 쉬는 시간이나 식사시간에 다른 참가자들과 이야기를 나눌 수 있다. 침묵 수행이 가능한 곳을 골라도 좋다.

명상수행이 처음이라면 천천히 시간을 늘려 가자. 처음에는 반나절 정도 명상하고, 온종일 명상하기, 주말 내내 명상하기로 확장할 수 있다. 이런 수행이 잘 맞는 사람은 한 달 이상 명상의 시간을 갖기도 한다. 하지만 모든 수행은 짧고 손쉽게 시작하는 것이 좋다.

불안한 마음에 나를 찾아온 브루스는 은행에서 간부로 일하고 있었다. 그가 말했다.

"몇 달 동안 계속 불안한 마음이 밀려와요. 병원에 찾아가서 신경안정제를 처방해올까 생각도 해보았어요. 하지만 그걸 먹는다고 기분이 나아질 것 같지 않더라고요. 마치 벼랑 끝에 서 있는 기분이에요. 일하는 걸 무척 즐겼는데, 요즘에는 이런 생각이 들어요. 나는 그저 커다란 기계의 작은 톱니바퀴에 불과하다는 자괴감이요. 이제 곧 마흔이에요. 이게 중년의 위기가 아닐까 싶습니다. 도대체 뭘 어떻게 해야 할까요? 정말 모르겠어요."

그가 불안해하고 있다는 건 확실했다. 그에게서 몇 달 동안 이어져온 깊은 무력감이 느껴졌다. 순간 내 마음속에 몇 개의 화면이 펼쳐졌다. 뉴멕시코에 있는 한 명상 센터의 모습이 보인 것이다. 눈앞에 떠오른 이 장면을 부르스에게 설명하며, 지금 이 상황을 이해할 수 있는지 물었다. 그러자 그가 빙그레 웃었다.

"오래전부터 휴가가 아닌 수행을 해보고 싶었어요. 하지만 자꾸 일이 생겨서 그러지 못했지요. 내가 꼭 가보고 싶었던 곳이 바로 지금 말씀하신 센터입니다! 내내 관심을 두고 있었지만, 직접 가보진 못했거든요."

브루스의 마음에는 쉼과 수행에 관한 갈망이 자리 잡고 있었다. 내가 물었다.

"어때요. 실행에 옮겨볼래요? 일에서 벗어나서요."

그는 잠시 생각에 잠겼다. 그러고는 고개를 끄덕였다.

"네, 그렇게 할게요."

몇 주간의 수행을 계획한 뒤 그는 홀로 떠났다. 브루스는 작은 방에 자리를 잡았다. 창 너머에 산이 내다보이는 곳이었다. 그곳에서 명상하고, 사색하고, 책을 읽고, 침묵했다. 꿈을 이룬 것이다. 이 시간이 지난 뒤 그는 마침내 기운을 되찾았고, 더는 불안해하지 않았다.

당신도 브루스처럼 자신만의 수행을 떠날 수 있다. 자연으로 둘러싸인 곳이 좋긴 하지만, 그렇다고 꼭 센터를 찾을 필요는 없다. 윌리

암 워즈워스가 말한 대로 문명은 '우리가 감당해내기엔 너무 어려운 것'일 수도 있다. 그저 자연과 가까운 곳에서 몇 주간 지내는 것으로도 에너지를 충분히 채울 수 있다. 자연은 잠재적 에너지를 가득 품고 있기 때문이다. 자연 속에서 경험한 기도의 치유력에 관한 글을 쓴 래리 도시 박사가 이런 이야기를 들려주었다.

"매년 8월이면 나는 아내 바비와 함께 로키산맥에 있는 고산지대로 떠나요. 벌써 30년째 하는 일이죠. 그곳에서 아름다운 호수와 숲을 즐기며 한 달 동안 쉼 없이 걷습니다. 우리를 그곳에 데려다주고, 돌아오는 날 다시 데리러 오는 안내자를 구한 뒤 모든 연락을 끊죠. 휴대전화나 위치추적 장치 같은 건 가져가지 않아요. 끊임없이 변화하는 날씨 속에서 텐트도 치고, 그 속에서 문명과 동떨어진 생활을 합니다. 그러다 보면 저절로 생각이 바뀌는 시점이 옵니다. 태양, 하늘, 비, 진눈깨비에 고스란히 노출되는 시간은 사람의 생각을 바꿉니다. 그런 고립된 생활이 우리를 회복시켜준다는 것을 알게 되었지요. 돌아올 무렵엔 세상을 바라보는 새로운 관점을 갖게 됩니다. 우리에게는 그 시간이 성지순례와 다름없는 영적 체험이 되어줍니다. 성스러운 장소에 발을 디디고, 이전보다 에너지가 충만한 모습으로 돌아올 수 있으니까요. 앞으로도 계속 그런 시간을 가질 겁니다."

당신도 자신만의 장소를 찾을 수 있다. 직관이 알려줄 것이다. 어떤 장소가 자신을 부르는 느낌이 든다면 그곳을 고르면 된다. 단순히 그곳에 가보고 싶다는 생각일 수도 있고, 조금 더 강한 이끌림일 수도 있다. 책이나 영화, 여행에 관한 영상을 보다가 문득 마음이 끌리는 곳을 발견했다면 망설이지 말고 한번 가보자. 분명 고향에 돌아와 존재가 완성되는 느낌이 들 것이다. 마추픽추, 피라미드, 델피의 사원처럼 어마어마한 영적 에너지가 담긴 곳도 있다. 그 장대한 건축물들은 우리에게 치유의 에너지를 전해준다. 수천 년 후에도 사람들은 그곳에서 성스러운 에너지를 얻을 것이다.

포지티브 에너지 프로그램을 통해 당신이 수행의 개념을 받아들일 수 있으면 좋겠다. 1년에 한 번이라도 좋다. 수행에 시간을 쏟을 수 있다면 당신은 안전한 피난처를 소유할 수 있다. 이 시간이 당신에게 해방을 가져다줄 것이다. 수행에서 얻은 좋은 에너지는 의식에 스며들어 긴 시간 동안 위안이 되어준다.

웃음과 수행을 통해 자신을 보살피는 시간은 당신의 에너지를 균형 잡힌 상태로 만들어준다. 물론 일부러 시간을 내기란 쉽지 않다. 하지만 꼭 필요한 시간이다. 숨 막히는 스케줄이 당신을 짓눌러도 그 안에서 반드시 충전할 시간을 만들어야 한다. 스트레스가 당신을 위협하면 본능적으로 모든 것을 놓아버리고 싶어진다. 하지만 그런 상황에서도 나쁜 에너지에 내 몸을 맡겨서는 안 된다. 성취하고자 하는 강력한 욕망을 가끔은 뒤로 미뤄두자. 천천히, 조금씩만 걸어도 된다. 이렇게 하는 것만으로 불안과 압박에 시달리는 당신에게 큰 도움이 될 수 있다.

균형을 유지하는 삶은 에너지 균형을 개선할 뿐 아니라 노화도 늦춰

준다. 나이를 먹는 것은 어쩔 수 없다. 하지만 노화의 방식을 선택하는 건 우리 몫이다. 얼마나 많은 에너지를 다른 사람들에게 나눠줄 수 있는지, 그리고 나를 위해 보존할 수 있는지 알게 되면 나이 듦이 또 다른 의미로 다가온다. 돌이킬 수 없는 쇠락이 아닌, 밝게 빛나는 삶의 연장선이 되어주는 것이다. 스트레스는 우리가 지닌 생기를 빼앗고, 마음을 마비시키는 독소다. 우아하게 나이 듦을 선택하면 충분히 스트레스를 물리칠 수 있다. 동창 모임에서 오랜만에 사람들을 만나면 그 사실을 확인할 수 있다. 어떤 친구는 시간이 흘러도 항상 반짝이는데, 어떤 친구는 왜 갈수록 빛을 잃을까? 그건 바로 가슴 에너지 때문이다. 유전적인 문제를 떠나서, 가슴 에너지는 젊음의 원천이다. 빛나는 눈, 가벼운 걸음, 반짝이는 영혼은 모두 가슴 에너지에서 나온다. 가슴으로 인생을 사는 이들은 웃음없이 답답하게 사는 사람보다 덜 늙는다. 따뜻한 마음이 부족하면 얼굴과 에너지장에 우울함이 깃들고 추함이 더해진다. 이것은 쉽게 감지되고, 금세 눈에 띈다. 따뜻한 마음을 지니면 활기찬 인생을 엮어나갈 수 있다. 가슴 에너지는 나이와 상관없이 당신에게 무한한 생기를 불어넣어 준다.

자신의 에너지를 지키는 일에 마음을 쏟아라. 아주 작은 에너지도 소중히 여겨야 한다. 끊임없이 에너지를 충전할 준비가 되어있는 사람은 충분히 칭찬받을 만하다. 지금이라도 늦지 않다. 변화를 즐기고 실천을 시작하자. 에너지는 예상하지 못했던 선물이며, 그것을 소중하게 간직하는 것이 우리가 반드시 해야 할 일이다.

에너지를 깨우는 시간

기억을 모두 잃었다고 상상하라. 스트레스, 걱정, 욕구 등을 모두 날려 보내자. 이것을 즐거운 놀이로 여겨보자. 기적이 일어나 부정적인 기억이 뇌에서 모두 사라졌다고 생각하자. 남은 것은 웃음, 놀이, 천진한 행동뿐이다. 행복이 나를 뚫고 나와서 날아오르게 하라. 오늘이 바로 위대한 하루라는 사실을 깨달아라.

웨이비 그레이비가 터트린 웃음 에너지

웨이비 그레이비는 직관 능력이 뛰어난 광대로, 최고의 록 페스티벌로
일컬어지는 우드스탁 축제의 사회를 맡았다. 〈로스앤젤레스 타임스〉는
그를 우드스탁 왕국의 전설을 끌어낸 핵심 에너지라고 말했다.

웃음이란 압력솥 뚜껑에 붙어있는 증기 배출 장치와 같다. 삶에서
마주치는 온갖 일들을 웃음으로 희석하지 않는다면 나쁜 에너지가 쌓
이고 쌓이다가 결국 뻥 하고 터져버린다. 나는 항상 웃는다. 웃음은
긴장을 풀어주고, 아픈 몸을 치유하며, 놀라운 에너지를 선사한다. 만
약 우리가 자신을 향해 웃어줄 수 있다면 마음속에 자리 잡은 많은 문
제가 해결될 것이다.

인간으로 태어난 내가 이 지구상에서 부여받은 임무는 지옥 입구에
서도 유머를 선보이는 것이다. 불행한 상황에서도 유머를 잃지 않는
것은 매우 중요하다. 나는 척추 고정 수술을 다섯 번이나 받았는데,
수술 전에는 언제나 전신 깁스를 해야만 했다. 첫 번째로 깁스를 했을
때 나와 아내는 깁스를 온통 푸른색으로 칠하고 사방에 별을 그려 넣
었다. 그리고는 그 깁스에 '온통 별 깁스'라는 이름을 붙여주었다. 마
지막으로 깁스를 했을 때는 각 나라의 돈을 그려 넣어 장식했다. 물론

'온통 돈 깁스'라는 이름을 붙이는 걸 잊지 않았다.

어떤 사람들은 언제나 심각한 얼굴로 살아간다. 정신과 의사들과 함께하는 모임에 참석했을 때, 사람들 앞에서 말했다.

"좋아요, 시작해봅시다. 지금부터 여러분에게 삑삑 소리가 나는 빨간색 장난감 코를 드릴 거예요. 그걸 코에 붙인 뒤 자신의 차례가 오면 한번 누르세요. 그런 다음 자신의 이름을 말하고, 지금껏 살면서 가장 재미있었던 일화를 한 가지씩 말해보는 거예요."

처음에 그 제안에 반응을 보인 건 겨우 두 명뿐이었다. 하지만 결국 그들의 마음을 녹여서 나머지 58명의 사람에게 유머라는 꽃을 피워냈다. 얼마나 뿌듯했는지 모른다. 사람들은 대부분 너무 긴장하며 살아가기 때문에 눈앞에 닥친 일을 어떻게 처리해야 할지 갈피를 잡지 못한다. 어찌어찌 해치워도 좀처럼 핵심에 다가서지 못한다. 그저 변두리에 머물 뿐이다.

내가 처음부터 광대였던 것은 아니다. 젊은 시절, 처음 이 바닥에 들어왔을 때는 뉴욕에 있는 카페에서 시를 낭독했다. 제법 큰 성공을 거두었고, 나를 보기 위해 많은 사람이 가게 밖까지 줄을 섰다. 자루에 돈을 쓸어 담을 정도였다. 지금 생각하면 부끄러운 일이지만, 그때 나는 제멋대로였다. 친구와 함께 오토바이를 타고 길거리를 돌아다니며

술에 취해 널브러진 사람들의 주머니를 뒤지기도 했다. 한번은 내가 시를 낭독하던 곳에 밥 딜런이 찾아왔다. 그는 당시 우디 거스리의 속옷을 입고 있었다. 기타에는 '이 기계는 패션을 죽인다'라는 글귀가 쓰여 있었다. (우디 거스리는 미국 포크 음악의 전설로 수많은 민중가요를 작곡했다. 그의 기타에 '이 기계는 파시스트를 죽인다'라는 글귀가 쓰여 있었다고 한다. 밥 딜런은 우디 거스리에게 음악적으로 많은 영향을 받았다. 옮긴이)

"노래해도 될까요?"

밥 딜런이 물었다. 그 말을 듣고 내가 말했다.

"물론이죠. 마이크를 들어요. 자, 여러분, 여기 이 시대의 전설이 된 인물이 왔습니다. 그런데 이름이 어떻게 되시죠?"

우리는 그 건물 위쪽에 있는 방 한 칸을 함께 쓰는 사이가 되었다. 밥 딜런의 노래 'Hard Rain Is Gonna Fall'은 그 방에 있던 내 타자기로 만들어진 곡이다.

그 당시 내가 낭독한 시는 그리 길지 않았다. 그래서 중간중간에 관객들을 위해 재미있는 이야기를 들려주곤 했다. 어느 날 한 남자가 내게 다가와서 말했다.

"자네, 시는 잊는 게 좋겠네. 재미있는 이야기가 있지 않은가!"

그 뒤로 이곳저곳을 다니며 일을 할 수 있었고, 단독공연 기회도 얻었다. 존 콜트레인의 델로디어스 몽크 공연의 사회를 맡기도 했다.

내게 유머에 대해 알려준 건 레니 브루스다. 활동을 시작하던 시기에 잠시 매니저 역할을 맡아준 그는 진실도 재미있을 수 있다는 사실을 알려주었다. 과장하거나 꾸며댈 필요가 없었다. 현실에서도 충분히 즐거운 소재를 찾을 수 있기 때문이다. 그저 그곳을 콕 짚어 내기만 하면 된다. 우드스탁 축제 무대에서 나는 말했다.

"내가 원하는 건 한 가지에요. 눈앞에 있는 40만 명의 관중이 침대에서 아침밥을 먹을 수 있게 되는 거죠."

의도를 갖고 한 말은 아니었다. 그런데 〈엔터테인먼트 위클리〉가 '20세기 최고의 대사' 중 하나로 그 말을 꼽았다. 그때 나는 침낭에서 자는 집 없는 히피들이 시리얼이라도 한 그릇씩 얻어먹을 수 있었으면 좋겠다고 생각했던 것뿐이다.

우연 또한 신의 유머이자 기적이 아닐까. 영화 '조지 길'에 나오는 대사가 있다.

"신은 항상 커스터드 파이를 몰래 준비해놓고 있다."

맞는 말이다. 나의 팀 호그팜과 우드스탁 축제가 열리는 장소에 도착했을 때, 우리는 그저 무료급식을 돕거나 출입금지선 지킴이를 하게 될 거라고 생각했다. 그런데 한 기자가 카메라를 들이대며 우리에게 물었다.

"호그팜, 혹시 이곳의 치안담당인가요?"

"맞아요. 우리가 경찰이 되었지 뭐예요. 마음이 놓이죠?"

"그럼요. 그런데 이 많은 사람을 대체 뭐로 통제하죠?"

"크림 파이랑 탄산음료죠."

기자들이 그 말을 모두 받아적었다!

우드스탁에서 우리를 움직인 건 넘치는 에너지였다. 때로는 너무 분주해서 관중들이 웃고 있는 걸 알아채지 못할 징도였다. 그때 나는 엄청나게 솟아오르는 에너지를 느낄 수 있었다. 우리가 할 일은 정말 많았다. 그런데 할 일을 의식하기 시작하면 곧바로 진흙탕에 엉덩방아를 찧는다. 그저 에너지에 몸을 맡기면 된다. 그러면 무엇이든 가능해진다.

웃음은 종종 신통한 효능을 발휘한다. 나는 불치병에 걸린 아이들을 종종 만난다. 아이들은 나를 보며 울고 웃는다. 아이들을 찾아갈 때 팝콘을 가져가는데, 웃음은 선물하고 눈물은 팝콘 봉지에 담아오겠다는 각오다. 나는 아이들과 게임도 하고, 재미있는 이야기도 들려주고, 비눗방울도 만든다. 광대 분장을 무서워하는 아이들도 있다. 그래서 나는 병원에서 가장 나이가 어린 아이 앞에서 분장을 한다. 내가 진짜 사람이란 사실을 아이들에게 확인시켜주기 위해서다. 내가 전하는 웃음이 슬픔에 잠긴 부모에게도 도움이 될 수 있음을 알게 되었다. '바람직한 슬픔'은 찰스 슐츠가 스누피를 통해 내게 알려준 진리다.

아내와 나는 '무지개 찾아 나서기'라는 캠프를 운영하고 있다. 거기서 아이들은 서커스와 공연 예술을 배워보는 경험을 한다. 몇몇 광고수익과 내 이름이 붙은 아이스크림 사업에서 생기는 로열티로 장학금도 준다. 우리는 이 세상 아이들이 어떤 일 앞에서도 당당하고 품위 있는 사람으로 자랐으면 한다. 웃음은 그런 사람이 되기 위해 중요한 요소다. 억압이 지나치면 아이들은 창조성과 웃음을 잃는다. 그것을 되찾는 게 우리의 목표다. 웃음은 살아가는 데 꼭 필요한 수단이기 때문이다. 에머슨이 말했다.

"신은 꽃 속에서 웃음 짓는다."

무슨 일을 당하든 웃을 수 있다면 모든 게 쉬워진다. 어떤 어려움도 즉시 깨부술 수 있기에. 그러면 생명력으로 가득 찬 에너지가 다시 흐르기 시작한다.

Part 3

사라지는
에너지를
지켜라

긍정적인 관계를
끌어당기는 법

따스한 가슴과 강력한 이끌림이 있는 관계를 바라는가? 잘못된 선택, 시들한 관계에 싫증이 나는가? 마음이 가는 사람 앞에서 좀 더 당당해지고 싶은가? 에너지 흐름을 이해하면 긍정적인 관계를 만들고, 고독을 예방하며, 내 몸을 침범하는 피로를 몰아낼 수 있다.

인간관계는 우리가 지닌 에너지와 긴밀하게 연결되어 있다. 이번 장에서 제시하는 처방들은 수동적이거나 무계획적인 비법이 아니다. 사람들 사이에 벌어지는 에너지의 교환, 누가 에너지를 주고 누가 에너지를 빼앗는지를 이해하는 것이다.

눈앞에서 벌어지는 일을 생화학적인 측면에서만 분석하는 현대의학은 잠재적 에너지가 전하는 메시지를 종종 무시한다. 몹시 부끄러운 일이다. 나는 우리가 경험하는 모든 상호작용 안에서 각자의 능력을 최대한으로 끌어올리길 원한다. 지금부터 당신은 모든 것을 수동적으로 받아들이는 희생자가 되는 대신, 긍정적인 사람과 에너지를 끌어당기는 방법을 배우게 될 것이다. 이 처방은 효과 없는 계획을 세우거나, 연인이나 직업의 올바른 특성을 나열하는 것과는 거리가 멀다. 에너지를 또렷하게 알아채고, 당신이 보낸 신호가 원하는 대로 상호작용할 수 있게 해줄 것이다.

매력이란 사람들 사이의 존재하는 끌어당김으로, 사랑과 우정, 일, 동업 관계를 조종하는 힘을 지녔다. 매력과 반대되는 단어는 반감이나 혐오로, 사람을 밀어내는 힘을 말한다. 에너지 치유법을 연구하면서 사랑과 활력을 가져다주는 힘에 큰 관심을 두게 되었다. 매력은 때때로 외모, 지능, 재력과 짝을 이룬다. 하지만 단순히 그것만으로는 사람을 끌어당기는 절대적인 힘이 되지 못한다. 내가 원하는 것은 단순한 관심을 넘어서, 사람을 진정으로 끌어당기는 힘이다. 따라서 지금부터 말하는 매력이란 삶의 본질과 행동의 결과, 지성이 혼합된 결과물이다. 완벽하게 통제하긴 힘들겠지만, 에너지의 흐름을 조금만 바꾸어도 당신의 매력이 극대화될 수 있다.

이 장에서 나는 긍정적인 매력을 좌우하는 에너지 원칙 네 가지를 설명할 것이다. 그 원칙을 따르면 우정, 직업, 가족, 연애 등 인간관계의 모든 분야를 개선할 수 있다. 서로에게 도움이 되는 관계를 보다 쉽게 찾아낼 수 있는 것이다. 접촉하는 사람에 대한 예리한 판단력도 지니게 될 것이다.

UCLA에 자리 잡은 초심리학 연구실에서 일할 때, 나는 눈에 보이지 않는 관계의 해부학적 증거를 찾는 데 몰두했다. 이를 위해 키를리언 사진술을 사용했는데, 손가락이나 물체를 빛에 민감한 판에 대고 에너지장을 측정하는 방식이었다. 기록된 에너지의 오라는 무지개처럼 눈부셨다. 그걸 처음 확인했을 때는 경외심까지 느낄 정도였다.

내가 하는 일은 식물의 오라를 측정해 식물과 사람의 상호작용을 연구하는 것이었다. 하루는 유명한 대학에서 강의하는 도도한 정신의학자가 연구실을 방문했다. 그 사람의 목적은 우리 연구를 흠잡기 위한 것이었고, 그 사실을 알게 된 우리는 장난스러운 시도를 해보기로 했다. 키를리언을 이용해 뭔가를 보여주기로 한 것이다. 그리고 놀라운 일이 벌어졌다. 그 정신의학자의 손가락이 나뭇잎 옆에 놓인 순간, 그 잎의 코로나가 원래 크기의 절반으로 줄어든 것이다. 놀라운 일이었다. 그 나뭇잎도 우리가 느낀 것과 흡사한 감정을 느낀 것이다. 인간에게도 이와 비슷한 일이 발생한다. 내가 인터뷰한 한 이들이 들려준 이야기를 들어보자.

그들의 에너지는 넓게 퍼져 있어요. 그 안에 있으면 쏟아지는 빛 속에서 춤추는 느낌이 들지요. 그들의 영혼은 활짝 열려있어서 두려움이 없어요. 그런 사람과 함께 있는 건 무척 신나는 일이에요. 있는 그대로의 나로 존재해도 된다는 안전한 느낌이 솟아나지요.

— 골디 혼, 영화배우

긍정적인 사람이란 그 순간을 가슴에 안고 소중하게 여기는 사람입니다.

-노만 리어, 프로그램 제작자

사람들은 고유의 파동을 지니고 있어요. 그 에너지를 바깥으로 내보내지요. 눈이 마주칠 때 긍정적인 에너지를 발견할 수 있어요. 그런 에너지를 지닌 사람과는 서로 연결되는 걸 느낄 수 있답니다. 매우 기분 좋은 교감이지요.

- 제이미 리 커티스, 배우

긍정적인 사람을 만나면 기분이 좋아져요. 반쯤 비워진 컵이 아니라 반쯤 채워진 컵과 마주하는 느낌이죠. 나는 언제나 이런 사람들에게 끌립니다. 다른 사람과 나눌 시간이 없을 정도예요.

- 퀸시 존스, 음악가

이제부터 긍정적인 에너지를 지닌 사람을 알아채고 그들과 좋은 관계를 이어나갈 방법을 알려줄 것이다. 당신은 머지않아 건강하고 평온한 마음을 갖게 될 것이다. 긍정적인 에너지를 찾기 위해 대단한 사람과 만날 필요는 없다. 우리 근처에는 얼마든지 좋은 사람들이 있다. 슈퍼에서 만나는 계산원, 옆집에 사는 이웃, 회사 동료들이 지닌 기분 좋은 에너지면 충분하다.

사람들 사이에는 잠재적 에너지가 존재하며, 이 에너지가 그물망처럼 연결되어 끊임없이 움직인다. 직관적 공감자인 나는 잠재적 에너지의 교환을 자세히 살핀다. 어떤 사람이 짜증을 불러일으키고, 어떤 사람이 활력을 주는지 말이다. 에너지를 살피는 고성능 안테나는 사랑을 키우는 데도 효과가 크다. 이는 공감이 지닌 무기력함을 상쇄할 특별한 능력이다. 네 가지 원칙을 따르면 공감을 인간관계에서 최대한으로 이용할 수 있다. 상호작용을 할 때 자신이 느끼는 반응을 자세히 살펴보자. 긍정적인 에너지는 같은 파장을 지닌 사람을 끌어들인다. 그리고 서로에게 도움이 되는 관계를 형성한다.

이 장에서 익히게 될 대인관계 기술은 포지티브 에너지 프로그램의 다른 처방들과 연결된다. 부정적인 에너지에 침범당하지 않으려면 내 안에 좋은 에너지를 채워야 한다. 좋은 에너지를 지닌 사람과 만나는 것이 행복한 삶을 사는 방법이다.

긍정적인 관계를 끌어당기는 네 가지 원칙

지금부터 알려주는 네 가지 원칙은 이론이 아닌 실천적인 행동 원리다. 원칙을 적용할 때 기억해야 할 것은 아름다운 음악을 들려주기 위해 악기를 조율하는 연주자의 마음을 지녀야 한다는 것이다. 이 원칙을 실천해나가면 당신 주위에 긍정적인 사람들이 모여들고, 당신은 점점 현명한 선택을 할 수 있게 될 것이다.

각각의 원칙을 주위 사람들에게 적용해보자. 가족, 친구, 직장 동료가 주로 그 대상이 될 것이다. 실천한 뒤 드러난 원인과 결과를 노트에 빠짐없이 기록해두자. 이 원칙을 지켜나가면 당신의 인간관계는 빠르게 개선될 것이다. 에너지를 변화시키면 언제든 좋은 일을 끌어당길 수 있다. 모든 사람은 풍요로운 관계를 누릴 자격이 있다는 것을 기억하자.

원칙 1 : 비슷한 사람이 당신 곁에 모여든다

에너지는 비슷한 에너지를 끌어들인다. 당신이 긍정적인 에너지를 발산하면 그와 비슷한 에너지를 지닌 사람이 주변에 모여든다. 부정적인 에너지도 마찬가지다. 사랑스러운 에너지는 사랑을, 무뚝뚝한 에너지는 무뚝뚝함을, 열정적인 에너지는 열정을, 분노 어린 에너지는 분노를 끌어당긴다. 우리는 잠재적 에너지의 전달자다. 우리가 지닌 에너지가 계속 신호를 보내고, 비슷한 진동수를 가진 사람들이 그 신호에 강하게 반응한다. 우리는 자신도 모르는 사이에 본능적으로 신호를 보낸다. 살면서 주어지는 기회들 또한 이런 신호와 자연스럽게 연결되어 나타난다.

인간의 마음을 다루는 전문가들이 입을 모아 말하는 현상이 있다. 내담자가 겪는 어려움이나 기쁨이 파동이 되어 똑같은 것을 끌어당긴다는 것이다. 그것은 마치 우주를 향해 이렇게 외치는 것과 흡사하다.

"난 여기 있어요. 나는 지금 이런 지금 겪고 있어요. 어서 나에게 오세요!"

창작에 대한 꿈을 실현한 나의 첫 책 〈꿰뚫어 보는 능력〉을 쓰고 얼마 뒤, 많은 이들과 이야기를 나눠야겠다는 계획을 세운 적이 있다. 그리고 몇 년 뒤, 파킨슨병으로 몸과 마음이 흩어진 아버지를 무기력한 마음으로 바라보고 있을 때, 수많은 이들이 내게 전화를 걸어왔다. 파킨슨병으로 가슴 아픈 말년을 보내는 부모를 둔 사람들이었다. 다른 예도 있다. 정신과 의사인 내 친구가 임신했을 때의 일이다. 갑자기 그녀에게 예비 부모의 상담이 쇄도한 것이다.

이런 신비로운 현상을 어떻게 활용하면 좋을까? 정답은 끌어들이고 싶은 에너지를 갖기 위해 노력하는 것이다. 자신이 처한 상황을 살피고, 긍정적인 에너지를 소유하는 것이 자신에게 어떤 것을 의미하는지 곰곰이 생각해보자. 그러면 자신의 긍정적인 특성을 강화할 수 있고, 머지않아 비슷한 특성을 지닌 사람을 끌어당길 수 있다. 나의 현재 상황이 긍정적인 것과 거리가 멀다 해도 걱정할 필요는 없다. 내가 자신과 타인에게 무엇을 중요하게 여기는지 생각한 뒤 그것을 기록해두자. 다음은 긍정적인 사람이 가진 특성들이다.

긍정적인 사람은 대체로 다음과 같은 특성을 보인다
- 열린 마음으로 나와 남을 바라본다.
- 꿈을 이루기 위해 용기 있게 나아간다.

- 세상이 무너져도 자신을 믿으며 언제나 진실함을 내보인다.
- 자신의 어두운 면을 알고 그것을 고치기 위해 애쓴다.
- 잘못을 저질렀을 때 실망하거나 포기하지 않고 그 일을 통해 배움을 얻는다.

부정적인 사람은 다음과 같은 특성을 보인다
- 언제나 완벽하고 긍정적인 모습을 내보여야 한다고 믿는다.
- 자신이 지닌 결점 때문에 스스로를 학대하고 비관한다.
- 두려움에 깊이 빠져들어 자신 안에 자리 잡은 냉혹함을 내버려둔다.
- 자신의 행복을 전혀 돌보지 않는 독선적인 모습을 보인다.
- 자신이 지닌 어두운 면을 무시한다. 그로 인해 무의식적으로 남에게 해를 끼친다.

인간으로 태어난 우리는 어쩔 수 없이 장점과 단점을 동시에 지닌다. 하지만 긍정적인 사람과 부정적인 사람은 서로 다른 모습으로 살아간다. 긍정적인 사람은 매사에 최선을 다하고, 내면과 외면을 둘러싼 부정적인 에너지에 굴복하지 않는다. 자신에게 지나치게 이상적인 기대도 하지 않는다. 누구든 자신에게 얼마간은 실망한 채로 살아간다. 마음에 안 드는 것, 바꾸고 싶은 것이 있게 마련이다. 다들 그렇게 단점을 지닌 채 살아가지만, 열린 가슴과 유쾌한 자세로 어려움을 헤쳐 나가야 한다. 그래야 인간성을 키우고 다른 이들을 끌어당기는 매력적인 에너지를 지닐 수 있다. 이러한 사람이 바로 진실한 영웅이며 쉽게 친구를 사귈 수 있는 이들이다. 이와는 반대로, 너무 완벽을 추구하는 사람은 편안한 느낌을 주지 못한다. 나와 남을 불편하게 만드는 이런 태도는 즐거움을 주지 못할 뿐 아니라 부정적인 에너지를 내뿜는 원인이 된다.

긍정적인 사람이 되어 좋은 에너지를 끌어당기기 위해서는 일단 마음의 문을 활짝 열어야 한다. 포지티브 에너지 프로그램은 관계의 양이 아닌 질을 중요하게 여긴다. 따라서 인기에 대한 집착은 버리는 게 좋다. 사실 인기에 대한 욕망은 사회적으로 너무 뿌리가 깊어서 뿌리치기가 쉽지 않다. 사랑받는다는 것은 무척 기분 좋은 느낌이기 때문이다. 하지만 이러한 욕구는 종종 중독으로 바뀌곤 한다. 나를 찾아오는 유명한 가수나 배우들은 종종 대중이 보이는 관심에 지나칠 정도로 집착한다. 안타깝게도 그로 인해 자살에 이르기도 한다. 대중에게 얻은 인기가 혼란과 좌절의 원인이 되는 것이다.

· 에너지 시크릿 ·

긍정적인 에너지로 좋은 사람을 끌어당기려면

마치 스피커의 볼륨을 조절하는 것처럼 우리도 자신이 내보내는 에너지를 조절할 수 있다. 긍정적인 에너지를 높여 좋은 신호를 내보내기 위해 어떤 일을 해야 하는지 지금부터 알아보자.

자신의 장점을 찾아내어 이용하라

내가 지닌 훌륭한 특성을 정확하게 파악해서 널리 알리도록 하라. 감수성, 동정심, 유머가 지금껏 과소평가되었다고 걱정할 필요는 없다. 안주하고 있었던 안전지대를 빠져나와 큰소리로 외치면 에너지장을 확장할 수 있다. 새로운 사람을 만나야 하거나 중요한 행사를 앞두고 있다면, 미리 시간을 내어 자신을 준비시킨다. 마음속으로 이런 격려의 말을 되뇐다.

"단점은 잊고 장점에 집중해야지. 내 안에 있는 긍정적인 에너지를 믿을 거야. 나는 내가 지닌 능력을 끌어낼 수 있어."

이렇게 함으로써 자신의 장점에 주의를 집중할 수 있다. 그러면 관점이 바뀌고 자신감이 솟아나며 힘차게 앞으로 나아갈 수 있다.

디는 비행기 승무원으로 일하며 홀로 아이를 키우고 있었다. 그런데 어느 날 갑작스럽게 일자리를 잃었다. 그녀에겐 자신만을 바라보는 세 아이가 있었다. 그런데 일을 구할 수 없어서 몇 달 동안 절망적인 상황을 겪었다. 그녀가 선택한 탈출구는 씩씩했던 모습을 되찾아 면접에서 장점을 발휘하는 것이었다. 그녀는 매일 잠시라도 조용한 시간을 내서 스스로에게 말했다.

"디, 너는 할 수 있어."

그러면서 씩씩한 자신의 모습에 집중했다. 자리에 앉아 눈을 감고 긍정적인 에너지를 불러들였다. 그렇게 힘을 얻은 뒤 꿈에도 그리던 패션 사업에 도전했고, 결국 좋은 결과를 얻을 수 있었다.

가슴 에너지를 내뿜어라

사랑은 저항할 수 없는 강력한 힘이며, 나와 남을 행복하게 만드는 따스한 에너지를 지니고 있다. 어떤 상황에서도 우리는 사랑을 줄 수 있으며, 그래야 에너지가 메마르지 않는다. 일단 가슴 센터에 집중하자. (2장의 명상법을 참조할 것) 날아오르는 갈매기, 아이들의 웃음소리, 피어나는 장미 등 내가 사랑하는 것을 마음속에 떠올린다. 그리고 되뇐다.
"나를 통해 사랑이 흐르게 해주세요."
그러면 가슴에서 샘솟는 사랑을 느낄 수 있다. 뜨거운 느낌, 평온한 느낌, 밝아오는 빛에 주의를 기울이고, 이런 에너지가 바깥으로 뻗어 나가도록 기도한다. 그렇게 드러난 나의 에너지가 주변 사람들을 편안하게 만들어줄 것이다. 사랑 에너지는 껄끄러운 상황을 부드럽게 해주고, 신뢰감을 높인다. 좋아하지는 않지만 관계를 개선하고 싶은 사람을 향해 이 방법을 써보자. 걸핏하면 흥분하며 화를 내는 사람도 변하게 할 수 있다. 사랑하는 마음은 안정감을 준다. 이 근본적인 이끌림을 사람들은 알아차린다. 겉으로 드러난 자신감이 제아무리 커도 사랑이 없다면 에너지 측면에서 불안정한 상태가 된다. 자신과 타인에게 친절한 마음을 지니자. 전달하는 사랑이 무한히 커질 수 있다.

주기적으로 명상하라

명상을 통해 행복 에너지를 키울 수 있다. 뇌와 관련된 한 연구에서 이에 관한 사실이 밝혀졌다. 우리에게는 기본적인 설정치, 즉 일상에서 느끼는 감정의 범위가 정해져 있는데, 정기적으로 명상을 함으로써 평소에 느끼는 기분을 긍정적인 쪽으로 바꿀 수 있다는 것이다.

명상할 때 감정이 떠오르면 일단 그것을 지켜보자. 부정적인 감정의 회오리에 집중하지 말고 긍정적인 감정에 마음을 기울인다. 그런 다음 호흡을 이용해 중심을 잡는다. 이런 과정을 통해 부정적인 생각을 더욱 높은 수준의 긍정적인 생각으로 바꾸는 내면의 변화를 일으킬 수 있다. 머지않아 당신의 기운이 달라져서 사람들이 그 에너지에 반응할 것이다.

감정을 비워내라

부정적인 감정을 해소하면 에너지장에 쌓이는 독소를 막을 수 있다. 4장에서 강조한 것처럼 조금씩 부정적인 것을 비워내면 나의 존재에 빛이 들어올 틈이 생긴다. 내가 가치 있는 사람이란 깨달음은 두려움에서 벗어나 자신을 지키는 든든한 버팀목이 되어준다. 부정적인 감정이 떠오를 때 자신을 소중히 여기는 마음이 있다면 그것을 거뜬히 물리칠 수 있다. 심리요법, 자기성찰, 명상, 일기 쓰기, 친구와 대화하기도 치유에 도움이 된다. 부정적인 에너지가 줄어들면 당신 안에 자리 잡은 긍정적인 에너지가 빛을 발하며 매력적인 내면을 지닐 수 있다.

원칙 2 : 직관으로 현명하게 선택하라

끌어당기는 힘을 구성하는 주된 요소는 내가 내뿜는 에너지, 상대가 내뿜는 에너지, 프로젝트나 일처럼 나름의 에너지장을 지닌 상황 등이다. 우리의 목적은 이 요소를 모두 결합하는 것이다. 에너지장은 화합과 충돌을 일으킨다. 그것이 바로 우리가 어떤 사람에게는 끌리고 어떤 사람에게는 반감이 생기는 원인이다. 사람과 사람 사이의 관계는 매우 까다로운 문제다. 아무리 눈을 크게 떠도 제대로 보기가 힘들다. 이럴 때 우리의 시야를 밝혀주는 것이 바로 직관이다.

직관을 판단에 이용하기 위해서는 내 몸이 하는 말에 귀를 기울여야한다. 인간관계에 관한 긍정적인 직관이나 부정적인 직관을 존중하고 그것과 어울리는 것들을 찾아내는 것이다. 쉽지는 않겠지만 다음에 주어진 항목을 실천하는 게 도움이 된다.

내 몸의 직관을 믿어라

나와 당신의 부모님은 에너지와 직관에 대해 알지 못한다. 그래서 그것을 감지하는 법을 우리에게 가르쳐주지 않았다. 우리가 배운 것은 바깥으로 드러나는 정보, 즉 외적인 조건이나 겉모습 등으로 사람을 판단하는 방법이다. 하지만 어떤 사람에게 끌리는 감정이 발전하면 다른 요소를 고려해야 할 시점이 도래한다. 이때 1장에서 배운 기법이 도움이 된다. 에너지를 읽는 방법을 복습하도록 하자. 다른 사람이 발산하는 긍정적인 에너지에 반응하는 방식을 확실히 익힐 수 있을 것이다.

내 몸이 알려주는 직관을 이해하려면 다음에 나오는 체크리스트를 참조하자. 사람과의 만남이나 주어진 기회를 활용하는 데 도움이 된다. 필요에 따라 얼마든지 항목을 덧붙여도 된다. 당신의 직관을 믿어 보자.

눈앞에 보이는 겉모습에 휘둘릴 필요는 없다. 내 몸이 보내는 신호에 주의를 기울이고, 밝고 긍정적인 이끌림을 따르자. 에너지에 주파수를 맞출 때는 지적인 분석 따위는 잊어도 좋다. 사람을 끌어당기는 신호에 집중하면 된다.

인간관계나 상황에 대한 긍정적인 직관

- 친근하고 밝은 느낌이 든다. 예전부터 그 사람을 알고 있던 느낌이 들기도 한다.
- 숨쉬기가 편하다. 가슴과 어깨의 긴장이 풀어지고, 마음이 편안해진다.
- 몸이 상대를 향해 저절로 기울어진다.
- 열린 마음으로 상대를 대하게 된다. 활력과 여유가 솟아난다.
- 악수, 포옹, 섹스 등 신체적인 접촉을 할 때 마음이 편안하다.

인간관계, 혹은 상황에 대한 부정적인 직관

- 속이 쓰리거나 메스꺼운 느낌이 든다. 불쾌한 기분이 자꾸만 솟

아난다.

- 신체적인 접촉이 일어나면 깜짝 놀라거나 반감이 생긴다. 본능적으로 물러서게 된다.
- 어깨 근육이 뭉치고, 가슴과 목이 죄어오는 느낌이 든다. 통증이 심해지기도 한다.
- 목 뒤쪽에 소름이 돋고, 머리카락이 쭈뼛 서는 느낌이 든다.
- 으스스함, 어두움, 압박감이 솟아나고, 기운이 빠지거나 몸이 아프다.

위에 제시한 항목은 몸이 느끼는 편안함에 기준을 둔 안전지대 평가에 도움이 된다. (긍정적인 직관이 많을수록 좋다. 한 가지가 확실해도 부정적인 직관이 꾸준히 느껴지면 경계해야 한다) 이 기준을 활용하면 친구나 연인, 혹은 만족스러운 작업환경을 고를 수 있다. 또한, 직관이 주는 경고를 통해 그만둘 때를 감지할 수도 있다. 단, 이때도 예외적인 상황이 있다. 바로 강한 성적 매력을 느낄 때다. 이때는 직관으로 판단하기가 쉽지 않다. 이런 경우에는 직관적으로 더 정확한 정보를 얻을 수 있을 때까지 속도를 늦추는 게 좋다. 불안도 혼란스러운 신호의 원인이 된다. 처음 만난 사람 앞에서 안절부절못하는 것과 몸이 보내는 경고를 구별하기 힘들다면, 시간을 두고 관계를 살피도록 하자. 심호흡을 하고 마음의 중심을 잡는 것도 도움이 된다. 어떤 사람과 조금씩 알아가게 되면 처음에 느꼈던 불안감은 대부분 사라진다. 하지만 몸이 느꼈던 긍정적인 반응이나 부정적인 반응은 쉽게 사라지지 않는다. 따라서 중요한 결정을 내리기 전에 이러한 구분을 확실히 해야 한다.

40대 초반인 앨리슨은 언제나 잘못된 선택을 하곤 했다. 유산한 뒤 남자친구에게 버림받은 그녀는 머리를 얻어맞은 기분을 느끼며 나를 찾아왔다.

"여태껏 사람들 앞에서 그럴듯한 모습을 보이는 데 몰두했어요. 나의 행동, 입는 옷, 데이트 상대, 친구를 고르는 일까지 모두 그런 기준에 따랐지요. 사람들이 바라보는 시선을 의식하며 직업도 여러 번 바꿨어요. 지금까지 한 번도 내가 뭘 원하는지 궁금해한 적이 없어요."

나는 앨리슨에게 첫 번째 원칙을 알려주었다. 그녀는 직관이 무엇을 원하는지 정확하게 알아낼 필요가 있었다. 나는 부드러우면서도 엄격한 태도로 그녀를 대했다. 남자를 만나거나 상사와 인터뷰를 할 때마다 매번 그녀에게 물었다.

"당신의 몸이 어떤 신호를 보냈지요?"

그러고는 긍정적인 직관과 부정적인 직관에 관한 체크리스트를 비교해 보라고 했다.

"공책에 결과를 적어서 가져오세요. 함께 검토해보도록 합시다."

나는 에너지를 읽는 자신의 능력을 앨리슨이 믿도록 도왔다. 모든 사람이 그러하듯이 앨리슨도 처음에는 자신을 불신했다. 마음은 어지러웠고, 집중하지 못했으며, 포기하려고 했다. 하지만 직관이 곧 훌륭한 결과를 가져다줄 거란 걸 경험을 통해 나는 알고 있었다. 앨리슨이 몸의 신호에 따라 행동하자, 진정으로 원하는 것과 일치하는 선택을 할 수 있었다. 지금 그녀는 프리랜서 일러스트레이터로 일하며 즐겁게 살고 있다. 그리고 자신과 잘 어울리는 다정한 남자를 발견해 그를 끌어당길 준비를 하는 중이다.

앨리슨은 사람을 대상으로 한 직관 능력을 발전시켰다. 이와 비슷하게 상황이나 장소에 관해 에너지를 알아챌 수도 있다. 목사인 메리 모리시는 에너지를 감지하는 데 천부적인 재능을 지녔다. 그녀의 말을 들어보자.

"오래전 일이었어요. 우리 청소년교회는 영화관에서 예배를 드렸어요. 그런데 그 건물이 개축되면서 겨우 한 달 안에 새로운 장소를 찾아야 했어요. 위기 상황이었지요. 화가 났지만, 그래도 심각하게 고민하진 않았어요. 이사 갈 장소로 두 군데 후보지가 정해졌지요. 한 군데는 산업 지역에 있는 건물이었는데, 사람들이 추천하는 곳이었어요. 다른 한 곳은 변두리에 있었는데, 훨씬 넓지만 황폐한 건물이었죠. 나는 두 장소를 방문해서 에너지에 집중했어요. 산업 지역의 빌딩에서는 생기가 느껴지지 않았어요. 꽉 조이는 잠수복을 입은 것처럼 답답한 느낌이 들었지요. 변두리에 있는 건물은 달랐어요. 잡초가 무성하고, 악취가 진동하고, 동물이 건물 안에 살고 있는데도 말이죠. 건물 안에 가만히 서 있었더니 활기가 느껴지면서 내 안의 에너지가 넓어졌어요. 눈앞이 환해지는 느낌이었지요. 수백 명의 아이가 잔디밭에서 부활절 달걀을 찾고 있는 미래가 눈앞에 보였어요. 재정적인 문제를 해결하지 못했음에도 불구하고, 나는 그곳에 끌렸어요. 해낼 수 있다는 걸 나는 알 수 있었지요. 결국 그곳이 우리의 선택지가 되었고, 지금까지 12년 동안 영적인 안식처가 되어주었답니다."

지금부터 우리는 에너지와 이어진 몸의 반응을 익히고, 마음이 끌리는 장소를 평가하는 방법을 배울 것이다. 직관에 관한 체크리스트를 살필 때 데자뷔에 특별히 주의를 기울이자. 데자뷔란 처음 본 사람을 다른 시간 혹은 다른 장소에서 알았던 것 같은 느낌을 받는 것이다. 이런 경우, 만남은 시작이 아닌 재결합이 된다. (이는 뜨거운 호감과 구분된다. 설명할 수 없는 친밀감이 데자뷔의 특징이다)

데자뷔에도 긍정적인 데자뷔와 부정적인 데자뷔가 있다. 천천히 나타나기도 하고, 갑자기 나타나기도 한다. 누군가에게 데자뷔는 매우 의미심장할 수 있다. '깨어 있으라'고 말하며 끝내지 못한 어떤 것을 완성하는 메시지가 될 수도 있다. 데자뷔가 무언가에 대한 예감이든, 전생의 기억이든 간에 직관을 끌어내는 요소가 되어줄 것이다.

나는 데자뷔의 영향으로 친밀한 관계를 맺곤 한다. 어떤 사람을 만나고 몇 분 지나지 않아 특별한 이끌림을 감지하는 것이다. 그 사람이 누군가와 비슷한 것도 아니고, 특별한 매력을 지닌 것도 아닌데 말이다. 내 몸과 영혼이 그 사람을 신뢰하며, 언젠가 함께했던 영혼으로 받아들인다. 어떤 사람에겐 이런 시간을 초월한 신뢰감이 생겨나지 않는다.

일 때문에 누군가를 만났는데 잠시 이야기를 나누다가 문득 이런 생각이 스칠 수 있다.

'이런, 마치 오랜 친구를 만난 것 같아.'

그것은 과거와 연결된 어떤 지점에서 두 사람의 관계가 다시 시작되었음을 의미한다. 물론 방어적인 데자뷔도 있다. 위험한 상황에서 떠오른 데자뷔는 당신은 멈추게 하고, 친구와 적을 구분할 수 있게 해준다. 한 시나리오 작가는 에너지 치유법에 능통해 있다. 어느 날 그가 계약을 위해 회의실에 들어섰을 때 흠칫하는 느낌이 들었다. 눈앞에 처음 보는 사람이 있었는데, 온몸의 세포가 소리를 질렀다.

'이 사람을 알고 있어. 어서 여기서 나가야 해.'

다행스럽게도 그는 직관을 믿었다. 회의실에 있던 그 사람이 얼마 후 사기로 고발당했다는 소식을 들었다. 이처럼 데자뷔는 좋은 징조를 알려주기도 하고, 나를 지키는 방어책이 되어주기도 한다.

지금까지 설명한 두 번째 원칙은 우리 몸이 다른 사람에게 귀 기울이는 방법을 체계적으로 정리한 것이다. 이 원칙은 충동이 아닌 본능에 따라 행동하도록 당신을 훈련한다. 긍정적인 에너지를 알아차리는 지혜가 생길 것이다. 누구를 사랑할지, 어디서 일할지 등등 중요한 결정을 내릴 때 가장 피하고 싶은 것이 바로 모호함이다. 에너지에 집중하면 명확한 판단을 내릴 수 있다. 다음에 제시된 방법을 익히도록 하자.

좋은 에너지에 주의를 기울이려면

지금부터 에너지에 주의를 기울이고, 나의 몸을 신뢰하며, 자신이 감지한 기운을 선택하여 행동에 적용하는 방법을 알아보겠다.

쉬운 문제부터 해결하라

뭔가를 시작하기 전에 분명히 해야 할 일이 있다. 바로 인간관계나 상황을 파악하는 것이다. 예를 들어 친구와의 관계, 휴가 계획, 이사 등을 고민하고 있다고 해보자. 이럴 때는 무조건 쉬운 문제부터 풀어나가야 한다. 이때 긍정적인 직관과 부정적인 직관을 가르는 기준, 혹은 자신이 신뢰할 수 있는 기준을 바탕으로 해결책을 마련한다. 긍정적인 끌림의 경우 자신과 잘 맞는 다섯 가지 기준을 마련해두는 게 도움이 된다. 활력, 안심, 생동감, 평온함 등 가장 좋아하는 느낌 다섯 가지를 노트에 적어놓으면 잊어버릴 염려가 없다.

에너지를 따르며 행동하라

이 지침을 행동에 옮기기 위해서는 전사가 되어야 한다. 에너지를 따르며 행동하는 것은 에너지에 주의를 집중하는 것보다 훨씬 힘들기 때문이다. 불확실성, 자존심, 욕망, 고집은 올바른 판단을 방해하고 종종 우리를 무릎 꿇게 만든다. 더는 고통을 견디기 힘들다는 생각이 들기도 한다.

이럴 땐 다른 방법을 시도해보자. 전체적인 에너지가 긍정적인 쪽이라면 일단 밀고 나가면서 가능성을 살핀다. 에너지가 뒤죽박죽 불확실하다면 진행을 멈추고 잠시 기다린다. 부정적인 에너지가 전반적으로 느껴질 땐 대안이 아무리 매력적이라도 과감하게 물러난다. 이런 방식으로 에너지에 집중하면서 그 결과가 얼마나 만족스러웠는지 살핀다.

원칙 3 : 매력적인 사람들의 선량함을 관찰하라

누구나 선량함을 지니고 있다. 선량함을 기준으로 타인을 보는 것은 축복이나 다름없다. 주변을 볼 때 나쁜 점을 찾지 말고 좋은 점을 골라내는 안목을 기르자. 긍정적인 면에 힘을 더하는 요소를 선택하라. 그런 선택은 아첨도, 지나친 친절도, 정치적인 판단도, 직관의 신호를 무시하는 것도 아니다. 상대의 어두운 면을 부정하거나, 더는 볼 일 없는 사람을 회유하는 것도 아니다. 우리의 목표는 좋은 관계에 향기를 더하고, 틀어진 관계를 개선하는 것이다.

다른 이들의 에너지를 관찰할 때, 내가 주목하는 것은 미덕이다. 넘치는 지성을 완벽하게 제어하는 투명한 빛이 내 눈에 보인다. 경이로운 건 타인의 미덕을 인정하면 곧 반응이 나타난다는 것이다. 그 사람의 미덕이 얼마나 깊은 곳에 있는지, 얼마나 더 빛날 수 있는지는 상관없다.

"당신은 커다란 용기를 내뿜고 있어요."

우울한 사람에게 이런 말을 건네면, 그 사람의 내면에서 작은 불꽃이 반짝이기 시작한다.

"나 여기에 있어요."

그 사람이 품은 용기가 마음 깊은 곳에서 이렇게 소리치는 것처럼 말이다. 스트레스가 심한 사람에게 이렇게 말해준다면 어떤 일이 일어날까?

"오늘 멋져 보이는데요."

그 즉시 그 사람의 마음 한구석이 말랑해지면서 탄성이 터져 나온다. 우리가 타인의 긍정적인 면을 입 밖으로 꺼내면 에너지가 그들의 내면에서 깨어난다. 정말 간단한 일이다.

얼마 전에 공항 근처에서 택시를 탄 적이 있다. 그런데 운전기사의 성미가 대단히 급했다. 갑자기 브레이크를 밟고, 마구 속도를 올리다가 다시 브레이크를 밟는 것이 그 사람의 방식이었다. 그는 무척 자신만만했고, 타인에게 그 모습을 자랑하고 싶어했다. 난폭하게 움직이는 택시 안에서 그 운전사에 대한 미움이 내 마음속에서 솟아올랐다. 그 느낌이 또렷해진 순간, 운전기사의 조용한 분노가 내게 전해졌다. 시속 60km로 달려야 하는 곳을 시속 100km로 달려갈 때, 문득 그런 생각이 들었다. 이대로 별 사고 없이 달리면 집에 훨씬 일찍 도착하겠다고 말이다. 그 사실을 인정한 순간 마음이 편해졌다. 택시가 집 앞에 섰을 때 요금을 내며 운전기사의 표정을 살폈다. 그는 욕먹을 각오를 하고 있었다. 내 마음을 정확하게 읽은 것처럼 말이다. 보통 때라면 나도 그가 예상한 것처럼 화를 냈을 것이다. 하지만 놀랍게도 나는 이렇게 말했다.

"덕분에 엄청 빨리 왔어요."

즉시 반응이 돌아왔다. 그가 나를 바라보며 활짝 웃었다.

"진짜 열심히 달렸거든요."

내가 마주 고개를 끄덕이며 말했다.

"고맙습니다."

그는 얼굴 가득 미소를 지으며 시동을 걸었다. 그리고 속도를 지키며 도로를 달리기 시작했다. 누구든 자신의 미덕을 인정받고 싶어한다. 상대와 연결되고 싶다면 그 사람의 장점을 찾아내어 말로 표현하라. 옆자리의 동료가 자주 신경질을 부린다고 해보자. 미리 알고 있어야 할 건 행복한 사람은 결코 그렇게 행동하지 않는다는 것이다. 덩달아 신경질을 부리거나 우울해하는 대신 에너지의 방향을 바꿔보자. 그녀의 장점을 말해보는 것이다. 일을 참 열심히 한다던가, 오늘 구두가 멋지다 등등. 없는 말을 지어내라는 게 아니다. 장애물을 다루는 방법을 찾으라는 말이다. 이런 식으로 일주일만 계속해도 에너지가 변하는 걸 느낄 수 있다. 직접 관찰해보자.

래리 킹은 고마움이 긍정적인 인간관계를 가져온다고 굳게 믿는다. 나와 인터뷰하는 자리에서 그가 말했다.

"식당에 가서 주문을 했는데, 검게 타버린 토스트가 나왔다고 해봅시다. 이 일을 처리하는 두 가지 방법이 있어요. '이봐, 토스트가 탄 거 안 보여?' 그러면 종업원이 접시를 가지고 주방에 들어가면서 침을 뱉을 거예요. 그런데 이렇게 말하면 어떨까요? '아가씨, 한창 바쁜데 미안합니다. 토스트가 좀 많이 구워진 것 같아요.' 누가 더 맛있게 구워진 새 토스트를 받을지 알 수 있겠지요. 내가 어떻게 하느냐에 따라 상대의 반응이 달라집니다. 긍정적인 태도가 돌아올 수 있도록 해야 해요."

래리가 전해준 실용적인 지혜는 바로 커뮤니케이션 에너지에 관한 것이다. 감사하는 마음은 상대에 대한 존중을 보여준다. 그러한 태도는 마음에서 마음으로 전해지며, 사람들의 내면에서 선량함을 끌어낸다.

상대의 좋은 점을 앞세우기 위해서는 그 사람의 나쁜 점도 알고 있어야 한다. 어떤 점을 강조할 것인가는 당신이 선택이지만 말이다. 의과대학의 세미나에서 직관에 대해 강의할 때 커뮤니케이션 에너지의 도움을 많이 받았다. 의학적인 결정을 내릴 때 직관의 도움을 받을 수 있다는 내 주장은 저항에 부딪힐 수밖에 없다. 완고한 의학자들에게 그런 행위는 모욕이나 다름없기 때문이다. 그들은 본능보다 기술을 숭배하며, 그 두 가지의 결합을 결코 이해하지 못한다. 그래서 이미 각오하고 있었다. 적대적인 반응이 쏟아질 것을 말이다. 내게 지도를 받고 있던 UCLA 정신과 레지던트가 세미나를 앞둔 시점에서 조심스럽게 물었다.

"선생님, 어떻게 그렇게 차분하실 수 있어요?"

내가 대답했다.

"내 목표는 사람들을 이해시키는 것이지 그들을 물리치는 게 아니거든. 사실 다른 사람의 분노를 감당하는 게 쉬운 일은 아니야. 그렇다고 해서 감정이 상하거나 흔들릴 필요는 없다고 생각해."

당한 대로 갚아주는 것은 결코 용기 있는 자세가 아니다. 괜한 분란을 일으키는 대신, 내 말을 믿지 않는 의사 한 사람 한 사람을 향해 힘주어 말했다. 직관이 환자의 치료에 얼마나 도움이 되는지를. 사람들의 마음이 열리는 순간이 바로 에너지 외교의 달콤한 결실이다. 그 즐거움을 위해 충분히 참고 노력할 가치가 있다.

이끌림의 법칙에서 중요한 점은 내가 보이고 싶은 모습으로 상대를 바라보라는 것이다. 누군가를 칭찬하면 내게도 그만큼의 칭찬이 돌아오는 기쁨을 맛보게 된다. 타인을 향해 내보이는 태도로 나의 인간관계가 개선되는 것이다. 다음에 제시하는 훈련은 타인에게서 긍정적인 면을 끌어내는 방법에 관한 것이다. 이 방법을 꾸준히 실천하자. 그러면서 나의 에너지가 얼마나 상승하는지, 상대가 내게 얼마나 이끌리는지 관찰하자. 세상 사람들을 따스하게 바라보는 습관은 힘든 세상을 살아가는 데 도움이 된다.

상대의 장점을 제대로 인정하려면

- 자신이 좋아하는 두 사람에게 상대의 고마운 점에 관해 말한다.

- 자신이 싫어하는 두 사람에게 상대의 고마운 점에 관해 말한다.

- 하루를 정해 오후 시간에 만나는 모든 사람의 좋은 점을 찾아낸다. 세상을 바라보는 시선을 바꾸면 묵을 습관을 버릴 수 있다.

- 다른 사람이 지닌 능력을 칭찬한다. 주유소 직원, 유리창 청소부, 계산원에게 미소를 지으며 말해본다. "일을 참 잘하시네요." 상대의 하루를 멋지게 만들 마법이 되어줄 것이다. 외부 사람부터 시작해서 내 주위의 사람들, 즉, 배우자, 동료, 친구에게 그 마법을 확장한다.

- 누군가에게 자꾸 짜증이 나면 칭찬할 점을 찾아내어 그 사람에게 말해준다. 그러면 상황을 바꿀 수 있다. 마음의 중심을 잡고 깊이 호흡하라. 주먹을 쥔 채 맞서려 들지 마라. 자신을 향해 이렇게 말해본다. "좋아, 이 사람은 지금 거칠게 굴고 있어. 하지만 이 정도의 일로 나는 싸우지 않을 거야. 저 적대감을 어떻게 누그러뜨릴 수 있을까?" 이런 시도는 결코 항복이나 진실하지 못한 태도가 아니다. 긍정적인 에너지를 퍼뜨려 좀 더 효과적인 커뮤니케이션을 하기 위함이다.

원칙 4 : 선행에 마음을 담아라

어떻게 베푸느냐에 따라 함께할 사람이 정해지기도 한다. 나는 선행도 에너지 치유법의 중요한 요소라고 생각한다. 그래서 제대로 선행하는 법에 대해 가르치곤 하는데, 때때로 이것이 치료적 측면에서 삶과 죽음을 좌우하는 문제가 되기도 한다. 이때 중요한 것은 나누고 베푸는 행동이 항상 옳은 건 아니라는 점이다.

불건전한 나눔은 감정적인 상처를 일으키고 불화와 파괴적인 인간관계를 가져온다. 우리는 종종 그런 상황에 무의식적으로 빠져든다. 그리고 그런 패턴에서 좀처럼 헤어 나오지 못한다. 베풀 때는 반드시 좋은 느낌이 들어야 한다. 그렇지 않다면 분명 무언가가 잘못된 것이다. 지금부터 우리는 지나치지 않으면서, 냉철하고 생산적인 방식으로 베푸는 방법을 배우게 될 것이다. 이 방식으로 마음을 열면, 나만의 영역에 관대함을 더할 수 있다.

에너지의 관점에서 볼 때 나눔은 두 가지로 나뉜다. 바로 마음이 담긴 나눔과 상호의존적인 나눔이다. 마음이 담긴 나눔은 나를 풍요롭게 하고, 타인을 배려하는 능력을 키운다. 이것은 마음에서 우러나오는 조건 없는 나눔이다. 반면에 상호의존적인 나눔은 나를 잃어버린 상태로, 자칫하면 생명 에너지를 빼앗길 수 있다. 의무, 죄의식, 혹은 순교자적 콤플렉스에 의해 이루어지는 나눔이기 때문이다. 이 경우, 베푸는 사람이 착취당하거나 혹사당하는 느낌을 받곤 한다. 인정받지 못한다고 느끼기도 한다.

충분히 휴식하고 시간을 여유 있게 운용하면 베푸는 행위가 기쁘게 느껴진다. 삶 속에서 충만한 에너지를 유지하기 위해서는 내 스타일을 파악해야 한다. 개인적으로 건네는 선물, 자선단체를 향한 기부, 감정적인 나눔은 어떻게 하는 것이 좋을까? 콩팥 기증과 같은 중대한 나눔에 관한 요청은 어떻게 판단해야 할까? 나눔은 나에게 활력을 주기 위한 행위로, 상호의존적인 것이 되어서는 안 된다.

상호의존적인 나눔은 부적절한 책임을 떠맡거나 자신을 잊을 정도로 지나치게 주는 것을 말한다. 이는 잘못된 방향으로, 독선적인 자선가들이 흔히 보이는 증상이다. 상호의존적인 사람이 죽음을 앞두면 눈앞에 타인의 인생만 스쳐 지나간다는 우스갯소리가 있다. 나는 그것이 당신의 삶이 아니길 바란다. 나눔을 위해 자신을 잃어서는 안 된다. 에너지를 희생시키는 것도 옳지 않다. 선행에 마음을 담으려면 다음 사항들을 이해해야 한다.

연민에도 경계가 필요하다

마음을 담아 베풂을 실천하기 위해서는 연민의 의미를 신중하게 살펴야 한다. 포지티브 에너지 프로그램에서 말하는 연민이란 타인의 처지를 이해하고 도와주되 고통은 대신 짊어지지 않는 것이다. 우리는 지금껏 연민이란 많은 것을 남들과 나누고 그들의 고통을 덜어주는 것이라고 배웠다. 하지만 에너지를 빨아들이는 직관적 공감자는 종종 불행한 상태가 되어버린다. 타인의 고뇌를 무심코 흡수하기 때문이다. 이런 심각한 자기중심의 부재는 인생에 아무런 도움이 되질 않는다. 그래서 연민을 보일 때도 내가 어떤 에너지를 참아낼 수 있는지 경계를 명확하게 설정해야 한다.

승려인 페마 최된이 저서 〈이곳에서 시작하라〉에서 경고했다. 갈등을 피하려고 친절을 이용하는 것은 어리석은 연민이라고 말이다. 우리의 에너지를 고갈시키는 남들의 행위를 막아야 한다는 그녀의 생각에 나는 전적으로 동의한다. 선을 그어야 할 지점을 정확하게 알고 있을 때 스스로를 지킬 수 있다.

너무나 따스한 마음을 지닌 켄은 가정폭력 피해자를 위한 진료소를 여는 문제로 고민이 많았다. 잘못된 선택이 아닐까 두려움이 생겼기 때문이다. 켄에게는 그런 고민을 할 충분한 이유가 있었다. 그가 스스로 인정하며 말했다.

"나는 경계를 설정하지 못해요. 어려움에 처한 환자나 친구를 돕느라 여러 번 망할 뻔하기도 했어요. 내 머리 위에 힘겨운 사람들한테만 보이는 표지판이 달려있나 봐요. '이 사람이 꼭 도와줄 거야'라고 적힌 표지판이요. 날 찾아오는 사람을 거부하면 치사한 인간이 될 것 같아서 어쩔 줄 모르겠어요."

나는 그에게 베푸는 방식을 바꿔야 한다고 가르쳐주었다.

"한계를 설정하지 않으면 그만 받아야 할 때를 사람들이 알지 못해요. 힘들어도 이렇게 말하는 게 좋아요. '나도 무척 걱정돼. 하지만 이게 줄 수 있는 전부야.' 그러면 상대가 한계에 관한 힌트를 얻을 수 있지요."

켄이 할 일은 열린 마음으로 한계를 확실하게 정하는 것이었다. 그렇게 꾸준히 해나가다 보면 언젠가 그의 입장에 선 사람이 이런 말을 해줄 것이다.

"자신을 먼저 돌보도록 해요. 그러면 기분 좋게 베풀 수 있어요."

꾸준하게 노력한 끝에 켄의 인간관계는 좋아졌다. 도와달라는 사람도 줄고, 일할 때도 에너지를 지킬 수 있었다. 1년 뒤, 켄은 진료소를 열 준비가 되었다고 느꼈다. 건전하게 베푸는 법을 깨닫지 못했다면, 그 진료소가 그를 파멸시켰을지도 모른다. 이제 자신에게 물어보자.

"베풀만한가, 아니면 힘겨운가?"

"도움이 되는 관계를 유지하고 있는가, 아니면 어리석은 연민에 휩싸여 이용당하고 있는가?"

"한계를 정한 뒤 할 수 있을 만큼만 하겠다고 말할 수 있는가?"

"나를 풍요롭게 하는 동시에 남에게 베풀 방법이 있는가?"

이런 문제에 관해 명상한 뒤, 통찰을 노트에 적고 그대로 실천하자. 상호의존적인 성향을 비관할 필요는 없다. 우리는 누구나 그런 성향을 지니고 있지만, 깨어 있는 마음을 가지면 풍요롭게 나눌 방법을 익힐 수 있다.

나눔은 에너지를 주고받는 행위다

선물이란 사람과 사람 사이에 전달되는 에너지다. 일반적으로 선물을 줄 때 우리는 물건을 고르고, 포장을 하고, 카드를 쓴다. 그러면 선물을 받은 사람이 카드를 읽고, 포장을 벗기고, 선물을 확인한다. 그러면 선물에 담긴 잠재적인 에너지가 전달된다. 선물을 직접 사용하거나 진열해놓고 바라볼 때 그 에너지가 받은 사람에게 스며드는 것이다. 이러한 과정을 통해 마음이 전해지고, 존경과 감사가 퍼져 나간다. 하지만 비슷한 행위를 통해 속이고, 매수하고, 협박하고, 자랑하는 나쁜 순환이 시작되기도 한다. 에너지 측면에서 볼 때 이런 선물은 서로를 궁지에 빠트리는 행위다. 포지티브 에너지 프로그램을 통해 마음을 다해 나누고, 서로 배려하며, 인간관계의 열매를 맺는 방법을 배우게 될 것이다.

　선물을 주는 행동은 여러 가지 방식으로 이해된다. 프로이트 학파의 심리분석가들은 내담자의 선물이 무의식적 동기의 발현이라고 굳게 믿는다. 그래서 절대 선물을 받지 않는다. 좀 더 자세히 말하면, 선물을 주는 행위를 통해 내담자가 죄의식을 달랜다는 것이다. 하지만 나는 내담자를 대할 때 이런 분석적인 논리를 고집하지 않는다. 나는 받은 선물을 상담실에 두는 것을 좋아한다. 자신이 준 선물이 놓여 있는 것을 보고 내담자들이 기뻐하기 때문이다. 프로이트의 학설이 어떻든 간에, 많은 문화권에서 선물을 거절하는 행위를 모욕으로 여긴다. 일본에서는 처음 만나는 자리에서 간단한 선물을 교환하는 전통이 있다. 이는 존경의 표시다. 나라나 문화에 따라 실례가 되는 선물도 있다. 중국에서의 시계 선물처럼 말이다. '시계를 선물하다'가 '임종을 지켜보다'와 같은 발음이기 때문에 불길한 선물로 여긴다.

선물을 전달할 때 다음 전략을 활용해보자. 많은 이들에게 긍정적인 에너지를 전할 수 있다. 작은 배려만으로도 주는 사람과 받는 사람 모두에게 풍요로움이 깃든다. 마음에서 우러나온 선물을 전할 때 솟구치는 활력을 느낄 수 있을 것이다.

선물을 받을 때도 에너지를 고려해야 한다. 사랑이 담긴 선물을 받으면 에너지를 느낄 수 있다. 그럴 경우, 마음으로 선물을 받아들이고 긍정적인 에너지가 내게 스며들도록 하는 것이 좋다. 선물에 부정적인 마음이 담겨 있다고 느껴지면 그 선물을 받을지, 거절할지, 타협할지를 선택해야 한다. 내가 아는 한 사람은 사업 관계로 알고 지내던 사람에게 값비싼 골프용품을 선물로 받았다. 그런데 빚지는 기분이 들어서 정중하게 거절했다고 한다. 음악에 심취한 20대 남성은 생일마다 이모가 보내주는 용돈을 받았다. 그런데 이모는 그를 만날 때마다 입고 있는 옷에 대해 잔소리를 늘어놓았다. 결국 그는 말했다. 그렇게 계속 잔소리를 한다면 앞으로 돈을 받지 않겠다고 말이다. 이것과는 다른 경우가 있다. 누군가가 좋은 의도로 건넨 선물이 자신의 마음에 들지 않을 때다. 그런 선물을 고맙게 받는 것은 감정적으로 정직한 행위니 안심해도 좋다.

마음이 담긴 선물을 하려면

베푸는 습관을 다시 조정하려면 다음의 접근법을 시험해보는 게 좋다. 하나씩 실천한 뒤 각각이 당신의 인간관계에 어떤 영향을 미치는지를 관찰해보자.

작은 선물이 유쾌함을 부른다

굳이 기념일을 기다릴 필요가 없다. 양초, 장미, 작은 화분, 향기로운 비누, 재미있는 카드 등등 작은 계기를 마련하여 언제든 간단한 선물을 해보자. 나는 친구의 집에 몰래 찾아가서 날짜를 크게 적어넣은 물건을 문 앞에 놓아두곤 한다. '날짜 요정'이 되는 것이다. 이렇게 친구, 치과의사, 상사, 파트너를 깜짝 놀라게 할 선물을 준비해보자. 다들 무척 좋아할 것이다. 작은 선물을 전달하는 것은 고마움을 표현하는 행위다. 단, 도를 넘는 선물은 금물이다. 기대하지 않았던 유쾌함을 퍼뜨린다고 생각하면 된다. 무언가를 돌려받기 위한 행동은 아니지만, 당신은 이미 즐거움이 되돌아오는 에너지 순환 시스템을 작동시켰다.

좋은 선물과 나쁜 선물을 구분하라

좋은 선물이란 주는 사람이 원하는 것이 아닌, 받는 사람에게 필요한 것을 말한다. 그런 선물은 관계에 대한 약속을 나타낸다. 그에 비해 나

쁜 선물은 주는 사람이 받는 사람에게 원하는 바를 상징적으로 드러낸
다. 여자친구에게 허벅지 근육을 키우는 운동기구를 사준다거나, 배우
자에게 실용적인 전기기구를 선물하는 것들 말이다. 한 연구에서 재미
있는 결과를 발표했다.

'바코드가 붙어있는 선물은 절대 로맨틱하지 않다.'

받는 사람의 마음을 움직여라

상대가 좋아할 것 같은 물건을 직감적으로 느낄 때가 있다. 눈에 확 들
어오거나, 만족감으로 고개를 끄덕이거나, 나도 모르게 미소가 흘러나
오는 경우 말이다. 열한 살 때였다. 한 화랑의 유리창을 통해 말 두 마
리가 조각된 작품을 보았다. 그 순간 소름이 돋으면서 아버지를 위한
물건이란 생각이 들었다. 말을 좋아한다는 이야기를 한 번도 들은 적
이 없는데 말이다. 나는 저금해둔 돈을 몽땅 꺼냈다. 그게 아버지의 것
이라는 사실을 직감적으로 알 수 있었다. 그 선물을 받고 아버지는 크
게 감동했다. 그리고 그 작품을 보물처럼 아꼈다. 그 뒤로 30년 동안
아버지의 사무실에는 그 두 마리의 말이 놓여 있었다. 이처럼 누군가
의 마음을 울릴 것이라는 느낌이 강하게 들면 망설이지 말고 그 물건
을 사도록 하자. 의미를 확실히 알 수는 없겠지만, 강하게 다가오는 힘
을 믿는 게 좋다.

사랑의 에너지를 선물에 담아라

포장된 상자나 물건을 1분 정도 손에 쥐고 눈을 감는다. 가슴 센터에서 솟아나는 사랑의 기운을 선물에 담는다. 이 느낌은 당신의 가슴에서 자연스럽게 흘러나와 팔을 통해 선물에 전달된다. 때때로 나는 누군가를 위해 구매한 선물을 몇 달 동안 지니고 다닌다. 그러면 나의 에너지가 그 물건에 전달되어 생명력이 가득한 선물이 된다.

남몰래 선행하면 에너지가 커진다

누군가를 향해 대가 없이 선행을 베푸는 행위는 부정적인 생각을 바꾸게 한다. 상대가 아는 사람이든 모르는 사람이든 상관없다. 다시 마주치지 않을 사람이라도 괜찮다. 나이 드신 할머니가 무사히 길을 건널 수 있게 돕는다던가, 엘리베이터의 열림 버튼을 누르고 잠시 기다려준다던가, 남몰래 좋은 일을 하는 것 등등. 그런 행동이 쌓이면 에너지장이 긍정적인 기운으로 가득 차게 된다. 그리고 비슷한 선행을 다시 끌어들인다. (나는 가끔 우스갯소리로 말한다. 우리 동네 어딘가에 선행 점수를 쌓아놓는 커다란 창고가 있다고 말이다) 신기한 것은 익명으로 선행을 베풀 때 더 큰 혜택이 돌아온다는 사실이다. 남모를 괴로움에 빠져있을 때 선행을 베풀어보자. 어느새 기분이 바뀐 걸 알아챌 수 있을 것이다. 열네 살짜리 소년이 말했다.

"다른 사람을 기분 좋게 할 때 내 기분도 좋아져요."

마음을 열고 마주 앉은 사람의 용기를 북돋워 주자. 남몰래 베푼 선행은 생각보다 빠르게 나에게 돌아온다.

포지티브 에너지 프로그램의 여덟 번째 처방인 '긍정적인 관계를 끌어당기는 법'은 행복과 사랑을 누리는 해법이다. 처방을 마음에 새기고, 나와 조화를 이룰 사람과 환경을 찾는 데 온 힘을 기울이자. 매력적인 사람이 되려면 목표를 향해 계속 나아가야 한다. 이것은 올바른 방향으로 이끄는 우주의 힘과 일치한다. 에너지 공부를 시작하던 시기에 '숟가락 구부리기'라는 행사에 참석한 적이 있다. 그곳에서 충분한 깨달음을 얻었다. 이 행사의 주관자는 엔지니어로 일하는 잭이라는 사람이었다. 그는 마음으로 쇠붙이를 구부리는 방법을 평범한 사람에게 알려주는 걸 좋아했다. 상상해보라. 이성으로 무장한 스무 명의 성인이 숟가락을 높이 들고 이렇게 외치는 장면을 말이다.

"구부러져라! 구부러져라! 구부러져라!"

우리가 한창 숟가락에 집중하고 있을 때 잭이 말했다.

"좋아요. 이제 숟가락을 구부리겠다는 욕심을 버리세요."

그가 던진 말은 하늘과 땅이 뒤바뀌는 생각의 전환이었다. 우리는 그의 이야기에 따랐다. 조금 뒤 우리가 들고 있던 숟가락이 하나둘씩 구부러지기 시작했다. 정말 놀라웠다! 마음이 물질을 지배하는 이런 현상이 어떻게 가능할까? 이것은 강력한 목적과 미련없는 포기가 어우러질 때 일어나는 상호이익 상황이다. 욕심을 버리지 못하면 반드시 실망이 뒤따른다. 두 가지가 함께하지 않으면 아무 일도 일어나지 않는다. 어떤 대상에 시선을 고정하고 지나치게 움켜쥐면 반드시 역효과가 생긴다는 사실을 기억하자. 가볍게 접근하는 게 핵심이다. 우주가 자신의 역할을 해낼 공간을 남겨놓는 것이다. 우리가 대상의 반응을 강요할 수는 없지만, 가능성 있는 에너지가 존재한다면 머지않아 그것을 느낄 수 있다.

8장에서 제시된 방법으로 따스한 선행을 베풀어라. 마음이 움직이지 않을 때는 '싫다'라고 말해라. 성공할 때마다 순수하게 기뻐하라. 마음을 속인 채 성급하게 다음 목표로 뛰어들지 마라. 더 많이 갖고 더 많이 성취하고 싶은 마음은 물질세계에서 어쩔 수 없이 마주치는 끝없는 유혹이다. '조금 더'의 집착에서 벗어나 아주 작은 성취도 소중하게 여겨라. 그것이 삶의 지혜다.

에너지를 깨우는 시간

뜻이 잘 맞는 친구와 혼잡한 일상을 벗어나자. 함께할 시간을 마련하기 힘들다면 전화로 이야기를 나누어도 좋다. 서로에게 즐거움을 주고, 되도록 많이 칭찬해주자. 멋진 당신과 따스한 친구, 두 사람의 놀라운 만남을 마음껏 찬양하자.

래리 킹이 창조하는 에너지의 세계

래리 킹은 CNN의 유명 프로그램 '래리 킹 라이브'의 사회자다. 에미상을 수상했고, 베스트셀러 작가로도 활약하고 있다.

내가 하는 모든 일은 에너지를 바탕으로 이루어진다. 40년 넘게 방송하는 동안 나는 신속하게 결단을 내렸다. 완벽하게 몰입했고 긴박감도 즐겼다. 인터뷰와 관련된 일을 하면서 싫어하는 것이 하나도 없었기에 지루함도 몰랐다. 나는 상대의 말과 동작에 주의를 기울이고 직관에 따른다. 나 혼자만의 생각으로 움직이지 않으며, 긍정적인 분위기를 만들기 위해 애쓴다. 나의 이런 태도는 인터뷰에 초대받은 출연자를 편안하게 해준다. 덕분에 그들은 자신을 좀 더 효과적으로 표현할 수 있다. 이야기가 제자리를 맴돌거나 대화할 소재가 고갈되면 내 에너지가 떨어지는 것을 느낄 수 있다. 그럴 때는 일부러 반대 의견을 말하거나 오래된 논쟁에 새로운 관점을 내놓아서 에너지를 다시 얻곤 한다. 나는 쉽게 예상할 수 있는 대답을 좋아하지 않으며, 새로운 질문이 두렵지 않다.

나는 여섯 살 무렵부터 방송을 향한 꿈을 키웠다. 다른 일은 한 번도 염두에 두지 않았다. 호기심으로 가득했던 나는 모든 것을 궁금해했다. 야구경기를 보러 가면 선수들과 이야기를 나누려고 클럽하우스 밖에서 기다렸다. 버스 운전사에게 "왜 버스 운전을 하고 싶었나요?"라고 묻고, 배관공에게는 "지금 뭘 알아내셨나요?"라고 물었다. 당신이 만약 죽은 사람과 대화를 나눌 수 있다고 말하면 나는 즉시 물어볼 것이다. 어떤 방식으로 그 일을 해내는 거냐고 말이다. 인터뷰를 진행하면서 따로 규칙을 둔 적은 없다. 그저 상대가 지닌 가장 긍정적인 면과 연결될 수 있도록 애쓴다. 그런 나의 노력이 출연자의 마음을 여는 데 도움이 되곤 한다.

공감은 매우 중요하다. 나는 상대가 하는 말에 관심을 기울이며 머리와 마음으로 질문한다. 좋아하는 마음을 표현하는 것이다. 이런 나를 유약하다고 하는 사람이 있는 걸 안다. 바보 같은 말이다. 변호사로 일하는 친구에게 이런 질문을 던진 적이 있다.

"배심원에게 가장 바라는 것이 무엇인지 궁금하네. 변호사로서 자네의 목표는 뭔가?"

그는 명쾌하게 대답했다.

"배심원이 내 의뢰인의 입장에서 생각하게 만드는 거지. 그렇게만 되면 내 일은 끝이라고 할 수 있어. 여러 사람이 반대하는 가운데서도

단 한 명의 배심원이 '이런 상황이라면 나도 분명 그렇게 했을 거야.'
라고 믿게 할 수 있다면 난 성공한 거야."

나는 상대에 대한 공감으로 쇼를 시작한다. 가장 쉬운 인터뷰는 이
런 말로 분위기를 이끄는 것이다.

"당신은 정말 나쁜 사람이군요. 대체 어떻게 그런 일을 벌일 수 있지
요?"

하지만 이런 인터뷰는 상대를 방어적으로 만든다. 출연자와 나 사이
에 벽이 생기는 건 절대 바람직하지 않다.

여기서 짚고 넘어갈 것은 긍정적인 면만을 드러내는 것이 인터뷰의
목적은 아니라는 점이다. 나는 상대를 좀 더 잘 알기 위해서 인터뷰를
한다. 그 사람이 부정적인 성향을 지녔다면, 그 사실은 바깥으로 꺼내
야 한다. 인터뷰가 끝난 뒤 상대가 "난 래리 킹이 정말 싫어!"라고 누
군가에게 말한다면, 나는 일을 제대로 한 것이다. 만약 내가 히틀러를
인터뷰할 기회를 얻었다면 그를 제대로 알기 위해 애썼을 것이다. 그
를 좋은 사람으로 만들기 위해서가 아니고 말이다. 출연자가 한 일을
무조건 찬성하는 게 아니라, 그 사람이 왜 그런 일을 했는지를 알기
위해 마음을 열고 귀를 기울여야 한다. 내 판단은 중요하지 않다.

인터뷰할 때 나는 적대적인 분위기를 만들지 않는다. 예전에는 부정

적인 태도를 보이기도 했다. 조지 월러스를 인터뷰한 적이 있는데, 당시 그는 인종차별주의에 빠져서 처음부터 화난 모습이었다. 나는 그에게 시비를 걸었지만, 결과적으로 그의 승리였다. 내가 쇼의 흐름을 통제하지 못했기 때문이다. 중심을 잡지 못한 채 따지기 좋아하는 모습을 보였기 때문에, 나는 그와 똑같은 수준이 되어버렸다.

방송할 때 나는 있는 그대로의 모습을 종종 드러낸다. 라디오 방송을 처음 진행하던 날이었다. 어렵게 잡은 기회였지만, 좀처럼 입이 떨어지지 않았다. 천장을 보면서 나는 중얼거렸다.

"어쩌면 좋지. 너무 겁이 나."

그때 프로듀서가 나를 향해 소리쳤다.

"이봐, 뭘 할지 모르겠어? 당장 말하는 게 당신 일이야!"

나는 신의 가호를 빌며 마침내 마이크의 전원을 켜고는 말했다.

"안녕하세요. 이건 제 첫 방송입니다. 저는 오늘을 위해 평생 기도했어요. 그런데 무슨 말을 해야 할지 도무지 생각이 나지 않아요."

나는 내게 일어난 일을 있는 그대로 말했다. 약해 보이는 사람을 향해 청취자들은 걱정을 표현한다. 그날 방송에서 내가 실수를 했더라도 그들은 이렇게 말했을 것이다.

"그냥 봐주자고, 오늘이 첫 번째 날이라잖아."

우리가 지닌 에너지는 주변에서 벌어지는 일을 창조해낸다. 에너지가 긍정적이냐 부정적이냐에 따라 전혀 다른 일이 생기는 것이다. 스와미 삿치다난다는 이렇게 말했다.

"아침이 오면 이렇게 말해보세요. 오늘 하루를 주셔서 감사하다고요."

내게 어떤 하루가 주어지든 상관없다. 그저 살아 있다는 사실에 감사한다. 야구에 관한 멋진 이야기 한 가지를 들려주겠다. 한 평범한 선수가 홈런 제조기인 스탠 뮤지얼에게 말했다.

"스탠, 난 오늘 아주 기분이 좋아. 아침도 맛있게 먹었고, 상쾌한 기분으로 샤워도 했어. 태양은 눈부시게 빛나고, 내 몸에선 활력이 흘러넘쳐. 혹시 이런 기분 느껴본 적 있어?"

그러자 스탠이 대답했다.

"난 매일 그러는걸."

그런 긍정적인 태도와 자신감을 지니고 경기에 나섰기에 스탠은 더 나은 타자가 될 수 있었다. 나도 마찬가지다. 늘 자신 있게 방송에 임한다. 긍정적인 에너지를 내뿜어야 긍정적인 분위기를 만들 수 있다. 나는 쇼를 할 때 늘 그런 생각을 지니고 행동에 나선다.

치유자들은 말한다. 우리를 관통하여 흐른다는 잠재적 에너지에 대해. 그런 에너지를 본 적은 없지만, 좋은 사람과 함께할 때 따스함을 느끼곤 한다. 내 심장에 마비가 왔을 때, 황금색 빛을 본 적도 없고 유체이탈을 경험하지도 못했다. 그래도 나는 잠재적 에너지의 존재를 믿는다. 우리가 에너지장을 형성한다는 건 충분히 가능한 일이기 때문이다.

역사적으로 볼 때, 진보적인 사람은 항상 다른 이들의 비웃음을 샀다. 에디슨이 뉴욕시 전체를 밝은 빛으로 채우겠다고 했을 때, 시청 자금 대출 담당 부서에서 투표를 시행했다. 결과는 4대 3이었다. 〈뉴욕타임스〉는 찬성표를 던진 네 명을 비난하며 바보로 지칭했다. 프랭클린이 천둥 속에서 연을 날렸을 때도 틀림없이 비웃음을 샀을 것이다.

나는 인간의 힘으로는 신을 제대로 인식하지 못한다고 믿는다. 나도 내가 죽은 뒤 어디로 갈지, 누가 나를 돌볼지 궁금하긴 하다. 하지만 그걸 알 방법은 없다. 살면서 내가 따르는 법칙은 오직 한 가지뿐이다. 만약 사람들이 이 법칙을 따르며 아이들을 키운다면 살면서 겪는 대부분의 문제는 일어나지 않을 것이다.

"남들이 내게 하기를 바라는 일을 남에게 하라."

그렇다. 나의 철학은 이것이다. 나는 좋은 사람이 지닌 힘을 믿는다. 그것 외에 필요한 건 아무것도 없다. 좋은 사람이 되자. 그러면 우리 삶과 세상을 긍정적인 에너지로 채울 수 있다.

에너지
뱀파이어를
물리치는 법

사람과 사람 사이의 관계는 에너지를 주고받는 순간들로 이루어진다. 어떤 사람은 우리를 두근거리거나 편안하게 한다. 하지만 어떤 사람은 우리의 생기를 빼앗아간다. 이 세상에는 누군가의 활력을 빨아들이는 '에너지 뱀파이어'가 존재한다는 걸 알고 있어야 한다. 하지만 주류 의학에 몸담은 의사들은 대부분 에너지 뱀파이어의 개념을 이해하지 못한다. 일반인들도 마찬가지다. 에너지 뱀파이어의 존재를 모른 채 뜻하지 않게 피해자가 되어버린다. 그리고 미리 알고 있었다면 막을 수도 있었을 피로를 견디며 힘겹게 살아간다. 하지만 걱정할 필요는 없다. 포지티브 에너지 프로그램의 아홉 번째 처방이 당신이 겪는 일을 자세히 설명하고 해결책도 제시할 것이다.

　에너지 뱀파이어를 만난 경험은 누구에게나 있다. 내가 만나본 사람

가운데 그런 경험을 해본 적이 없다고 말하는 사람은 아무도 없었다. 포지티브 에너지 워크숍은 종종 '에너지 뱀파이어'로부터 힘겹게 벗어난 사람들이 해결책을 찾아가는 토론장이 되곤 한다. 이 시간에 사람들은 울고, 웃고, 화를 낸 뒤 스스로 해결책을 찾아 에너지 뱀파이어를 막겠다고 결심한다. 항상 왜 그렇게 지치는지 그 이유를 깨닫고 해결책을 찾는 것은 이 처방을 따름으로써 얻을 수 있는 기쁨이며 완벽한 해방감이다. 경계라는 말의 의미조차 알지 못하면서 그것을 강요하는 부모들, 끊임없이 무언가를 요구하며 당신을 괴롭히는 배우자, 사람을 지치게 만드는 게 취미인 동료, 전화를 걸어 견딜 수 없을 만큼 징징거리는 친구 등등. 워크숍 참가자들의 이야기를 들으며 나는 항상 흥분한다. 매일같이 당하는 그런 일들은 우리의 자존심과 에너지장에 치명적인 구멍을 뚫는다. 하지만 대부분 웃어넘기거나 잠시 화를 내고 끝내는 수밖에 없다고 생각한다. 그 결과 당신은 만성적인 무기력, 화, 우울감 같은 정신적인 질병부터 궤양, 심장마비 같은 신체적인 질병까지 안은 채 살아간다.

에너지 뱀파이어는 지극히 파괴적이다. 그들이 자신과 주변을 파멸시킨다는 사실을 항상 염두에 두어야 한다. 유명 그룹 '도어스'의 드러머 존 덴스모어를 인터뷰했을 때였다. 메인 보컬을 맡았던 짐 모리슨의 비극적인 삶에 대해 가슴 아픈 이야기를 들을 수 있었다. 짐 모리슨의 죽음은 가깝게 지내던 사람들의 에너지에 큰 타격을 주었다. 그가 말했다.

"밴드를 처음 결성했을 때, 짐은 희망차고 활력이 넘치는 데다 무척 순수했어요. 그런데 몇 년이 지나면서 침울해지고, 점점 술에 의존하기 시작했지요. 나는 그가 절망의 늪에 빠져들고 있다는 걸 느꼈어요. 그가 지닌 부정적인 기운이 너무 깊어서 결국 물러설 수밖에 없었지요. 그를 형제처럼 사랑했지만, 나를 지킬 방법이 그것뿐이었어요. 짐이 들어서면 어두운 기운으로 방안이 꽉 차기 시작했거든요. '여기서 나가야 해. 그렇지 않으면 이 어둠에 굴복해서 모든 것을 빼앗기고 말거야.' 그런 느낌이 나를 강하게 사로잡았어요."

포지티브 에너지 프로그램은 에너지 뱀파이어가 활개 칠 가능성을 조금도 남겨두지 않는다. 그 사람이 아무리 재능있고 매력적인 사람이라도 말이다. 이번 장에서 제시하는 아홉 번째 처방은 단호하지만 섬세한 방식으로 에너지 뱀파이어를 물리치는 법을 알려줄 것이다. 그러기 위해서는 일단, 에너지 뱀파이어를 잘 알아야 한다. 의도적으로 악의를 품은 사람들부터 자신의 영향력을 깨닫지 못하는 사람까지, 그들의 유형은 매우 다양하다. 여기에는 남의 힘을 빌려 적개심을 표현하거나 비협조적인 태도를 보이는 사람들도 포함된다. 물론 이들 중에는 큰 목소리를 지닌 사람도 있고, 부드럽게 말을 건네는 매력적인 사람도 있다. 에너지 뱀파이어는 이웃, 직장동료, 텔레마케터일 수도 있고, 크지 않은 카페에서 종업원에게 소리 지르는 거물일 수도 있다. 굳이 의도한 건 아니겠지만 배우자, 자녀, 친척이 그럴 수도 있다. 모든 뱀파이어가 보이는 공통점은 우리의 에너지를 빼앗아 지치게 만든다는 것이다. 에너지 뱀파이어의 존재를 알아차리기만 해도 더욱 생기 넘치는 관계를 이어나갈 수 있다.

에너지 뱀파이어를 어떻게 알아챌 수 있을까? 아주 잠깐 만났을 뿐인데도 당신은 지치고, 상대는 더 활기찬 모습이 된다면 주의해야 한다. 빼앗긴 생명력을 보충하기 위해 당신은 과식하게 되고, 도망가고 싶어지거나, 긴 휴식을 원하게 된다. 누군가와 마음이 맞지 않아서 기분이 언짢아지는 것과 에너지를 빼앗겨서 지치는 것에는 큰 차이가 있다. 새로운 직장에서 느끼는 불안감처럼 긍정적인 상황이 오면 점차 사라지는 감정과 에너지 뱀파이어가 일으키는 지속적인 피로감도 구별할 수 있어야 한다. 나는 당신이 육체적인 반응에 집중해서 에너지가 고갈된다는 신호를 초기에 발견할 수 있기를 바란다. 다음 신호가 나타나면 주의해야 한다.

- 어떤 사람과 대화를 할 때마다 가슴이 답답한 느낌이 드는가?
- 어떤 사람과 시간을 보내고 나면 냉장고로 달려가 뭔가를 잔뜩 먹게 되는가?
- 어떤 사람과 전화 통화를 하고 나면 잠깐이라도 잠을 자야 하는가?
- 모임에서 어떤 사람이 말을 걸어오면 머리가 아프거나 토할 것 같고 기분이 나빠지는가?
- 가족 모임, 직원회의, 사회적인 모임 등에서 에너지가 고갈되는

느낌이 드는가?

- 어떤 관계에서 공격받거나 비판받고, 비난을 듣는다는 기분이 드는가?
- 너무 많은 요구를 하고, 끈끈이 종이처럼 끈질기게 달라붙는 사람이 있는가?

평소보다 주의 깊게 특정 인물에 대한 자신의 에너지 반응을 관찰하자. 에너지 뱀파이어, 특히 자주 접하는 사람의 중요한 공격을 매일 노트에 기록하자. 그러면 왜 내가 갑자기 지쳐 쓰러질 것 같은지, 왜 정신없이 아이스크림을 퍼먹는지 깨닫게 될 것이다. 미심쩍은 인물과 그들의 행동을 모두 적어두자. 무엇이 원인인지 모르겠다면 그 사실도 기록하자. 여러 유형의 뱀파이어를 구별할 수 있게 되면, 더는 사냥감이 되지 않을 것이다. 에너지 뱀파이어의 영향은 누구나 받지만, 사람마다 특별히 취약한 부분이 있다. 어떤 경우인지 알아보도록 하자.

- 수면 부족
- 영양 부족
- 운동 부족
- 정신적인 충전 부족
- 과도한 업무
- 감정적 스트레스

- 질병
- 중독성 물질 남용
- 직관적인 공감자

에너지 뱀파이어의 공격을 피하고 스스로를 보호하기 위해서는 자신을 충실히 관리하는 데 정성을 다해야 한다. 기본적인 식생활, 운동, 휴식이 부족하면 에너지 뱀파이어를 만나게 되었을 때 몸과 마음의 안정이 깨지고 회복도 쉽지 않다. 사소한 감기부터 암에 이르기까지, 우리 몸에 찾아오는 모든 질병 또한 방어력을 떨어트린다. 몸이 아플 때는 특히 자신에게 신경 쓰도록 하자. 약물을 남용하는 사람들의 경우, 부정적인 에너지에 잠식될 위험이 매우 크다. 아메리칸 인디언은 알코올 중독자에게 악귀가 가장 빨리 들러붙는다고 믿었다. 약물을 남용하면 몸과의 연결이 끊어지기 때문에 에너지장에 텅 빈 공간이 생긴다. 그곳을 통해 나쁜 것들이 밀려들게 된다. 내가 하는 일은 그런 이들에게 몸의 중심을 잡는 법과 에너지 뱀파이어를 물리치는 법을 알려주는 것이다. 그런 방법을 제대로 습득할 수 있도록 돕는 것도 내 역할이다.

직관적인 공감자는 주위 환경에 매우 민감하게 반응한다. 그래서 미묘한 차이, 소리, 냄새, 감정, 타인의 고통을 예민하게 알아차린다. 직관적인 공감자는 에너지 뱀파이어에게 당하기 쉽다. 뱀파이어가 내보이는 기습적인 공격이 이들에게 압도당한다는 느낌을 강하게 주고,

설명하기 힘든 피로감을 선사해 병원을 찾게 만든다. 과식이나 체중 증가의 악순환을 겪기도 한다. 이와 같은 에너지 방어형 식습관을 지녔다면 인간관계를 반드시 되돌아보아야 한다. 그리고 약물에 의존하지 않도록 노력할 필요가 있다. 직관적 공감자가 에너지 뱀파이어의 공격을 받게 되면 이중으로 고통을 겪는다. 극작가로 활동하고 있는 멜은 가족 모임에 참석할 때마다 '뱀파이어 소굴에 들어가는' 느낌을 받았다. 거만한 중개인이나 무례한 안내원을 만날 때도 마찬가지였다. 모욕과 상처를 받아 녹초가 되어버리는 것이다. (모일 때마다 다투는 가족을 보며 멜의 '휴일 우울증'은 점점 심해졌다) 그런 상황을 극복하기 위해 멜은 손에 잡히는 대로 단것을 먹어치웠다. 아파트에 며칠 동안 숨어 있기도 했다. 내가 말했다.

"멜, 당신은 지금 에너지 뱀파이어의 희생자가 되어가고 있어요. 어서 벗어나야 해요."

그가 겪는 불안감을 달래기 위해 포지티브 에너지 프로그램에 주목했다. 에너지를 방어하는 데 힘을 모았고, 다행스럽게도 그는 숨기고 있던 불안에서 탈출할 수 있었다. 자신의 자리에서 한 발짝도 물러설 필요가 없다는 사실을 알게 된 것이다.

나는 직관적으로 에너지 뱀파이어를 알아챈다. 그런 이들을 만나면 얼마 지나지 않아 모래 수렁에 빠져드는 느낌이 든다. 머리는 돌아가지 않고, 눈꺼풀은 무거워지고, 주위가 점점 흐릿해진다. 내담자들과 만날 때 처음 몇 번은 일부러 에너지 무방비 상태를 만든다. 그들이 뱀파이어의 성향을 지니고 있는지 정확히 알아야 도울 방법을 생각할 수 있기 때문이다. (이런 민감한 문제를 다룰만한 신뢰감이 생겨나길 나는 언제나 기다린다) 내가 지친다는 느낌이 들면 분명 다른 사람도 마찬가지일 것이다. 일단 직관적인 진단이 내려지면 나는 즉시 자신을 방어한다.

에너지 뱀파이어가 되는 이들은 과연 어떤 사람일까? 오랜 기간 관찰한 바에 따르면 학대, 상실감, 무관심한 양육, 질병처럼 어린 시절에 겪었던 정신적 충격이 잠재적 에너지장에 상처를 입혀 에너지의 유출을 일으키는 것으로 보인다. 빠져나간 에너지를 보충하기 위해 다른 사람의 생명력을 빨아들이는 에너지 뱀파이어가 되는 것이다. (상상해보라. 눈에 보이지 않는 빨판이 누군가의 에너지장에서 뻗어 나와 우리의 에너지장에 남몰래 붙어 있는 모습을 말이다)

'나는 저 여자의 에너지를 빨아먹겠어.'

이렇게 작정하는 뱀파이어는 별로 없다. 그들은 대개 어쩔 줄 몰라 한다. 자신이 상대에게 끼친 피해를 마주하지 못하는 것이다. 하지만 아주 극소수는 나에게 찾아와 조심스럽게 묻는다.

"아무래도 내가 주변 사람들을 지치게 만드는 것 같아요. 어떻게 해야 할까요?"

나는 이런 이들이 지닌 용기와 겸손을 존경한다. 말리부 레스토랑의 소유주인 셰리는 종업원을 무기력하게 만드는 자신의 능력을 억울해하며 호소했다.

"나처럼 뱀파이어 성향을 지닌 사람들은 운이 없어요. 다들 우리를 욕하지요. 하지만 아무도 가르쳐주지 않아요. 어떻게 하면 좋은 에너지를 가진 이들과 어울릴 수 있는지를요."

그녀를 돕기 위해 가장 먼저 한 일은 에너지 유출이 일어나게 된 어린 시절의 상처를 찾고, 그것을 치유하는 일이었다. 매번 그렇듯 충격 후 스트레스성 장애가 문제였고, 이젠 그것을 넘어설 차례였다. 그녀가 다섯 살 되던 해, 마약 중독자에 무책임한 아버지가 아이들을 두고 집을 나가버렸다. 그 후로 셰리는 잠재적인 공허함을 품게 되었다. 먹을 것을 달라고 신음하는 오래된 영화 속의 흡혈 식물처럼 말이다. 나는 기회가 닿을 때마다 설명해주었다. 그녀는 무의식적으로 에너지를 훔치려는 충동을 갖고 있었다. 어떤 행동이 타인에게 해가 되는지 알리고, 그런 행동을 고치는 법도 알려주었다. 끊임없이 트집 잡는 행동이 가장 큰 문제였다. 복합적인 방법으로 그녀의 에너지장을 회복시키고, 파멸을 불러오는 행동 양식을 버리면서, 타인을 대하는 기술을 습득하게 하였다.

이번 장에서 만나는 아홉 번째 처방은 당신이 에너지 뱀파이어인지, 아니면 그 목표 대상인지를 알려줄 것이다. 뱀파이어의 일반적인 유형을 알게 되면 타인이나 자신의 행동 가운데 어떤 것이 위험한지 깨달을 수 있다. 그리고 그에 따른 전략도 익히게 될 것이다. 특정 뱀파이어에 효과적인 전략도 있고, 일반적으로 적용 가능한 전략도 있다. 어떤 것이 가장 효과적인지 살펴보고 여러 전략을 활용해보자. 강한 에너지로 가득한 상태라면 뱀파이어의 위협이 덜 느껴질 것이다. 하지만 당신이 쉽게 영향받는 상태라면, 이 프로그램이 제시한 정보로 새로운 인생을 시작할 수 있다. 에너지와 감정의 파괴 탓에 친밀한 관계를 두려워했다면 이제 그럴 필요가 없다.

매일 치러야 할 싸움에서 우위를 점할 준비를 해보자. 우리의 목표는 에너지 뱀파이어를 두려워하며 도망치는 대신 그들을 마주하고 옳은 방향으로 이끄는 것이다. 각 유형의 뱀파이어에 대해 한 가지씩 방법을 제시할 것이지만, 이것들을 복합적으로 이용해도 좋다. 어떤 상황이든 당신이 지닌 유머 감각을 지켜라. 우리가 협조하지 않는 한 누구도 에너지를 빼앗아갈 수 없다. 이 사실을 반드시 기억하자.

에너지 뱀파이어의 일반적인 유형

나를 제대로 지키기 위해서는 상대가 어떤 유형의 뱀파이어인지 먼저 파악해야 한다. 파악이 끝나면 적절한 대응전략을 마련할 수 있다.

에너지 뱀파이어 1 : 울보

이런 유형의 사람들은 이야기를 할 때마다 우는소리부터 한다. 이야기를 들어주는 사람을 선호하며, 자신은 언제나 희생자 역할을 맡는다. 이런 사람에게 세상은 자기편이 아니며, 불행은 모두 그 이유로 생겨난다. 이런 성향은 유년기에 느낀 철저한 무력감이나 무책임하고 불평을 일삼는 부모를 모방하는 데서 시작된다. 이 유형의 뱀파이어는 당신이 해결방안을 제시해도 언제나 망설인다.

"맞아. 하지만…."

이렇게 말끝을 흐리면서 말이다. 그들은 의기소침하며, 에너지장도 비슷한 양상을 보인다. 이들이 자신의 불행을 털어놓으며 모멸감에 빠져 있으면 당신도 곧 의기소침해지기 시작한다. 당신은 몇 시간씩에 걸쳐 같은 말을 듣고 또 듣는 자신의 모습을 발견하게 된다. 뱀파이어는 결국 기운을 얻지만, 당신은 모든 힘을 빼앗긴 채 기진맥진한 상태가 된다.

어린 세 딸을 키우는 드니즈는 에너지 뱀파이어와 직접 마주쳤다. 그 보모와 처음 만났을 때 마치 하늘이 보내주신 사람 같았다. 하지만 얼마 지나지 않아 그 보모는 악마로 모습을 바꾸었다. 그녀는 남자친구에게 매번 차이는 이야기, 자신을 괴롭히는 가족 이야기, 친구에게 느끼는 실망을 거듭 말하며 계속 불평을 늘어놓았다. 집안일과 아이들 돌보기로 이미 지쳐 있던 불쌍한 드니즈는 보모가 내뿜는 강력하고 무자비한 부정적인 에너지에 압도당했다. 드니즈는 보모와 이 문제를 상의했지만 달라진 건 아무것도 없었다. 결국, 2주 뒤 그 보모를 내보내고 말았다.

경계를 정해 에너지를 지키려면

울보 뱀파이어와 이야기를 나눌 때 중요한 점은 시간을 정하는 것이다. (여자뿐 아니라 남자 중에도 그런 유형의 뱀파이어가 있다) 울보 뱀파이어를 상대할 때 내가 보이는 태도가 많은 것을 좌우한다. 나쁜 사람이 되는 것과 경계 설정의 차이가 나의 태도에 달려 있는 것이다.

"당신은 이기적이고 자기 생각만 해. 더는 봐줄 수 없어."

이렇게 내뱉기보다는 심호흡을 하며 가슴에 정신을 집중한다. 가슴 에너지가 태도의 강도를 조절하게 하는 것이다. 울보 뱀파이어가 소중한 친구나 가족이라면 부드럽게 말을 건넨다.

"우리 관계는 내게 무척 소중해. 하지만 같은 얘기가 반복되면 내가 곧 지칠 거야. 그러니 네 얘기를 10분만 더 들어줄게. 그게 내 한계야. 나중에 언제든 해결책을 말하고 싶을 땐 내게 알려줘. 도와주도록 할게."

동료라면 좀 더 간접적인 접근법이 좋다. 할 일이 있어서 이야기를 들어줄 시간이 조금밖에 없다는 걸 계속 강조하는 것이다. 5분이나 10분이 지나도 푸념이 계속되면 이야기의 방향을 바꾸거나 정중하게 대화를 끝내자. 그래도 당신의 뜻을 계속 무시하면 만나는 횟수를 줄이도록 하자. 이런 뱀파이어에게는 당신의 처지를 이해시킬 필요가 없다. 방어적인 태도는 상대의 부정적인 감정을 증가시킬 뿐이다. 당신이 분명한 경계를 설정하지 못하면 상대에게 이렇게 말하는 것과 다름없다.

"나의 에너지를 몽땅 가져가. 모두 네 거야."

일관성 있게 한계를 설정할 때 그 관계는 다시 동등한 처지에 놓이게 된다.

에너지 뱀파이어 2 : 매번 비난하는 사람

이런 유형의 뱀파이어는 당신이 스스로를 쓸모없는 사람이라고 느끼게 만든다. 비난을 일삼고, 끊임없이 죄의식을 느끼게 하며, 말로 확대한다. 이런 행동은 어린 시절에 습득한 공격적인 태도에서 비롯된다. 한 연구에 의하면 어린 시절에 자주 비난받았던 사람들은 나중에 자라서 비난하는 부모가 될 확률이 매우 높다고 한다.

자신을 불쌍하게 여기는 울보 뱀파이어와 비교할 때 비난형 뱀파이어는 더 쉽게 화를 내고, 부정적인 에너지를 상대의 에너지장으로 내뿜는다. 이런 유형의 사람들은 다른 이들에게 비열한 말을 자주 내뱉는다.

"네가 아니었다면 우리가 이렇게 힘들지 않았을 거야."

"내가 마약을 하게 된 건 다 네 탓이야."

그들은 비난을 이용해 에너지를 빼앗고, 대화의 여지마저 남기지 않는다. 당신은 그 사람의 기대에 절대 미치지 못한다. 자신에게 모자란 점이 있다는 생각을 거듭하며 마치 칼에 찔린 듯 상처를 입은 채로 물러나게 된다.

홀리의 시아버지 맥스는 언제나 주위 사람들에게 인정사정없이 비난을 퍼붓곤 했다. 70세가 되었지만, 비난은 날이 갈수록 심해졌고 홀리의 가족은 점점 더 힘겨워했다. 맥스는 근처에 있는 아파트에 살았는데, 1주일에 두 번씩 홀리의 집에 들러 저녁 식사를 했다. 그를 떠올리며 홀리가 말했다.

"시아버지는 모든 일에 대해 부정적으로 말을 해요. 날 몹시 지치게 하지요. 닭고기를 너무 익혔다든지, 새로 산 소파 탓에 허리가 아프다든지, 심지어는 좋은 엄마 노릇을 하려면 지금 내가 파트타임으로 일하는 청소년 상담 일을 그만둬야 한다고도 했어요. 끝도 없이 트집을 잡았지요. 그가 나를 정말로 힘들게 했던 날, 밤에 악몽을 꿨어요. 내 콩팥이 망가져서 투석기에 연결된 채 병원 침대에 누워있는 꿈이었지요. 그때 깨달았어요. '내가 시아버지 때문에 너무 괴로워하고 있구나.' 아이들도 할아버지를 싫어해서 곁에 가려고 하지 않아요. 불행 중 다행으로 남편의 생각이 나와 같았어요. 그래서 말씀드렸지요. '저희는 아버님을 사랑해요. 하지만 사사건건 저희를 못마땅해하셔서 너무 힘이 들어요. 앞으로 그런 말씀을 좀 덜 하셨으면 좋겠어요.' 그 뒤로 시아버지의 비난이 조금 줄긴 했지만, 아직도 여전해요. 대체 어떻게 하면 좋을까요?"

이런 뱀파이어를 우리 삶에서 내보낼 수 있다면 가장 좋겠지만, 불가능한 경우도 많다. 어쩔 수 없는 상황이라면 당신이 받아들일 수 있는 행동 범위를 정해놓도록 하자. 이것이 가장 바람직한 첫 번째 방어

수단이다. 하지만 홀리 같은 경우엔 그 이상의 방어수단을 마련해야한다. 그녀의 꿈이 직관적인 위험 신호를 보내고 있기 때문이다. 그 꿈은 해로운 것을 막는 몸의 방어체계에 무너지고 있음을 암시한다. 에너지 치유법의 측면에서 볼 때 그러한 암시는 매우 심각한 상황이다. 그래서 홀리에게 한 가지 방법을 제시했다. 스스로를 위해 마음을 지키는 방패를 만드는 것이다. 이 방법은 습관적으로 비난을 일삼는 뱀파이어 뿐만 아니라 다른 유형의 에너지 뱀파이어를 막는 데도 쓸모가 있다.

· 에너지 시크릿 ·

나를 지키는 방패를 만들려면

당신이 지닌 잠재적 에너지로 방패를 만들면 비난형 뱀파이어가 내뿜는 부정적인 기운을 효과적으로 막아낼 수 있다.

새하얀 빛으로 이루어진 고치를 상상하라.
당신은 그 안에서 제대로 보호받고 있다.
그 빛은 나를 온전히 감싸고 구석구석을 비춘다.
모든 해로움을 막아주는 그 고치는 훌륭한 방패이며,
긍정적인 것을 받아들이고, 부정적인 것을 내쫓는다.

음악가인 케니 로긴스는 '투명망토를 걸친다'라는 말로 그것을 설명한다.

"비난하기 좋아하는 사람들과 함께할 때면 마음속으로 빌어요. 하얀빛으로 나를 감싸 달라고요. 아이들을 데리고 놀이공원에 가서 그저 '보통 아빠'가 되고 싶을 때, 다른 사람이 내 마음을 함부로 헤집는 걸 막아야 할 때도 이 방법을 써요. 농도 짙은 선글라스를 끼고 모자를 눌러쓰는 것보다 이게 훨씬 효과적이에요."

마음에 방패를 만든다고 해서 아무것도 느낄 수 없다거나 감정이 차단되는 것은 아니다. 이것은 부정적인 기운이 당신을 침범해 무기력한 상태로 만들지 못하도록 완충지대를 형성하는 것이다. 당신을 비난하는 목소리는 여전히 들리지만, 그 소리가 당신에게 더 이상 해를 입히지 못한다. 이 방법은 타협이 불가능한 가족이나 피할 수 없는 동료를 방어할 때 매우 유용하다. 심리적인 거리를 만들어 나의 에너지를 보호할 수 있다.

에너지 뱀파이어 3 : 드라마 퀸

이 유형은 뱀파이어계의 주연 배우라 할 수 있다. 작은 사건으로 드라마를 만들어 내는 천부적인 재능을 지닌 것이다. 그들에게 삶이란 언제나 미치도록 좋거나 나쁜 극단적인 모습을 지닌다. 위기로 가득 찬 혼란스러운 삶을 활력의 근원으로 여기는 것이다. '불행 지어내기'

를 친밀감의 표시로 여기는 부모 탓에 그들은 연기를 자연스러운 것으로 받아들인다. 우리가 묻기도 전에 그들은 자신의 기분을 말한다. 그리고 잠재적 에너지 수준에서 자신이 어떻게 움직여야 하는지 완벽하게 파악한다. 드라마 퀸 유형은 격렬한 감정으로 우리의 생명력을 고갈시키며, 그런 일들을 몹시 즐긴다.

누군가가 드라마 퀸이라는 의심이 들면, 마음속으로 다음 질문을 던져보자. '네'라는 대답이 하나 이상 나오면 가능성이 농후하며, 세 개 이상이면 확실하다.

드라마 퀸을 가려내는 질문

- "세상에, 무슨 일이 있었는지 너는 상상도 못 할 거야." 이렇게 말을 꺼내는 경우가 자주 있는가?
- 피부에 갈색 반점이 하나라도 나타나면, 불치병에 걸린 게 틀림없다고 호들갑을 떠는가?
- 사귀는 사람과 헤어지고 화해하기를 매번 반복하는가?
- 출장 간 남편이 하루라도 전화를 안 하면 바람이 났다고 의심하는가?
- 아무 말 없이 끊어버리는 전화를 몇 번 받고 나면 도둑이 집을 노린다고 흥분하며 경찰에 신고하는가?
- 상사에게 계속 칭찬받지 못하면 자신이 곧 해고될 거라며 떠들고 다니는가?

변덕스러운 드라마퀸은 너무 부담스러워서 당신을 쉽게 지치게 한다. 새로운 직원인 조안과 일하게 된 그렉도 이런 느낌을 받았다. 두 사람은 컴퓨터 프로젝트에 관해 상의할 일이 많았다. 그런데 조안은 항상 자기 삶에서 벌어지는 드라마 같은 일들을 이야기하며 그렉에게 걱정을 안겨주었다. 한 주는 식중독으로 죽을 뻔했고, 또 다음 주는 타고 온 비행기에 가방이 실려있지 않아 고객센터에서 '제3차 세계대전'을 치르다가 지각을 했다. 그녀가 아끼는 핫 핑크 스포츠카가 견인당했다는 날도 있었다. 그래서 조안이 사무실을 나설 때쯤 그렉은 매번 녹초가 되었다. 주변에 드라마 퀸이 있다면 한계를 정해서 감정이 넘치는 쇼를 말려야 한다. 그렉은 조안에게 지속적으로 알렸다.

"일을 계속하고 싶다면 제시간에 출근하세요. 당신이 겪는 그 모든 불행을 나도 유감스럽게 생각합니다. 그래도 여기는 회사라는 걸 기억해야 합니다. 그러니 일이 우선이에요."

침착함을 유지하며, 방패로 자신의 에너지를 지키면 그녀의 히스테리가 불붙지 않을 것이다. 이런 유형의 뱀파이어는 침착함 앞에서 꼬리를 내린다. 당신이 혼란스러워할 때 비로소 승리할 수 있기 때문이다. 다음에 제시하는 방법을 훈련하면 마음의 중심을 잡고 침착함을 유지할 수 있다.

심호흡을 통해 침착함을 유지하려면

드라마 퀸이 활기차지는 걸 알아챈 순간, 천천히 깊게 호흡하며 마음의 중심을 잡도록 하자. 호흡은 끊어진 생명력을 재빠르게 다시 연결할 수 있는 멋진 방법이다. 호흡을 통해 상대의 거센 기운이 나의 에너지장에 흔적을 남기지 못하도록 해야 한다. 그래야 극도의 피로감을 피할 수 있다. 호흡에 계속 집중하면서 지금 무슨 일이 일어나는지 알고 있으며, 그 일을 처리할 수 있다고 되뇌어라.

당신에겐 이 상황을 통제할 힘이 있다. 그리고 그 힘을 얼마나 쉽게 잃을 수 있는지도 당신은 알고 있다. 이런 유형의 뱀파이어가 공격해오면 일단 그 순간을 받아들인다. 그리고 호흡하면서 긴장을 풀고 땅과의 연결을 굳건히 한다. 그러면 드라마 퀸의 계략에서 벗어날 수 있다.

에너지 뱀파이어 4 : 수다쟁이

원기 왕성한 이 뱀파이어는 언제나 말이 많다. 당신의 기분에는 전혀 관심이 없고, 남의 이목이 자신에게 집중되는 것을 즐긴다. 이런 유형은 자기 자신, 자신의 이야기, 자기 의견, 자신의 농담에만 관심이 있다. 이런 수다쟁이가 처음에는 재미있게 느껴질 수도 있다. 하지만 그 사람의 이야기가 그치지 않고 이어지면 당신은 기운이 빠진 채

이게 대체 무슨 상황인지 어리둥절해진다. 이 유형의 뱀파이어는 자신의 소리에 중독된 상태다. 그래서 말이 무척 많은데, 그 원인은 다양하다. 불안, 나르시시즘, 강한 지배욕, 공격성, 수다스러운 부모를 무의식적으로 모방하는 행위 등등. 끊임없는 수다는 어린 시절에 감정적으로 버림을 받았거나 자신의 말에 아무도 귀 기울여주지 않았던 느낌을 보상하는 행동이다. 이러한 것들이 이해가 가긴 하지만, 그렇다고 해서 그 사실에 사로잡혀 에너지를 빼앗길 수는 없다. 나는 침묵을 숭배하는 편이다. 그래서 쉬지 않고 말하는 사람을 만나면 짜증이 북받친다. 나들이를 가자고 졸라대는 애완견처럼 그들은 우리의 에너지장을 압박한다.

모임에 가서 이런 사람을 만나면 당신이 말을 꺼낼 행운 따위는 찾아오지 않는다. 그럴 때 단념하고 물러서면 상대는 더 가까이 다가온다. 그럴 때 당신은 이 무기력함이 스트레스나 수면 부족에서 비롯된 것으로 오해하고 진한 커피를 한잔 더 마신다. 실제로는 당신이 뱀파이어에게 에너지를 빼앗기고 있는 상태인데 말이다. 비행기나 자동차에서, 러닝머신 위를 달리고 있을 때 등등, 수다쟁이 뱀파이어는 우리가 피할 수 없는 상황에서 불쑥 튀어나와 모습을 드러낸다. 그들은 당신을 밀어내고 자리를 차지하는 데 탁월한 솜씨를 지녔다. 당신이 끊임없이 빠져나가려고 애쓸 때 그들은 비로소 포기하는 모습을 보인다.

원하는 바를 분명하게 말하려면

수다쟁이 뱀파이어를 도저히 피할 수 없을 때가 있다. 당신이 요구하지 않으면 그들은 끊임없이 자기 이야기를 늘어놓는다. 이럴 땐 그들이 똑똑히 들을 수 있도록 당신이 원하는 바를 분명하게 표현하는 수밖에 없다. (만약 그들이 계속 무시하거나 당신을 궁지로 몰아넣으면 '방패'로 자신을 지키도록 하라) 이런 유형의 뱀파이어를 다룰 때는 말투에 특히 주의해야 한다. 그들은 거부에 매우 민감하다. 그래서 거부의 기미가 보이면 말이 더 많아진다. 그들이 상처받은 영혼임을 기억하자! 친절하게, 하지만 분명하면서도 중립적인 태도를 유지하도록 하자. 당신의 에너지가 그들의 반응을 결정한다. 속상함을 조용히 드러내거나 날카롭게 대꾸하면 에너지를 잃고 그들의 보복심을 자극하게 된다.

주변에 이런 유형의 뱀파이어가 있으면 천천히 숨을 내쉬면서 땅과 당신의 에너지가 튼튼하게 연결되어 있음을 느끼도록 하자. 이때 화를 내서 애써 얻은 평온함을 깨트려서는 안 된다. 그런 뒤 중립적인 위치에서 대화의 범위를 정한다. 그러면 약해지거나 분노하거나 무례해지지 않는다. 수다쟁이 뱀파이어를 어떻게 다루는지 자세히 살펴보자.

수다쟁이 뱀파이어가 모르는 사람인 경우

가장 방어하기 쉬운 경우지만 일단 말은 꺼내야 한다. 예를 들어 비행기에서 옆자리에 앉은 처음 보는 사람이 계속 말을 걸어온다면 부드러운 태도로 주저 말고 이렇게 말한다.

"저는 지금 쉬고 있어요. 이해 바랍니다. 휴식을 취하며 조용히 책을 읽고 싶습니다."

하지만 그 사람이 주변의 다른 사람과 잡담을 시작하면 그걸 막을 방법은 없다. 그럴 땐 마음의 중심을 잡고 책에 집중하거나, 마음속에 방패를 만들어서 잡담에 귀 기울이지 않도록 하자.

수다쟁이 뱀파이어가 이웃이나 동료인 경우

독서를 즐기는 내성적인 사람이 수다스러운 이웃으로 가득 찬 아파트로 이사를 했다. 그녀의 이웃은 범죄부터 고장 난 변기까지 온갖 이야기를 나누고 싶어했다. 그녀가 나를 찾아와 하소연했다.

"한 사람과 마주칠 때마다 장이 뒤틀려요. 이야기를 마치고 나면 약을 먹어야 할 정도예요."

나는 그녀에게 충고했다. 이웃을 피하는 대신 웃으면서 잠시 이야기를 들어준 뒤 정중하게 이런 말을 건네야 한다고.

"저는 매우 조용한 사람입니다. 이야기를 좀 더 나누지 못하는 걸 양해해 주셨으면 좋겠어요."

"시끄러운 입 좀 다물어주세요!"

갑자기 이렇게 외치는 것보다야 훨씬 설득력 있지 않은가! 다행스럽게도 이웃들은 그녀의 다정함을 인정해주었다. 싸울 마음이 있어서가 아니라 혼자 있는 걸 좋아한다는 사실을 이해해준 것이다. 그 후로 그녀는 이웃의 배려를 받을 수 있었다. 동료와 원만한 관계를 이어가기 원할 때도 이런 신중한 접근법을 사용하는 게 좋다. 일해야 한다고 계속 말해라. 이런 유형의 뱀파이어가 당신이 함께 대화하지 않는다고 원망하면 그냥 내버려 두어라. 그건 결코 당신의 책임이 아니다.

수다쟁이 뱀파이어가 친구나 가족인 경우

당황스럽고 대처하기 어려운 상황이다. 에너지 뱀파이어가 사랑하는 친구나 가족이기 때문이다. 그들의 기분을 맞추다 보면 마음의 중심을 잃기 쉽고 피해를 보게 된다. 어른스러운 태도를 보이기도 힘들다. 일단 자신이 퇴행하고 있음을 깨닫고, 어른스러운 자아로 돌아가야 한다. 해야 할 말을 미리 준비한 뒤 침착하게 말하자.

"네가 혼자서 이야기를 다 하면 나는 무시당하는 느낌이 들어. 몇 분만이라도 내게 말할 기회를 주면 좋겠어."

이런 말에 반응을 보이는 사람도 있다. 하지만 수다가 워낙 충동적인 행위라서 말하는 사람도 자신을 통제하기 어려운 게 문제다. 내 친구 중 하나는 가족과 함께하는 저녁 식사 자리에서 동생에게 이 말을 건넸다. 유난히 수다스러운 그녀의 동생은 벌컥 화를 내며 자신이 몹시 상처받았다는 말을 늘어놓았다. 부모님도 언짢은 기색을 내비쳤다. 친구가 걱정했던 최악의 상황이 되어버린 것이다. 이제 친구는 그런 자리에 가야 할 땐 (되도록 횟수를 줄이려고 애쓰고 있다) 기대 수준을 낮추고,

호흡에 집중하며 마음의 중심을 잡는다. 그리고 애써 중립을 유지하며 동생의 수다를 듣는다. 부정적인 기운을 막아내기 위해 마음에 방패를 만들기도 한다. 이런 노력을 통해 그녀는 자신의 에너지를 지켜내고 있다.

에너지 뱀파이어 5 : 당신을 해결사로 떠받드는 사람

이런 유형의 뱀파이어는 수리할 곳이 끝도 없이 튀어나오는 낡은 집과 같다. 크게 두 가지 타입이 있는데, 첫 번째는 당신을 치료사로 여기는 경우다. 불평만 해대는 울보 뱀파이어와 달리, 시시때때로 자신의 문제를 해결해달라고 절박하게 요청한다. 당신은 친구로서 고민을 들어주고 싶겠지만, 어려운 질문은 끝없이 이어진다.

"어떻게 하면 남자친구를 돌아오게 할 수 있을까?"

"난 왜 이렇게 뚱뚱한 걸까?"

계속되는 질문과 요구가 당신의 에너지를 바닥나게 한다. 별다른 방어도 하지 못한 채, 당신은 에너지를 **빼앗긴** 채 파멸해버린다. 하지만 달리 방법이 없다. 상대의 고통을 덜어주고 싶기 때문이다. 버려둘 수 없다는 생각에 친구를 '보살펴주려는' 마음으로 함께한다. 동정적인 의도가 도를 넘어가며 상호의존적인 나눔으로 바뀌고 마는 것이다. (타인에 대한 지나친 관심은 8장에서 한번 논의한 바 있다) 이런 유형의 뱀파이어는 독립적인 문제 해결 능력을 유년 시절에 키우지 못한 데서 그 원인을 찾을 수 있다. 부모가 자립심을 길러주지 못한 것이다. 그런데 때마침 당신이 나타났다. 그런 이들에게 당신은 가장 좋은 선택을 대신해 주는 영웅과도 같은 존재이다. 그리하여 상대는 자신의 힘을 기꺼이 넘겨주고 어린 시절로 돌아가서 구조자인 당신에게 한없이 의존한다. 이런 관계에서는 승자가 존재하지 않는다.

두 번째는 당신이 그 사람을 통째로 뜯어고칠 수 있다고 믿는 경우다. 상대를 해결해야 할 문제로 떠맡는 것이다. 이런 유형의 뱀파이어는 자신을 고치려는 당신을 그만두게 하지 않는다. 그래서 매력적으로 느껴지지만, 문제는 상대가 사실 변화에 관심이 없다는 것이다. 오랫동안 나는 똑똑하고 섬세한 사람들이 이런 뱀파이어에게 유혹당하는 모습을 지켜보았다. 그들은 흥분하며 말한다.

"그 사람은 큰 가능성을 지니고 있어요. 내가 그걸 끌어낼 거예요."

그들이 흔들리는 땅 위에 서 있다는 사실을 나는 알고 있다. 지독한 바람둥이를 만난 한 여자는 이렇게 선언했다.

"그를 많이 사랑해 주면, 그 사람도 우리 관계에 마음을 기울일 거예요."

알코올 중독자인 여동생을 둔 한 남자가 희망에 부푼 채 말했다.

"동생을 술에서 구하면, 곧 가족의 품으로 돌아올 거예요."

광범위한 노력이 실패로 돌아간 뒤, 두 사람은 지치고 실망한 모습으로 나를 찾아왔다. 이처럼 해결사를 필요로 하는 뱀파이어를 마주할 때 직관적으로 혼란스러운 느낌이 들곤 한다. 상대와 연결되어 있다고 느끼지만, 상대는 전혀 그렇게 생각하지 않는 것이다. 당신은 그 느낌을 운명이라고 여긴 채 온갖 노력을 다한다. 그래서 상대가 믿음을 갖도록 하거나(일종의 해결), 상대의 '정신이 돌아올' 때까지 당신의 삶을 미뤄둔다. 나는 이러한 당신의 선택에 있는 힘껏 반대한다. 직관으로 감지한 연결이 믿을만해도 얼마든지 어그러질 수 있다. 상대가 반응하지 않을 수도, 반응하지 못할 수도 있다. 있는 그대로 받아들이고자 노력하자. 당신 혼자 갈망하는 불확실한 상태에서 빠져나와 에너지와 시간을 절약하라. 당신이 보인 사랑만큼 당신을 사랑할 사람을 찾아야 한다. 영적인 연결이 일평생 단 한 사람하고만 이루어져야 하는 것은 아니다. 진정한 해결사라면, 사랑이 깃든 관계를 추구하라.

'그 사람이 바뀔 수 있도록 내가 돕는다면, 우리는 분명 행복해질 수 있을 거야.'

이런 생각은 환상일 뿐이다. 그런 관계는 볼 것도 없이 결과가 뻔하다. 세월은 무작정 흘러가고, 상대는 조금도 바뀌지 않는다. 당신만 실망한 채 지쳐갈 뿐이다.

· 에너지 시크릿 ·

상호의존적인 관계에서 벗어나려면

상호의존적인 관계는 문제를 지닌 사람과 해결사, 이 두 사람이 벌이

는 게임과 같다. 그런 관계에서 깔끔하게 벗어나서 자유를 쟁취하려면 다음과 같은 진리를 깨달아야 한다.

- 사람이라면 누구나 자신의 인생을 책임져야 한다.
- 다른 사람의 문제에 간섭할 필요는 없다.
- 해결사 역할을 맡으면 당신의 에너지는 언제나 고갈된다.
- 동시에 함께 노력하지 않는 한 사랑하는 관계로 발전할 수 없다.

이런 유형의 뱀파이어에게 쉽게 영향받는 사람이라면 자신이 지금 덫에 빠졌다는 걸 깨달아야 한다. 옴짝달싹할 수 없는 상황을 반복해서는 안 된다. 자기 자신에게 질문을 던져보자. 사랑받고 싶다는 욕망, 나를 필요로 하는 느낌, 통제하려는 욕구가 관계에 영향을 미치고 있는가? 그게 아니라면 죄의식 때문인가? 아니면 '싫다'라고 말할 수 없는 것인가? 아마도 이런 사람들은 어린 시절에 타인을 돌보는 역할을 하며 칭찬을 받았거나, 요구 사항이 많은 부모 아래에서 성장했을 것이다. 이들이 자신의 에너지를 온전하게 지키려면 지금까지의 방식을 바꿔야만 한다.

해결사를 필요로 하는 사람이 나타나면, 어떤 방식으로 상호작용을 해나갈지 기본원칙부터 정해야 한다. 충동적으로 해결책을 제시하지 말고 감정적인 지원만 해주도록 한다. 당신이 일관적인 모습을 내보이면 대부분은 더 이상의 도움을 요청하지 않는다. 머지않아 그들은 자신의 내적 지혜에 의존하거나 건강관리 전문가의 도움을 받을 것이다. 지금까지 말해준 방법과 더불어 다음에 제시하는 시각화 훈련을 기억해 두자.

시각화 훈련 – 적절한 거리 유지하기

타인을 변화시켜보겠다는 생각에 사로잡혀있다면, 그 사람에게서 당신의 에너지를 반드시 거두어들여야 한다. 손을 가슴 센터에 얹고 상대를 향해 마음속으로 말한다.

"나는 너의 영혼을 몹시도 존경해. 네가 잘 되길 언제나 기원하고 있어."

그런 다음 상대에게 향해있던 에너지가 당신의 몸으로 생생하게 되돌아오는 것을 느껴라. 자신의 에너지장이 문제 인물의 에너지장과 완전히 떨어져 있는 모습을 마음으로 그린다. 당신은 빛나고 있는 하나의 구체이며, 상대도 그러하다. 두 사람의 에너지에 겹치는 부분은 없다. 충동적인 개입을 삼가고, 마음을 활짝 열자. 이것이 '해결사'가 되는 것보다 훨씬 건강한 자세다.

에너지 뱀파이어 6 : 사귐의 귀재

이 뱀파이어의 문제는 멀리해야 할 이유가 뚜렷하게 드러나지 않는다는 점이다. 겉으로 보기엔 완벽하게 훌륭하며 지루할 틈도 없다. 하지만 만난 지 몇 분 만에 당신의 에너지는 희미해진다. 상대는 계속 말하고 있고, 그 사람의 입이 움직이는 걸 보면서 당신은 빠른 속도로 지쳐간다. 약간의 멀미 증세까지 느껴질 정도다. 하지만 당신은 매번 생각한다. 약간의 신경과민이나 독감 증세라고 말이다. 에너지 뱀파이어를 만났다는 생각은 꿈에도 하지 못한다. 이러한 유형의 뱀파이어가 지닌 충동은 본능적이며, 무의식적이다. 이런 사람은 어린 시절에 감정적으로 굶주렸던 경우가 대부분이다. 그래서 근처에 있는 사람과 에너지장이 겹치기만 하면 잠재적 에너지를 움켜쥐려 한다. 그들은 그런 일을 쉽게 해낸다.

이들은 파티, 기념행사, 축제에 종종 모습을 드러낸다. 긴장을 풀고 즐길 준비를 하고 있을 때 당신을 곧바로 첫 번째 표적으로 삼는다. 우연히 마주쳐서 사소한 잡담을 몇 마디 나누는 것만으로 그 사람에게 빠져들 수 있다. 사교적인 모임에 적합한 스타일을 지니고 있기 때문이다. 하루 저녁에 여러 사람을 홀리기도 하고, 단 한 사람만 목표로 하기도 한다. 깍듯한 모습이 뱀파이어 활동에 도움을 주는 것이다. 많은 사람이 상대를 불쾌하게 만들어선 안 된다는 생각에 그 자리를 벗어나지 못한다. 나도 마찬가지다. 처음 본 사람의 감정을 상하게 하고 싶지 않아서 힘겹게 그들을 견뎌내곤 했다. 무례한 사람이 되지 않으려고 눈앞에 앉아 있는 미치광이를 견디는 이들이 많다. 포지티브 에너지 프로그램을 알게 되면 더는 그런 고통을 겪지 않아도 된다. 자, 이제 그들이 어떻게 활동하는지 알아차렸다. 다음은 대처법을 알아볼 차례다.

에너지 뱀파이어를 멀리하려면

회의에 참석했다가 처음 만난 사람과 담소를 나누는데, 문득 당신의 에너지가 빠져나가는 것을 느꼈다고 해보자. 이럴 땐 굳이 정중할 필요가 없다. 나는 이 방법을 즐겨 사용한다.

"죄송합니다. 화장실에 다녀와야겠어요."

아무리 대담한 뱀파이어라도 이 말을 막을 방법은 없다. 그런 다음 6미터 이상 떨어지도록 한다. 그 사람의 에너지장에서 벗어나는 것이다. 그 결과 편안함이 돌아온다면 그것이 바로 정답이다. 특정한 사람이 근처에 있을 때 당신의 행복이 위협받는다고 느낀다면, 재치 있고 신속하게 그 자리를 빠져나와라. 가장 확실하고 올바른 해결책이다.#

에너지 뱀파이어 7 : 약점 잡기 전문가

이들은 에너지 뱀파이어 가운데 가장 심술궂은 유형이다. 앙심을 품은 채 상대의 감정을 조금도 살피지 않고 공격해온다. 질투심, 경쟁심, 극심한 불안 등의 이유로 당신을 표적으로 삼아 에너지장에 상처를 입히는 것이다. 이런 뱀파이어가 입히는 상처는 너무 깊어서 좀처럼 머리에서 떠나질 않는다. 내담자들은 이런 말 때문에 너무 상처가 된다고 호소한다.

"어휴, 흰머리가 너무 보기 싫다."

"그 사람은 꿈도 꾸지 마. 네 능력으론 어림없어."

"어리석은 짓 벌이지 마. 넌 그 일을 해낼 만한 재목이 아니야!"

약점 잡기 전문가들은 에너지 결핍이나 상대에 대한 불만 때문에 이런 성향을 보이곤 한다. 이런 유형의 뱀파이어는 자신이 지닌 어두운 면을 이용해 상대에게 상처를 주고 부정적인 기운을 심는다. 이들과 자주 접촉하면 만성적인 피로감에서 우울증까지 여러 병을 앓게 된다. 이 책에 제시된 방법을 통해 당신의 건강을 해치는 악의적인 사람들을 알아볼 수 있을 것이다.

마사지 치료사인 제시는 임신한 친구를 축하하는 파티에 참석했다가 이런 유형의 뱀파이어와 마주쳤다. 화기애애했던 파티 분위기는 한 사람이 등장하면서 이상해졌다. 임신한 친구의 대학 시절 룸메이트인 그녀는 피 같은 얼룩이 묻은 스웨터를 입고 담배 냄새를 풍기며 파티 장소에 나타났다. 주인공이 한창 선물을 풀고 있는데, 그녀가 하품을 하며 자리에서 일어서더니 말했다.

"난 절대 임신하지 않을 거야. 세상에, 엉덩이가 저렇게 커지다니. 말도 안 돼!"

즐거웠던 파티 분위기가 순식간에 가라앉았다. 그녀의 의도는 분명했다. 그 자리에 가득 찬 긍정적인 에너지를 망치고 싶었던 것이다. 다행스럽게도 몇 사람이 그녀를 발코니로 데리고 나갔다. 덕분에 임신한 친구는 더 이상 상처받지 않았다. 약점 잡기 전문가들은 상대가 궁지에 몰릴 때 매우 위협적인 존재가 된다. 가장 위험한 경우는 차 안에 두 사람만 있을 때다. 그 사람이 내뱉는 말에서 해로운 에너지가 스며 나와 밀폐된 공간을 오염시킨다. 그 해로운 기운이 당신의 핏속에 스며들어 얼어붙는 느낌이 들기도 한다. 한 연구에 따르면, 운전은 타인을 위협하는 수단이 될 수 있다. 자동차는 분노, 공격, 가족 사이의 다툼이 벌어지는 환경이 된다. 상대를 말로 공격하며 거칠게 차를 모는 것은 배우자 학대의 일반적인 형태다. 이런 상황은 일종의 경고이므로 반드시 조심해야 한다. 이런 유형의 뱀파이어로 의심 가는 사람이 있다면 그 사람이 모는 차에 절대 타서는 안 된다!

이러한 유형의 에너지 뱀파이어를 대체 어떻게 대비해야 할까? 일단 온 힘을 다해 그들을 당신의 인생에서 몰아내야 한다. 어쩔 수 없이 함께해야 한다면, 그들과 똑같은 방식을 써서는 안 된다. '눈에는 눈, 이에는 이' 전략이 그들에겐 통하지 않기 때문이다. 그런 대응은 그들의 힘을 증폭시킬 뿐이다. 가장 좋은 방법은 그 사람의 독소를 받아들이지 않는 것이다. 안타깝게도 상대는 상처받은 사람이다. 개선의 여지가 거의 없다. 엄마처럼 가까운 가족이 그런 유형이라면 당신의 뜻을 단호하게 말해야 한다.

"엄마, 우리 서로 지킬 것은 지켜요. 그것에 대해 엄마가 하신 말씀은 너무 심했어요. 제게 그런 식으로 하시는 걸 더는 참지 않겠어요."

쉽게 굴복하지 말자. 접촉을 줄이거나 다른 방도를 취하다 보면 그 사람의 행동이 조금씩 바뀌게 될 것이다. 그밖에 복수심을 없애는 다른 방법 몇 가지를 제시하도록 하겠다.

에너지 뱀파이어 8 : 한데 모여 있는 많은 이들

많은 수의 사람이 모여 있으면 에너지가 강해져서 사기가 올라가거나 반대로 무기력해질 수 있다. 인터뷰 자리에서 케니 로긴스가 내게 말했다.

"청중이 보여주는 반응이 내게 큰 행복을 줍니다. 하지만 청중과 내가 조화를 이루지 못할 때는 지쳐버리고 말죠."

많은 사람이 모인 장소에 가게 되면 그들이 뿜어내는 에너지를 이해하고 그것을 편안하게 조종할 수 있어야 한다. 부정적인 기운이 모이는 복잡한 장소에는 곳곳에 에너지 뱀파이어가 있다. 쇼핑센터, 스포츠 경기장, 공항에서 사람들 틈에 끼어 있으면 에너지가 쉽게 손상된다. 함부로 밀고, 큰 소리로 통화하고, 담배 냄새나 향수 냄새를 풍기는 낯선 사람들은 우리를 기운 빠지게 만든다. 신선한 공기와 자연광이 부족한 장소에서는 더욱 그렇다. 그런 환경에서는 에너지장이 겹쳐지고 상대의 정보가 직관적으로 전달된다. 그러면 스치는 사람의 짜증, 고독, 육체적인 고통을 우리도 느낀다. 정확히 어떤 일이 벌어졌는지 깨닫지 못한 사이에 힘이 빠지고 지쳐버린다. 직관적 공감자인 한 상담자가 이런 말을 했다.

"난 사람들과 함께하는 시간이 좋아요. 하지만 많은 이들과 뒤섞여 있으면 그들이 느끼는 모든 감정이 내게 전해져요. 얼마 전에 남편과 함께 자동차 전시회를 보러 갔어요. 금세 불안해지기 시작했지요. 몇 분도 되지 않은 사이에 행복부터 분노까지 모든 감정을 겪었어요. 기

분 상태가 너무 변덕스러워서 견딜 수가 없었지요. 금세 그곳을 떠나
야 했어요."

직관적 공감자가 사람이 많이 모인 곳에 가야 할 때는 사과나 건강
스낵을 가져가서 혈당량을 적정수준으로 유지해야 한다. 피곤할 때,
골치 아픈 일이 있을 때, 몸이 아플 때는 복잡한 장소를 피해야 한다.
그런 곳에는 몸 상태가 좋을 때 가도록 한다. 그리고 천천히 익숙해지
도록 충분히 여유를 갖는다. 너무 급하게 노출되는 것은 피한다. 깊은
호흡, 마음속에 방패 만들기, 불쾌한 사람과의 거리 유지하기를 즉시
시행하라. 다음 명상법을 훈련하면 불편한 느낌을 한결 덜 수 있다.

· 에너지 시크릿 ·

사람들 틈에서 에너지를 지키려면

많은 사람이 모인 장소에서 짓눌리는 느낌이 들면 조금이라도 조용한
공간을 찾아서 차 한 잔을 마신다. 몇 번 정도 깊은 호흡을 하고, 눈을
감은 채 명상을 한다. 해가 질 무렵의 바닷가, 이른 봄의 소나무 숲, 바
람이 부는 초원 등 평온한 환경을 상상한다. 외부의 소란스러움이 사
라질 때까지 상상하는 곳에 머무르면서 몸에 집중한다. 마음속에 보이
는 풍경, 향기, 소리, 질감에 몰두하라. 평화로운 아름다움이 에너지를
차오르게 도울 것이다. 그러면 잠시 후, 다시 활동할 수 있게 된다.#

에너지 뱀파이어 9 : 비의도적인 에너지 도둑

때론 우리가 사랑하는 이들이 강력한 에너지 뱀파이어가 되곤 한다. 자녀, 배우자, 친지 등 가까운 사람들은 자신도 모르게 많은 것을 요구한다. 당신에게 계속 구조 요청을 보내는 것이다. 직장에서 온종일 시달리다가 지친 몸을 이끌고 돌아왔을 때 일곱 살짜리 아들이 이유 없이 짜증을 부린다거나, 시누이가 전화를 걸어서 해열제를 사다 달라고 부탁하거나, 큰 거래를 망치고 돌아온 남편이 하소연을 하는 등등. 있는 힘껏 페달을 돌리지만, 어느 순간 당신도 쓰러지기 일보 직전일 때가 오고 만다.

비의도적인 에너지 도둑은 대개 정신적인 고통이나 육체적인 고통을 겪고 있는 사람들이다. 허리 수술을 받고 고통스러워하는 가족이 있다거나 이혼한 친구가 외로움에 힘겨워하면 당신도 모르게 우울해진다. 아홉 살 무렵이었다. 그때 나는 다른 사람이 겪는 고통의 무게를 처음으로 느껴보았다. 강건하다고 생각했던 어머니가 심장마비로 쓰러졌다. 어머니는 가슴 통증으로 신음하며 몇 달 동안 꼼짝도 못 한 채 침실에 누워있었다. 그곳은 숨 막힐 정도로 조용하고, 칠흑같이 캄캄했다. 나는 어둠 속에서 침대 옆에 앉아 어머니의 손을 잡고 있었다. 두렵고, 지치고, 외로웠다. 어머니의 상태가 마침내 좋아졌을 때, 그때의 기억과 집안의 에너지가 나를 힘겹게 했다. 놀랍게도 부모님은 나의 애원을 받아주었고, 우리는 이사를 할 수 있었다. 어머니의 병약함이 나를 압도하던 그때를 지금도 고스란히 기억한다. 별다른 도리가 없었다. 나는 그저 그 일을 받아들여야만 했다.

당신에게도 비슷한 일이 벌어질 수 있다. 비록 그 강도가 약할 수는 있겠지만, 친척들과 함께할 때 당신의 에너지를 반드시 보호하도록 하라. 앞에서 익힌 전략을 주변 사람들에게 쓰는 것에 죄책감을 느낄 필요는 없다. 마음속에 방패를 만들거나 호흡을 통해 부정적인 기운을 몸 밖으로 배출하는 것은 매우 중요하다. 자신의 생명력을 지키는 것은 이기적인 행동이 아니다. 그로 인해 당신의 활력을 지키고, 사랑할 능력을 키울 수 있다.

개인적인 공간을 정해 그것을 지키는 일도 또 하나의 방어기법이다. 이는 가족과의 관계에서 특히 더 필요하다. 이야기를 나누는 동안 어느 정도의 거리를 유지하는 게 좋을지 결정한다. 그리고 어느 정도 휴식을 취해야 사랑하는 이들이 당신을 완전히 지배하지 않을지도 알아두도록 하라. 개인적인 공간의 필요성은 자신이 처한 상황, 어린 시절에 겪었던 부모의 태도, 문화에 따라 달라진다. 우리는 각자 눈에 보이지 않는 잠재적 에너지 경계를 지니고 있다. 그 경계가 우리의 안전지대다. 이것을 직관적으로 알아챌 수 있다. 이 경계가 계속 침범당하면 우리는 지치거나 불안해진다.

개인적인 공간의 윤곽을 알아내는 것은 중요하다. 그래야 소중한 사람들에게 짓눌리지 않을 수 있다. 이 공간을 알게 되면 이전의 친밀한 관계에서 압도당하는 느낌을 받았던 사람들도 제대로 된 관계를 다시 맺을 수 있다. 나를 포함한 많은 이들이 개인적인 공간을 침범당하지 않으려고 혼자 사는 삶을 선택한다. 그 공간을 지키고자 하는 당신의 욕구를 표현하지 못하면, 장래의 배우자가 뱀파이어가 되고 만다. 이 문제를 해결하면, 창조적인 관계를 새롭게 만들어나갈 수 있다. 다음에 제시하는 훈련을 통해 신체적인 경계를 찾고, 이를 주장할 방법을 알게 될 것이다. 포지티브 에너지 프로그램의 아홉 번째 처방은 당신을 호시탐탐 노리는 에너지 뱀파이어를 물리칠 수 있도록 적극적인 태도를 길러준다. 각종 전략을 잘 익히도록 하자. 앞으로 긴 시간 동안 당신의 에너지 지킬 수 있을 것이다.

• 에너지 시크릿 •

개인적인 공간을 지켜내려면

안전지대를 직관적으로 파악하라
친구와 6미터 정도 떨어진 거리에 선 뒤 조금씩 다가간다. 그리고 어떤 느낌이 드는지 살핀다. 이 정도면 편안한지, 아니면 지나치게 가까운지 자신에게 물어본다. 불편한 느낌이 드는 지점이 개인적인 공간의 에너지 경계다. 바깥에서는 그 경계를 좀 더 넓게 잡도록 한다.

가족과 의논해 규칙을 정하라
자녀와 배우자에게서 벗어나 쉴 수 있는 시간을 짧게라도 정해놓는 게 좋다. 개인 공간의 필요성을 가족에게 알리고 함께 의논하자. 한 내담자의 남편은 자동차가 꽉 들어찬 고속도로를 이용해 매일같이 힘들게 출퇴근을 했다. 퇴근할 무렵이면 잔뜩 지친 상태라서 가족에게 짜증을 내며 말다툼을 벌이곤 했다. 가족과의 접촉이 화를 돋운 것이다. 나는 그녀에게 조언했다. 남편에게 잠시라도 개인적인 공간을 제공하라고 말이다. 그녀의 남편은 퇴근하고 30분 정도 혼자만의 공간을 누리기 시작했다. 자기 방에 들어가 재즈를 듣기도 하고 잠깐 잠을 자거나 명상을 하면서 긴장을 풀었다. 그 뒤로 가족들은 너그러운 남편을 만날 수 있었다.

덫에 걸렸다는 느낌이 들면 우리는 무분별하게 행동한다. 그래서 잠깐의 탈출만으로 제정신을 찾을 수 있다는 걸 깨닫지 못한다. 아이들이 방해하지 못하도록 욕실에 들어가 문을 잠그고 5분 만이라도 혼자만의 시간을 가져보자. 집 근처를 산책하는 것도 도움이 된다. 배우자의 좌절감이 자신을 압박하는 느낌이 들면 다른 방에 가서 책을 읽자. 아기가 있을 때는 그런 여유를 갖기 힘들겠지만, 그래도 규칙적인 휴식은 꼭 필요하다. 아이들이 당신을 통해 개인적인 공간을 배울 수 있도록 도와주자.

창조적인 조건을 실험하라

공동생활을 위한 전통적인 규칙은 에너지에 민감한 사람들에게 적합하지 않을 때가 많다. 나는 종종 영화관에서 맨 뒤쪽 구석 자리에 앉는다. 사람들과 너무 가까운 곳에 머무는 것을 싫어하기 때문이다. 병원에서 일할 때도 되도록 다른 사람과의 간격을 유지한다. 사무실 공간에 여유가 있다면 옆자리에 가방이나 파일을 올려놓아 공간을 확보하는 것도 괜찮은 방법이다. 대화, 냄새, 기침, 움직임뿐 아니라 타인의 에너지장도 침해당하는 느낌을 만든다. 기분 좋은 느낌이 드는 사람이라도 마찬가지다. 내게 가장 필요한 것은 혼자만의 침실과 소음이 차단되는 독립된 서재다. 그래서 친구 사이인 두 사람이 생활공간을 나눈 것을 보고 크게 감명받았다. 그 집은 입구는 같이 쓰되 양쪽에 독립된 공간이 있었다. 당신도 개인적인 공간을 찾아야 한다. 배우자나 파트너에게 이를 충분히 알리고 계속해서 대화를 시도하자. 자신의 에너지에 걸맞는 생활을 설계해야 한다. 창조적인 접근을 통해 문제를 해결하고 친밀감을 되찾은 부부를 나는 많이 봐왔다. 내게 필요한 것을 지키면 더 많은 사람과 가까워질 수 있다.

자신과 힘겨운 이웃을 돌보아라

자신을 힘들게 하지 않고도 타인을 얼마든지 도울 수 있다. 당신이 직관적인 공감자라도 활력을 유지할 방법만 찾으면 가능하다. 사람들과 만나기 전에 잘 먹고 잘 쉬는 게 좋다. 그리고 개인적인 공간을 지킬 수 있도록 거리를 유지하자. 건강하지 못한 사람의 에너지장 한가운데로 뛰어들어서는 안 된다. 약간의 거리를 두고 앉는 게 좋다. 포옹해도 되지만 오래 끌어안는 건 피한다. 접촉을 줄이기 위해 자주 움직이고,

만남은 짧고 유쾌하게 한다. 그 사람과 헤어진 후에는 스트레스받을 일을 찾아 나서기보다 재충전의 시간을 갖는 게 중요 하다. 편안한 산책, 몇 분 동안의 명상, 따스한 욕조에 몸 담그기 등이 도움이 된다. 이렇게 에너지를 재충전하면 다음번에 더 편한 마음으로 그 사람을 만날 수 있다.

이 모든 것을 살피더라도 우주의 필연성은 반드시 존재한다. 우리는 비슷한 사람들을 자신에게 끌어들인다. 스스로 해결하지 못한 문제와 관련된 사람들 말이다. 특정 유형의 뱀파이어가 당신 주위에 자꾸 모여든다면, 솔직하고 객관적인 태도로 그 이유를 검토하자. '해결사를 필요로 하는' 남자친구를 연거푸 사귀게 된다면 어떨까?

"이 세상에는 괜찮은 남자가 하나도 없어."

이런 말로 스스로를 위로하지 말자. 그럴 땐 자신을 되돌아보아야 한다.

"내게는 아빠 같이 나를 사랑해 줄 사람이 어울려."

"우리 가족이 비참한 생활에서 벗어 날 수 있게 만들 거야."

이런 철없는 생각으로 행동하고 있는 게 아닌지 확인하자. 해결하지 못했던 불안정성을 정복하면 당신의 에너지장은 튼튼해지고, 에너지 뱀파이어의 영향력은 약해진다. 당신이 에너지 뱀파이어에게 강하게 반응한다면 감춰진 성격이 그 원인일 수 있다.

"그 사람은 성격이 너무 괴팍해."

내가 누군가를 가리키며 이렇게 말하는 걸 발견할 때마다 나는 그 격렬한 감정에 대해 스스로 의심하곤 한다. 그 사람의 성격이 진짜 원인일 수도 있다. 그래도 내게는 의문이 남는다.

"왜 내가 그런 비난을 하게 되었을까?"

한 가지 이유는 남몰래 간직한 그런 성격을 스스로 싫어하거나 부정하기 때문이다. 자신의 결점을 해결하고 나면 비슷한 특징을 지닌 사람들이 더는 당신을 괴롭히지 않을 것이다.

에너지를 깨우는 시간

다른 건 신경 쓸 필요가 없다. 에너지 뱀파이어를 물리치는 데 집중하라. 그로 인해 속 좁은 '친구'를 당신 인생에서 지워야 할지도 모른다.

"넌 대체 언제 결혼할 거니?"

가족 모임 때마다 이렇게 묻는 못마땅한 친척과 거리를 두게 될 수도 있다. 내 것을 지키는 기쁨을 발견하라. 자신의 에너지를 완벽하게 이해하고 승리를 쟁취하는 느낌에 익숙해지도록 하자.

제이미 리 커티스가 알려주는 에너지 보호법

제이미 리 커티스는 골든 글로브 상을 수상한 배우다. 자존심을 주제로
한 아동도서를 쓴 베스트셀러 작가이기도 하다.

사람들은 누구나 고유의 에너지 진동을 갖고 있다. 그 에너지는 눈
을 통해 전달되는데, 누군가가 나를 바라보면 상대의 에너지와 연결
되는 걸 느낄 수 있다. 부정적이고 공격적인 사람을 대하면 에너지가
사라지기도 한다. 어떤 의도를 지닌 접촉이냐에 따라 에너지 수준이
달라지는 것이다.

내가 가장 힘든 건 자신의 행동에 책임지지 않는 '희생자들'을 만날
때다. 그들은 다른 사람을 비난하는 것으로 자신의 불행에 대한 책임을
회피하곤 한다. 정말 참기가 힘들다. 그런 사람들은 표나지 않게 내
에너지를 빼앗아간다. 그럴 때면 나는 부드럽지만 단호하게 말한다.

"이제 서로를 대하는 방식을 바꿔야 할 것 같아요. 우리의 대화는 바
람직하지 않아요. 그저 당신이 일방적으로 말을 할 뿐이지요. 그럴 때
면 이야기를 주고받았다는 생각이 전혀 들지 않아요. 당신은 기분이
좋겠지만, 나는 기분이 나빠요."

나는 그런 사람들에게 진지하게 충고한다. 자신이 지닌 문제를 철저하게 밝혀내고 증상을 치료하는 게 좋겠다고 하면서 말이다. 나는 오래전부터 마음 깊은 곳에 마약과 알코올에 대한 적개심을 감추고 있었다. 지금은 다른 방식으로 그런 감정을 처리할 수 있게 되었다. 하지만 사람들과의 관계에서 뚜렷한 한계를 정하는 데 익숙해지기 위해 5년이란 시간이 필요했다. 그래도 나의 일부분은 여전히 이렇게 말한다.

"이봐, 제이미, 네 도움이 필요한 사람이 저기 있어. 가서 도와주도록 해."

하지만 이제 나는 자신을 보호하려면 한계를 지켜야 한다는 사실을 알고 있다. 그런데도 여전히 나를 기운 빠지게 하는 사람들이 있다. 나르시시즘에 빠진 이들이다. 그런 사람들은 경험을 통해 아무것도 배우지 못한다. 상대가 무조건 자신의 말에 맞장구쳐 주길 바라고, 같은 말을 계속 되풀이한다. 그들은 자신을 이끌어줄 누군가를 찾는다고 매번 말하지만, 실상은 자기 문제를 담아둘 사람을 찾는 것이다. 그런 사람들이 내 에너지장을 다치게 만든다는 걸 나는 일찌감치 깨달았다. 그래서 그들의 행동에 한계를 두기로 했다. 나는 평생 활기차게 살아왔고, 주위를 밝히기 위해 애썼다. 그럴 수 있는 것이 축복이라고 여기기 때문에 내게는 스스로를 보호할 방패가 필요 없다. 직관으로 나를 지킬 수 있기 때문이다. 영화작업을 할 때도 나는 직관의 안테나를 사용한다. 직관적으로 사물을 살피고, 세트 전체에서 무슨 일이 일어나는지를 파악한다. 그날의 에너지를 읽고, 사람들을 읽는 것이다. 오랜 세월 동안 여러 가지 일을 겪으면서 이런 기술을 쌓아왔기 때문에 에너지장으로 나를 보호할 능력이 있다. 두려움이나 오래된 상처도 이겨낼 수 있다. 나는 땅과 견고하게 연결되어 있기에 절대로 타인의 부정적인 에너지가 내게 영향을 미치지 못한다. 나의 그런 성향은 어머니 덕분이다. 배우였던 나의 어머니는 땅과 튼튼하게 연결되는 자질을 우리 자매에게 물려주었다. 또한 우리는 자연 속에서 성장하는 행운을 누렸다.

나는 배우다. 하지만 카메라 앞에 서는 게 내키지 않을 때도 있다. 내가 '상품'으로 취급받는 느낌이 들 때면 기운이 빠진다. 배우로서 치르는 유명세를 불평하는 게 아니다. 인격을 지닌 존재가 아니라 값어치 있는 상품으로 여겨질 때 불쾌한 감정이 느껴지곤 한다.

엄마가 된 후 나는 아이들도 부정적인 상황을 느끼며, 그로 인해 에너지를 잃는다는 사실을 깨달았다. 그래서 자신의 모습을 있는 그대로 좋아하는 내용을 담아 어린이 책을 썼다. 한창 자라는 아이들에게 폭력적인 내용의 영상을 보여줘서는 안 된다. '스파이더맨'은 6살짜리 꼬마들에겐 여러 가지 면에서 너무 자극적이다. 나는 공포 영화의 주인공으로 명성을 얻었다. 그래서인지 많은 이들이 내게 다가와 말한다.

"얼마 전에 '할로윈'에 출연한 당신의 모습을 보았어요. 정말 멋진 영화예요!"

아무리 내가 출연한 영화라고 해도 어린아이들이 그걸 보는 건 반대한다. 공포스러운 장면이 너무 많기 때문이다. 아이들은 상상력이 풍부해서 영화 속 장면만으로도 쉽게 두려움을 느낀다. 청소년기에 들어서면 화면 속에 보이는 것이 실제상황이 아니라는 것을 알고, 두려움이나 그 밖의 감정을 처리할 수 있다.

내게 있어 아이들은 나를 지치게 만드는 존재가 아니다. 그들을 사랑하고 돌보는 것이 내가 살아가는 이유임을 나는 잘 알고 있다. 사실 아이들을 제대로 보살피려면 어마어마한 에너지가 필요하다. 나만의 삶을 소중하게 여기지만, 아이들과 함께하는 시간이 내게는 무척 소중하다. 그래서 반드시 그것을 지켜갈 것이다.

The Power Of
Positive
Energy

풍요로운 삶을
제대로
누리는 법

풍요로움이란 자신의 모든 에너지를 받아들이는 너그러움이다. 풍
요로움은 마음을 활짝 여는 데서 시작해서 바깥으로 점점 범위를 넓
혀간다. 반대의 경우는 성립되지 않는다. 외적인 성취는 아무리 큰 것
이라도 우리에게 온전함을 가져다주지 못한다. 에너지가 가야 할 곳
과 가지 말아야 할 곳을 현명하게 판단하고, 시리얼을 직접 고르는 문
제부터 결혼 상대를 정하는 일까지 모든 선택에 내면의 영감을 따르
면, 우리는 진정한 풍요를 누릴 수 있다. 포지티브 에너지 프로그램이
당신을 그곳으로 안내할 것이다.

　에너지 치유법은 죽은 것을 깨운다. 죽은 사람을 살린다는 말이 아
니다. 눈앞에 놓인 풍요를 알아채지 못하는 우리의 무지함을 일깨운
다는 뜻이다. 우리 사회는 부와 명예가 행복으로 통한다는 잘못된 믿

음으로 가득 차 있다. 우리의 마음이 제자리에 있고, 자만심이 고질라만큼 거대하지 않다면 그 믿음이 가능할 수도 있다. 물질적인 풍요도 얼마든지 훌륭할 수 있기 때문이다. 하지만 '모든 것을 가진 사람'이 가장 불행하게 살아가는 것을 나는 여러 번 보았다. 온갖 성공을 거두었는데도 이렇게 중얼거린다.

"나는 왜 이렇게 불행한 걸까?"

그들은 감정적으로 매우 가난한 상태에 놓여있다. 자기가 가진 것에 감사할 수 있는 능력을 잃어버린 것이다.

포지티브 에너지 프로그램의 마지막 처방은 풍요의 축복을 주고받는 것이다. 우린 모두 풍요를 누릴 충분한 자격이 있다. 마음의 문을 열고 축복을 한껏 받아들이자.

과거에는 물질적인 욕구의 충족을 풍요라고 여겼다. 하지만 더 큰 관점에서 보면 풍요는 항상 우리와 가까운 곳에 있다. 슬픈 일이 있거나 궁핍해 보일 때도 말이다. 이 순간의 완전함을 알고, 내가 주고받는 것으로 만족을 느낀다면 충만함이 다가온다. 풍요와 충만을 이해하면 여러 가지가 생각처럼 풀리지 않을 때도 마음의 중심을 잡을 수 있다. 끔찍한 일이 마음속에 파고들지도 못한다. 이렇게 작은 관점의 변화로도 삶이 놀랍게 바뀐다. 마치 우주 대폭발처럼 말이다. 풍요를 불러오는 열쇠는 다름 아닌 우리의 태도다!

피로와 절망은 절대 정해진 개념이 아니다. 양자역학에 따르면 에너지는 생성되지도, 파괴되지도 않는다. 단지 모습을 바꿀 뿐이다. 광합

성작용이 빛을 식물이 필요로 하는 에너지로 바꾸고, 전기 에너지가 토스트를 튀어 오르게 하는 기계적인 에너지로 바뀌는 것처럼 말이다. 포지티브 에너지 프로그램을 익히면 마음을 지배하던 부정적 에너지가 꽃다발로 바뀌는 순간을 경험할 수 있다.

풍요는 지금 자신이 하는 일을 좋아하고, 새로운 가능성에 열정적으로 도전하는 데서 온다. 이 책에 등장하는 이들의 공통점이 바로 도전 정신이다. 몇 가지 예를 들어보겠다. TV 제작자로 일하는 노만 리어는 자신이 만든 프로그램을 열정적으로 소개했다. 그 프로그램은 미국 독립선언서와 건국의 주역을 다루고 있다. 위대한 정신을 되살리기 위해 그는 온 힘을 다했다. 내 친구인 마이클 벡위드 목사는 강연을 듣다가 크게 공감하는 내용이 나오면 즉시 외친다.

"맞습니다!"

고요한 강연장 한가운데서 터져 나오는 자유로운 외침을 듣다 보면 감탄이 저절로 나온다. 배우 제이미 리 커티스는 패션지 〈모어〉의 화보를 촬영할 때 두 가지 상반된 모습을 싣고 싶어했다. 하나는 화장하지 않은 채 속옷만 입은 헝클어진 모습이고, 다른 하나는 머리, 화장, 의상을 완벽하게 연출한 사진이었다. 그럴듯한 겉모습을 꾸미려면 엄청난 시간과 노력을 퍼부어야 한다는 걸 알리고 싶었던 것이다. 나는 그녀가 대단한 배짱을 지녔다고 생각한다. 그리고 그 태도에 진심으로 동의한다. 이런 사람들은 자신에 대한 믿음과 열정을 공통으로 지니고 있다. 그리고 그것을 따르면서 충만한 삶을 엮어간다.

주는 만큼 되돌려받는다

풍요를 키우는 비결은 간단하다. 많이 줄수록 더 많이 받는다는 것이다. 얼핏 이상하게 들리겠지만 에너지 역학의 관점에서는 틀림없는 사실이다. 당신의 소아는 외친다.

"이것 갖고는 모자라. 난 전부 갖고 싶어."

하지만 대아는 말한다.

"이거면 충분해. 내가 지닌 걸 나눌 거야."

자신이 지닌 것에 집착하는 마음과 그것을 빼앗길 때의 상실감을 나는 충분히 이해한다. (외동딸로 자란 나는 뭔가를 나눠야 할 때 종종 큰 용기가 필요했다) 힘들겠지만 이런 마음가짐에서 벗어나야 한다. 그러지 못하면 멋진 가능성에서 멀어진 채 두려움으로 가득 찬 작은 상자 속에 갇히게 된다. 활력을 해방하기 위해서는 소아에서 벗어나 대아로 변화해야 한다. 그 방법을 지금부터 알려줄 것이다.

재정적인 풍요란 만족스럽게 살면서 현재 지닌 것을 즐기는 능력이다. 통장에 남은 돈이 얼마인지는 상관없다. 이 사회에서는 돈이 곧 힘이지만, 포지티브 에너지 프로그램에서는 다르다. 돈으로 자신의 가치를 숨길 수도, 허세를 부리거나 자신을 부풀릴 수도 없다. 그런 종류의 '힘'은 쓸모없기 때문이다.

그렇다면 돈으로 긍정적인 에너지를 북돋울 방법은 없을까? 단순한 그림이 인쇄된 그 작은 종잇조각으로 우리는 생각보다 많은 일을 해낸다. 세금을 내고, 집을 사고, 고등교육을 받고, 병을 고치고, 멋진 곳으로 여행을 떠날 수 있다. 생활을 보다 편리하고 재미있게 만들어주는 것이다. 하지만 반대의 경우도 있다는 걸 우리는 알고 있다. 돈이 다툼을 부추기는 경우다. 돈을 잃어 건물 꼭대기에서 몸을 던지는 사람들도 많다. 우리가 속한 문명 세계가 강요하는 뒤틀린 관념을 버려라. 돈은 우리의 가치를 결정하지 못한다. 돈이 많다고 다른 이들보다 더 나은 사람이 되는 것도 아니다. 영혼이 몸을 떠날 때 물질적인 것은 아무것도 가져가지 못한다. 우리가 가져갈 수 있는 것은 사랑이 담긴 마음뿐이다. 그것만이 우리가 올바른 방향으로 갈 수 있게 해준다.

이런 내 말에 밥은 고개를 끄덕였다. 하지만 내 충고가 비현실적이라고 여겼다.

"맞는 말이에요. 하지만 지금 나는 이 세상에 발붙이고 사는걸요."

밥은 돈을 충분히 버는데도 항상 더 많이 원한다. 물론 이해가 가는 면도 있다. 융자금이며 자녀들의 학비며 돈 들어갈 구석이 많다. 그래도 그의 생활은 전반적으로 풍족한 편이다. 그런데도 그는 깨닫지 못한 채 다른 생각에 사로잡혀 있다.

"지금보다 조금만 더 벌면 그걸 해낼 수 있을 텐데."

"그 자식이 나보다 잘나가는 건 연봉이 높아서야. 그러니 영향력도 크고 존경도 받겠지."

그런 생각들로 잠 못 이루는 밤이 이어졌다. 그의 에너지는 그렇게 소모되었다. 문제는 밥이 월급과 자신의 가치를 동일시한다는 것이다. 내가 할 수 있는 일은 그가 자신에 대한 감각을 찾아 외부적인 환경을 이길 수 있게 하는 것뿐이었다. 내 마음, 내가 이룬 것, 그리고 나의 대아로 눈을 돌리면 감정적인 자유를 제대로 얻을 수 있다.

우리가 속해있는 이 사회는 더 많은 돈을 벌어야 한다고 늘 말한다. '돈은 곧 힘'이라는 병적인 집착에 우리는 길들어 있다. 사회 전체에 만연한 마음의 병을 극복하기란 쉽지 않다. 하지만 노력해야 한다. 그러지 않으면 에너지와 자존심을 모두 잃게 될 것이다. 이미 가진 풍요로움을 먼저 깨달아야 한다. 질투, 경쟁심, 탐욕, 영혼의 온전함에 대한 믿음 부족, 타인과의 비교에서 오는 두려움이 당신의 깨달음을 방해하는 원인이다. 이러한 것들에 좌우된다고 해서 당신이 영적이지 않다는 말은 아니다. 그러니 어떻게든 맞서 싸워라. 다음에 제시하는 훈련으로 고통스러운 생각에서 벗어날 수 있을 것이다.

· 에너지 시크릿 ·

소아에서 대아로 옮겨가려면

풍요를 깨닫지 못하는 이유

무엇이 당신에게 현재의 풍요를 알아채지 못하게 하는지 알아보자. 통장에 남은 돈이 별로 없으면 풍요롭지 않다고 여기는가? 거리에서 당신 곁을 스치는 모든 사람이 부러운가? 자신의 내면을 가만히 바라보

자. 내가 무엇에 마음을 쓰는지 하나도 놓치지 말고 살피자. 이것이 바로 당신의 소아다. 나의 내면에 고이는 압박과 불안, 낮은 에너지 수위를 느껴라.

대아로 옮겨가기

천천히 깊은 호흡을 한다. 숨을 들이쉴 때마다 넓어지고 너그러워지는 자신을 느낀다. 가슴 한가운데 있는 가슴 차크라에 가만히 손을 대고 따스함과 편안함을 느껴본다. 당신은 사랑받고 있다. 이 세상에는 우리 모두에게 돌아갈 넉넉한 사랑이 존재한다.

내 삶에서 부족하다고 느끼는 부분이 아닌, 좋아하고 아름다워 보이는 부분에 주의를 기울인다. 은행에 맡겨놓은 약간의 돈, 건강한 몸, 내 어깨 위에 항상 머무는 수호신을 떠올린다. 나의 내부에 존재하는, 언제나 차고 넘치는 사랑의 샘에 집중한다. 이것이 에너지의 방향을 돌리는 강력한 도구가 되어준다.

풍요를 방해하는 내면의 장애물

풍요로움을 방해하는 내면의 장애물을 제거하는 건 쉽지 않다. 의외의 것들이 종종 우리를 불안에 빠뜨리기 때문이다. 질투심을 예로 들어보자. 오래전의 일이다. 동료가 쓴 책이 〈뉴욕타임스〉 베스트셀러에 올랐다. 그때 나는 책을 제대로 보지도 않은 채 신랄하게 비판했다. 그 책이 얼마나 가치 있는가는 상관없었다. 그것은 내가 이루지 못한 목표였다. 그가 거둔 성공은 나를 작아지게 했고, 무시당하는 느낌을 주었다. 축하의 말을 건네고 싶었지만, 입 밖으로 말이 나오지 않았다. 성공을 거두어 사회적으로 인정받는 동료에 대한 질투심이 서서히 나를 좀먹었다. 그러다가 어느 순간 내 질투심의 근원을 발견했다. 정말이지 생각지도 못했다. 혼자가 되고 싶지 않았던 것이다. 나는 독신이고, 형제자매도 없고, 부모님은 두 분 다 돌아가셨다. 친구도 없었고, 마치 은둔자처럼 생활했다. 인정받는 건 사람과 기회가 따라온다는 의미였다. 도서 판매량에 대한 지나친 집착은 그런 나의 욕구를 충족하기 위함이었다. 문득 나의 질투심을 이해할 수 있었다. 곧바로 할 일을 깨달았다. 나는 친구를 찾고, 가족을 만들고, 통찰력을 키워 질투의 고통을 덜어내야 했다. 그래도 여전히 내 안에 있는 나는 좀 더 대단한 사람이 되기를 바라고 있지만 말이다.

관대함

관대함은 우리 삶에서 돈뿐만 아니라 긍정적인 것들의 흐름을 모두 자유롭게 만든다. 물론 재정적인 문제를 떠올리면 좋은 직장, 저축, 현명한 투자가 중요한 게 틀림없다. 하지만 이런 것을 넘어서는 위대한 풍요를 내 것으로 만들려면 반드시 관대해져야 한다. 노만 리어는 말했다.

"주는 만큼 되돌아옵니다. 에너지를 얻으려면 에너지를 써야 해요. 두 가닥의 전선을 비벼야 전기가 흐릅니다. 베풀 때 도리어 도움을 받게 되는 이유가 거기에 있습니다."

관대함이 퍼져 나가는 에너지라면, 인색함은 막힌 에너지다. 인색하다는 건 큰 결점이다. 천 원을 받으면 만 원을 되돌려주어라. '눈에는 눈, 이에는 이'라는 사고방식에서 천천히 벗어나야 한다. 더 큰 사람이 되는 것, 그것이 바로 관대함이다. 어려움에 처한 사람을 구하라. 자선, 십일조, 기부 등 능력이 허락하는 한도 안에서 베풀고 나누도록 하라. 꼭 금액이 클 필요는 없다. 나눔이 가져오는 풍요의 감각을 느껴보자. 멀리 가고 넓게 퍼지며 순환하는 에너지가 다시 당신에게 돌아올 것이다. 뜻밖의 행운이 찾아오거나, 스스로에 대해 더 기분 좋은 느낌이 들기도 한다. 관대함을 실천하여 손해 보는 경우는 없다. 나눌 수 있다면 틀에 얽매일 필요도 없다. 기회를 적극적으로 받아들이자.

중국 음식을 사기 위해 식당 앞에서 기다리고 있을 때였다. 앞쪽에서 작은 소동이 있었다. 주문한 음식을 받으려던 사람이 지갑이 없다는 걸 깨달은 것이다. 문득 돈을 대신 내주고 싶다는 생각이 들었다. 그래도 될까? 나서지 않는 게 나을까? 다행히 망설임에 사로잡히기 전에 말이 먼저 나왔다.

"제가 대신 내드릴게요."

그 사람이 놀람과 기쁨이 교차하는 얼굴로 나를 돌아보았다.

"어머나, 선생님!"

나는 깜짝 놀라며 반갑게 물었다.

"저를 아시나요?"

"몇 년 전에 상담을 받았어요. 폭력적인 남편에게서 떠나라고 하셨지요."

그녀를 곧바로 알아본 건 아니었지만, 놀랍다는 생각이 들었다. 우리는 마주 보며 웃었고, 계산원도 빙그레 미소지었다. 긍정적인 에너지가 주위를 감싸는 느낌이 들었다. 곧 좋은 기운이 되돌아왔다. 주말 무렵, 그녀가 수표 한 장과 정성 어린 감사의 편지를 보내온 것이다. 자랑하려는 의도가 아니다. 크건 작건 상관없다. 관대함을 보일 기회가 생기면 언제든 뛰어들어도 좋다는 말을 하고 싶은 것이다. 수줍음이 많은 사람이라도 일단 저질러보자. 나는 가끔 공공장소에 몰래 돈을 두고 나오곤 한다. 처음 그런 생각을 한 건 맨해튼에 있는 식당에서 아침을 먹을 때였다.

'화장실에 5달러짜리 지폐를 두고 나오면 어떨까? 누군가가 발견하고 참 운이 좋은 날이라고 생각하지 않을까? 분명 기분이 좋을 거야.'

그 후로 나는 1달러나 5달러짜리 지폐를 남몰래 여기저기 놓아두기 시작했다. 큰돈은 아니지만, 그것을 주운 사람들에게 행복한 하루를 선물하기엔 충분하다. 1달러 요정이 된 나도 커다란 만족감을 느끼게 되었다.

관대함의 의미를 재창조하고, 황무지 같기만 한 돈의 땅에서 남다른 존재가 되어라. 어떻게 쓰느냐에 따라 돈의 의미는 얼마든지 달라진다. 돈이 많은지 적은지는 상관없다. 반드시 많은 돈을 써야만 즐거운 것도 아니다. 움켜쥐기만 하는 구두쇠는 많은 돈을 숨겨놓고도 신나게 지내지 못한다. 스크루지를 부러워할 이유는 없다. 불교에서 하는 말을 들어보자.

"당신이 행복하면 나도 행복하다. 이보다 더 큰 행복은 없다."

풍요는 풍요를 낳는다. 이 깨달음이 더 많은 행운을 당신에게 가져다줄 에너지 원칙이다.

· 에너지 시크릿 ·

아무도 모르게 돈을 놓아두면

부담스럽지 않은 액수의 돈을 아무도 모르게 두고 나온다. 어디라도 좋다. 자주 다니는 피부과 병원의 입구나, 사람들이 오가는 길가의 화분 속도 좋다. 비밀스러운 행동을 한 뒤 다가오는 남모를 행복감을 느껴보기 바란다. 이런 깜찍한 선행은 다른 이를 행복하게 할 뿐 아니라, 당신에게도 기쁨이 되어 돌아온다.

봉사

관대함과 짝을 이루는 것이 있다. 바로 봉사다. 봉사는 타인의 삶과 공동체, 그리고 더 나은 세상을 위해 내가 나서는 것이다. 이는 풍요를 이어가는 태도이며 그 자체로 좋은 에너지다. 선행, 자원봉사, 환경보호를 위해 이메일 탄원서를 보내는 것 모두 소아에서 벗어나 긍정적인 에너지를 퍼뜨리는 일이다. 이런 행동은 내게로 다시 돌아와서 부정적인 에너지를 내보낸다. 의무감에 하거나 싫은데 마지못해 해내는 것은 진정한 봉사가 아니다. 당신의 마음이 향하는 곳을 직관으로 알아야 한다. 그래야 베푸는 일이 즐거워진다. 우리의 에너지는 모두 연결되어 있다. 봉사는 우리가 서로를 돌보게 하는 연결고리다. 풍요는 절대 나 혼자만의 것이 아니다. 기쁠 때도 슬플 때도, 우리는 이 시공간에서 함께 모험하고 있으며, 서로에게 묶여 있다. 빠져나갈 수 있는 사람은 없다.

그런 높은 수준의 풍요를 경험하기 위해서는 나는 누구인지, 내가 왜 이곳에 있는지 새롭게 정의할 필요가 있다. 우리가 사는 이 세상은 지금 위기에 처해 있다. 그 사회적, 경제적, 환경적인 파장에서 벗어날 수 있는 사람은 없다. 개인적인 에너지와 세상의 에너지를 위해 내가 무엇을 도울 수 있는지 생각해보자. 미래를 변화시키는 힘은 우리 같은 평범한 사람들이 지니고 있다. 아직 봉사가 낯설게 느껴진다면 억지로 자신을 밀어붙이지 말자. 그보다는 봉사를 자연스럽게 받아들일 기회를 찾는 게 좋다.

27세인 하프사트 아비올라는 하버드 졸업생으로 나이지리아에서 인권운동가로 활약하며 여성의 권익 보호를 위해 힘쓰고 있다. 그녀의 아버지는 나이지리아 최초의 민주 대통령이었다. 하지만 지배세력에 의해 투옥되어 석방 전날 밤 '미심쩍은 이유'로 목숨을 잃었다. 사회활동가였던 어머니도 얼마 뒤 암살당했다. 감당할 수 없을 만큼 깊은 슬픔 속에서도 하프사트는 자신을 잃지 않았다. 그녀는 차분한 목소리로 말했다.

"갑자기 부모님이 모두 돌아가셨어요. 부모님은 민주주의를 위해 어떤 희생도 감수할 준비가 되어있었지만, 두 분을 잃은 게 내게는 너무 큰 슬픔이었어요. 하지만 부모님이 주신 사랑과 그 안에서 느낀 풍요로움을 언제나 간직하며 살아갈 거예요. 항상 감사하는 마음으로 하루를 충만하게 채워가는 게 풍요라고 난 믿어요. 나이지리아는 경제적으로 가난한 나라가 맞아요. 하지만 우리 국민은 지혜롭고, 기품 있고, 예의 발라요. 그런 면에서는 어떤 나라보다 부유하지요. 30년간 이어진 독재에서 벗어난 지금, 되돌려주어야 풍요해진다는 깨달음을 실천하고 싶어요. 봉사는 우리가 이 세상에 머무는 대가이고, 지구에 사는 모든 사람이 지켜야 할 관대함이에요. 관대한 마음을 지니지 못하면, 우리는 곧 추해져요. 풍요에는 용서의 마음이 포함되어 있어요. 상처받아도 다시 가슴을 여는 그런 마음이요. 용서는 부담, 원망, 두려움을 내려놓는 것이에요. 마음의 짐을 내려놓지 못하면 우리는 기회를 놓치게 돼요. 풍요는 영혼에 흐르는 맑고 아름다운 물입니다. 먼지를 쓸어내고, 내가 가진 축복에 감사하게 해주지요."

마음을 움직이는 봉사를 하려면

봉사의 기본은 마음을 활짝 여는 것이다. 그래야 다른 사람의 부담을 덜어주고 상황을 개선할 수 있다. 봉사의 방법과 기회는 수없이 많다. 직관을 이용해 마음에 드는 활동을 찾아라. 모든 사람이 마더 테레사가 될 필요는 없다. 생활 속에서 작은 친절을 베풀기 시작하면, 다른 봉사에 도전할 발판이 생긴다. 하루에 한 가지씩 착한 일을 해 보자. 이웃집 할머니의 장바구니 들어주기, 거리에서 쓰레기 줍기 등 어느 것이라도 좋다. 작은 봉사를 한 뒤 솟아나는 에너지를 느껴보자.

그런 다음 봉사의 종류를 조금씩 늘린다. 노인이나 아동을 위한 자선 사업, 동물 구조, 평화 단체 등을 조사해 보자. 봉사는 어느 것이든 모두 소중하다. 관심이 가는 분야나 마음이 움직이는 곳으로 따라가 보자. 집에서 해도 좋고, 찾아가서 해도 괜찮다. 뭐든 편한 방법을 선택해서 일단 시작하라. 처음부터 무리할 필요는 없다. 한 달에 한 시간이라도 좋다. '시간을 기부한다'라고 생각하며 봉사활동을 시작하자.

용서

하프사트처럼 나도 사랑에서 흘러나오는 풍요로움을 응원한다. 미움과 분노에 무릎 꿇으면 세상은 점점 위험해진다. 용서가 없다면 좋은 에너지는 절대 늘어나지 않는다. 미움이 마음속 깊숙이 파고들어 세계 곳곳에서, 우리 집 부엌에서 전쟁이 계속되는 것이다. 용서가 없다면 자신과 타인의 고통에 무감각해지고 기억상실 상태에 빠져버린다. 이에 반해 용서는 미움을 버리려는 노력이다. (이에 관한 기본적인 사항은 4장에서 소개한 바 있다) 물론 부당한 대우를 받으면 화도 나고 상처도 받는다. 그런 관계를 끊어버리고 싶은 마음이 드는 것도 당연하다. 그런데 우리가 품은 것이 오직 분노뿐이라면, 풍요로운 감정이 마음속에 들어설 여유가 사라지고 만다.

용서는 수준 높은 관점이 가능한 대아의 경지에서 피어난다. 다른 사람이 아닌 자기 자신이 나설 때 용서도 가능한 것이다. 용서가 모든 악의를 사라지게 하는 건 아니다. 그래도 그 너머를 볼 수 있는 자유로움이 주어진다. 용서는 그것을 행하는 사람의 것으로, 그 행동에 적용되지 않는다. 또한, 용서는 죄 그 자체가 아닌, 죄를 범한 사람이 입은 마음의 상처에 적용된다. 영혼에 깊이를 더하기 위해서는 상대의 상처에 공감하고, '적'의 존엄을 깨달아야 한다. 인간 대 인간으로 이루어지는 이러한 연결은 '우리 대 그들'이라는 생각을 버리게 해준다. 미움을 넘어서려는 우리의 바람이 평화를 불러오고 영혼의 수준을 높인다.

우리는 하나다

　전 세계에 존재하는 우리가 모두 하나임을 알 때 풍요가 커진다. 에너지의 관점에서 볼 때 나와 남의 구별은 존재하지 않는다. 그러한 나눔은 소아가 품은 착각일 뿐이다. 하지만 그 착각은 문명 세계를 말살할 만큼 강력하다. 인류가 한 가족이라는 진리에 내 인생 전부를 걸 수 있다. 하지만 안타깝게도 우리에겐 이것을 논의할 시간적 여유가 없다. 지구가 없다면 인류의 생존도 없는데, 이것을 깨닫지 못한 채 약탈을 계속하고 있기 때문이다. 인류를 포함한 모든 생물체의 운명은 생태계의 안녕과 밀접하게 연관되어 있다. 잠재적 에너지 수준에서 볼 때 땅이 파괴되면 우리도 파괴되며, 바다가 오염되면 우리 몸도 오염된다. 육체적, 감정적 고통의 원인은 보이는 게 전부가 아니다. 우울증이 증가하고, 우리가 사랑하는 많은 이들이 암으로 쓰러지는 것은 우연이 아니다. 우리를 둘러싼 폭력적인 에너지는 우리 고유의 방식으로 처리된다. 국가, 공동체, 지구, 우리 몸은 에너지를 주고받는다. 포지티브 에너지 프로그램의 마지막 처방은 지구를 지키기 위해 온 힘을 다하라는 것이다. 건강한 지구에서 함께 누릴 풍요로움이 솟아난다. 크리슈나무르티는 말했다.

　"마음은 사람에게서 피어난다. 폭력을 끝내려면 우리 마음속에 자리 잡은 폭력성에서 벗어나야 한다. 바깥으로 빠져나간 내면의 다툼이 세계적인 대혼란을 가져온다."

평화로 가는 길이 외부에 있지 않음을 깨달아야 한다. 우리가 어떤 에너지를 방출하는지 알아채는 것도 중요하다. 이것이 바로 포지티브 에너지 프로그램의 핵심이다. 그것을 모르고 지나가거나, 무관심하게 굴거나, 말로만 아는체하는 것은 지극히 무책임한 행동이다. 말이 지닌 힘을 간과하는 게 아니다. 안타깝지만 말의 힘은 제대로 된 변화가 일어난 후에는 사라지고 만다. 내뱉은 말을 행동으로 옮기는 것은 새로운 시대를 맞이하는 우리가 지켜야 할 의무다. 쉽지도 않고, 흔들릴 수도 있는 길이다. 하지만 우리의 에너지장이 뒤섞이는 위험을 피할 방법이 없다. '나쁜 의도를 지닌 사람'은 절대 홀로 나서지 않는다. 우리가 치유를 소홀하게 여기면 공범이 되고 만다.

풍요로운 삶을 위한 포지티브 에너지 프로그램의 열 번째 처방은 사랑에 관한 에너지에 기반을 두고 있다. 다른 처방도 다르지 않다. 사랑의 중요성을 항상 간직하라. 이를 실천하는 방법은 매우 간단하다. 지쳤다고 느껴질 때 사랑하라. 행복할 때도 사랑하라. 죽음을 눈앞에 두었을 때 더욱 사랑하라. 애를 써도 실천하기 힘을 때는(누구나 그런 순간을 겪을 수 있다) 훗날 더 많이 사랑하라. 확언하건대, 진실한 마음을 유지한다면 당신이 빈손으로 떠날 일은 절대 없다. 개인적으로든 세상을 위해서든, 우리가 마지막으로 무엇을 해야 할까 마음먹어야 하는 순간에 오직 의미 있는 단 한 가지는 사랑뿐이다. 사랑은 우리가 아는 모든 기준을 초월해 어떤 내가 되어야 하는지 깨닫게 한다.

당신이 이 책을 펼치며 처음에 기대했던 것이 무엇이든, 그보다 더 많은 것을 얻어갔으면 좋겠다. 그리고 당신의 삶을 새롭게 할 에너지를 소유하게 되기를 바란다. 빛나는 에너지가 당신에게 쏟아지길 기원한다. 올바른 태도를 지니면 신발 밑창까지 빛나게 된다. 그곳은 지금도 반짝이고 있고, 내일도 반짝거릴 것이다. 일상 속 에너지의 놀라움을 찾아내어 간직하라. 짧은 순간이라도 에너지의 가치를 깨닫게 된다면 이 책의 목표는 달성된 것이다. 기억하라. 우리의 현재가 미래를 결정함을. 포지티브 에너지 프로그램을 통해 당신의 현재를 밝혀라. 사랑을 믿어라. 그러면 어떤 일이든 해낼 수 있다.

에너지를 깨우는 시간

인류는 한 가족이라 믿으며 마음을 모아 기도하자.

"이 세상의 모든 이들과 이 지구에 건강과 행복을 내려주세요. 고통이 사라지게 해주시고, 변함없는 사랑의 힘을 깨닫게 해주세요."

로사 팍스, 사랑의 힘으로 빛나다

로사 팍스는 흑인 인권운동의 어머니로 추앙받고 있다. 버스에서 백인 승객에게 자리를 비켜주는 것을 거부한 뒤, 이 행동이 미국의 인종차별 철폐 운동의 시작이 되었다. 마틴 루터 킹 2세 비폭력평화상을 수상했다.

1955년 12월 1일의 일이다. 그날 내가 앨라배마주 몽고메리에서 백인 승객에게 자리를 양보하지 않기로 한 것은 직관적이고 자발적인 결정이었다. 백화점 점원으로 일하던 나는 평소와 다름없이 하루를 마무리하고 집으로 향했다. 그때 내 나이는 42세로, 자유는 언제나 나의 꿈이었다. 할아버지와 어머니는 내게 가르쳤다.

"인간은 모두 평등하단다."

그날 버스에서 나는 깨달았다. 같은 인간이지만 흑인이 오랫동안 고통받아왔다는 사실을. 불복하는 게 사실은 무서웠다. (폭행을 당하거나 죽을 수도 있었다) 그래도 나는 두려움에 무릎 꿇지 않겠다고 결심했다. 더는 이유 없이 차별당할 수 없었다. 그래서는 아무것도 변하지 않을 테니 말이다. 내가 체포당한 뒤 승차거부 운동이 시작되었다. 당시 26세였던 마틴 루터 킹 박사가 이 운동에 앞장섰다. 381일에 걸친 버스 승차거부 운동 끝에 대법원이 결정을 내렸다. 앨라배마에서 대중교통을 이용할 때 흑백차별이 이루어지는 것은 위법이라는 판결이 나온 것이다. 이 판결을 본보기로 하여 남부 전역에서 변화가 생겨났다. 나는 우리가 겪었던 과거의 희생에 분노를 느끼지 않는다. 우리를 짓누르던 상황이 끝났음에 감사를 느낀다. 다른 사람을 향해 분노를 간직하면, 그들 가운데 친구가 있다는 사실을 깨달을 기회를 놓치고 만다.

나의 힘과 에너지는 신을 향한 믿음에서 나온다. 내게 무엇을 해야 할까 알려주는 직관도 마찬가지다. 강한 믿음과 직관을 지녀야 한다고 나는 매번 다른 이들에게 권한다. 믿음과 직관을 간직하면 저절로 용기가 피어나고 마음속에 풍요를 간직할 수 있기 때문이다. 나는 이제 노년에 접어들었고, 가벼운 근육 운동과 스트레칭을 규칙적으로 하고 마사지도 받는다. 그리고 40년 넘게 채식주의자로 살아왔다. 어릴 때 나는 가난한 집안 형편 탓에 제대로 먹지 못해서 건강이 좋지 않았다. 그래서 언제나 건강한 식생활을 중요하게 여긴다. 나는 아이들을 무척 좋아한다. '로사 팍스 학습센터'의 어린이들과 함께하는 시간은 내게 활력을 준다. 그곳에서 나는 젊은이들이 노인에게 컴퓨터 활용법을 가르치는 프로그램을 개설하기도 했다. (내가 그 프로그램의 첫 번째 졸업생이다)

우리 삶은 사랑이 있어서 비로소 빛난다. 이유 없는 미움을 가져서는 안 된다. 다른 점을 발견하면 나만의 기준으로 판단하지 말자. 존중을 배울 때 사랑으로 세상을 가득 채울 수 있다. 모든 부정적인 감정처럼 우리는 마음을 선택할 수 있다. 친절과 사랑을 선택하면 평화와 번영을 누린다. 자신에게 돌아올 이득이 없더라도 타인에게 관대함을 보이면 평안과 발전을 얻게 된다. 나의 친구인 마틴 루터 킹 박사는 나를 포함해 수많은 이들에게 훌륭한 본보기가 되어주었다. 그는 인간의 영혼을 완벽하게 이해한 사람이었다.

나는 그가 마음속에 간직했던 세상을 향한 꿈, 모두 하나가 되어 살아가는 그곳을 우리가 만들 수 있을 것이라 믿고 있다. 그런 세상을 만들기 위해서는 두려움이 아닌 사랑에 우리의 길을 맡겨야 한다. 가정에서 어린이가 미움을 배우지 않는 세상, 인종이나 종교로 인해 서로를 헐뜯지 않는 세상을 나는 꿈꾼다. 폭력이 존재하지 않는 세상, 모두가 더 나은 삶을 꿈꾸는 세상이 곧 다가올 것이다.

옮긴이의 말

당신은 행복할 자격이 있다

에너지 뱀파이어는 어디에나 있다. 당신의 앞을 가로막은 채 함부로 에너지를 빼앗고, 아무렇지 않은 척하는 그런 사람들 말이다. 만남을 가진 뒤 유달리 피곤했던 기억이 당신에게도 있을 것이다. 누군가가 나를 힘들게 하는 걸 뻔히 알고 있으면서도 우리는 용케 그 사실을 무시한다.

'내가 괜히 유난스럽게 생각하는 걸 거야. 조금 쉬면 괜찮아질 텐데 뭐….'

이렇게 자신을 속이면서 말이다. 우리가 지닌 에너지는 건강과 기분에 직접적인 영향을 미친다. 좋은 에너지로 충만하면 하루하루를 즐겁게 가꿔갈 수 있고, 나쁜 에너지의 침범을 받으면 아무리 애를 써도 힘 빠진 삶을 이어가게 된다. 포지티브 에너지 프로그램은 알고 있으

면서도 제대로 운용하지 못했던 에너지를 우리 눈앞에 턱 하니 놓아
준다. 에너지와 삶이 어떻게 연결되는지, 에너지 약탈자를 어떻게 다
루는지, 풍요로운 삶을 어떻게 꾸려가는지 이 한 권의 책으로 무조건
알 수 있다. 이 책을 쓴 주디스 올로프는 말한다.

"당신은 행복할 자격이 있습니다."

그녀는 에너지 감지 능력이 뛰어난 '직관적 공감자'로, 지금껏 많은
이들의 삶을 구원했다. 상담을 위해 찾아간 사람들이 하나같이 감탄
한 건 삶을 바라보는 그녀의 태도였다. 그녀는 이미 알고 있었다. 현
재를 소중하게 여기는 삶이 가장 풍요롭다는 사실을. 이 책을 쓰며 그

녀는 여러 차례 고백했다. 누구나 갖는 어두운 감정을 그녀도 여러 차례 경험했음을. 시기, 질투, 절망, 포기, 우울이 삶의 단면인 걸 누구보다 잘 알고 있다. 그래서 더욱 따스하고 설득력 있는 책을 써낼 수 있었을 것이다.

우리 몸은 에너지를 담는 그릇이다. 인간의 몸과 마음은 에너지의 질과 수준에 크게 좌우된다. 다행스러운 것은 어떤 에너지든 개선이 가능하다는 사실이다. 제대로 된 방법으로 에너지의 성질을 되돌리면 삶의 방향이 바뀐다. 지친 일상에서 벗어나 소중한 이들과 더 많은 시간을 보내도록 하는 것이 이 책의 궁극적인 목표다.

에너지는 신체와 정신 모두의 영향을 받는다. 음식, 친구, 일, 가족, 자연 등 주위를 둘러싼 모든 것이 고유의 에너지를 뿜어내며 우리와 에너지를 주고받는다. '가슴이 두근거린다', '공포심이 몰려온다', '한껏 즐거워진다'와 같이 우리가 느끼는 감정 또한 에너지의 한 종류다.

에너지를 다루는 것은 매우 까다로운 작업이다. 긍정적인 에너지를 지키고 부정적인 에너지를 흘려보내는 일은 매번 버겁다. 몸과 마음을 균형 잡힌 상태로 만들어주는 에너지 치유법을 익히기 위해서는 먼저 직관을 깨워야 한다. 그리고 생활 전반에 걸쳐 자신에게 영향을 주는 에너지를 파악하는 게 중요하다. 마음에 동요를 일으키는 원인을 찾아내면 간단한 훈련만으로 숨어있는 에너지를 끌어낼 수 있다.

이 책에는 모두 열 가지 에너지 치유법이 담겨 있다. 이 치유법을 익히면 에너지와 조화를 이루는 건강한 몸매를 유지할 수 있으며, 남들에게 **빼앗겼던** 에너지도 되찾을 수 있다. 열 가지 가운데 어떤 것부터 시작해도 상관없다. 일주일에 한 가지씩, 딱 10주만 투자해보자. 놀라운 삶이 당신에게 성큼 다가올 것이다.

내 안에 담긴 에너지를 알고 나면 일상이 큰 기쁨으로 다가온다. 한밤의 공기를 채운 솔잎 향기에 코를 벌름거리고, 저물녘 하늘을 물들인 분홍빛 구름에 감탄하게 된다. 바보 같은 내 행동에 껄껄 웃을 수 있다면 에너지 치유법이 제 역할을 해낸 것이다. 내면의 리듬에 발걸음을 맞추고 속도를 늦춰보자. 사랑스러운 삶이 시작될 테니.

우리가 무엇을 하든 어디에 있든 이 땅에 머물 수 있는 시간은 너무도 짧다. 당신도 소중한 순간들을 놓치고 싶지 않을 것이다. 잠재된 에너지를 발견하는 과정은 잃었던 자신을 되찾는 여정이다. 소중한 발걸음을 시작할 당신을 응원한다.

옮긴이 김현정

The Power Of
Positive
Energy